湖南省少年儿童图书馆
主题读书活动系列丛书

# 红星闪闪
# 耀童心

湖南省少年儿童读书活动组织机制研究

郭 坚 ◎ 编著

经济管理出版社
ECONOMY & MANAGEMENT PUBLISHING HOUSE

图书在版编目（CIP）数据

红星闪闪耀童心：湖南省少年儿童读书活动组织机制研究/郭坚编著．—北京：经济管理出版社，2021.7
ISBN 978-7-5096-8185-5


Ⅰ．①红…　Ⅱ．①郭…　Ⅲ．①少年儿童—读书活动—组织管理—研究—湖南
Ⅳ．①G252.17

中国版本图书馆 CIP 数据核字（2021）第 148442 号

组稿编辑：杨　雪
责任编辑：杨　雪　王　慧　王　蕾　付姝怡
责任印制：黄章平
责任校对：陈　颖

出版发行：经济管理出版社
　　　　　（北京市海淀区北蜂窝 8 号中雅大厦 A 座 11 层　100038）
网　　　址：www. E-mp. com. cn
电　　　话：（010）51915602
印　　　刷：北京晨旭印刷厂
经　　　销：新华书店
开　　　本：720mm×1000mm /16
印　　　张：17.25
字　　　数：310 千字
版　　　次：2021 年 8 月第 1 版　　2021 年 8 月第 1 次印刷
书　　　号：ISBN 978-7-5096-8185-5
定　　　价：88.00 元

# 序

金铁龙

党的十八大以来，全民阅读成为扎实推进社会主义文化强国建设的重要举措，2020年政府工作报告指出："推进城乡公共文化服务体系一体化建设，创新实施文化惠民工程，倡导全民阅读。"实行全民阅读，不仅是对崇文劝学的优良传统的继承，更是为了从文化维度上促进和指引国家现代化的未来发展。湖南省少年儿童图书馆坚守"以书育人"的办馆初心，推行全民阅读的发展规划不动摇，立足湖南省实践，紧跟时代步伐，连续40年举办少年儿童主题读书活动，引导全省少年儿童通过阅读优秀作品提升道德素养，增强文化底蕴，为做好国家建设的"螺丝钉"打好基础。

截至2020年湖南省少年儿童图书馆已建馆40年，作为湖南省唯一独立建制的、以少年儿童为主要服务对象的省级公共图书馆，自建馆之年已连续举办40届少年儿童读书主题活动；在中共湖南省委、湖南省人民政府的坚强领导下，以服务大局为根本任务，以每年举办读书主题活动为重要抓手，强调儿童阅读的重要性，丰富少年儿童的精神世界，全心全意为读者服务，不断改革与创新活动形式，提升管理与服务水平；通过加强少年儿童阅读的深度来提升民族精神的高度，更好地保障少年儿童的基本文化权益。全省少年儿童主题读书活动的氛围早已形成，活动形式的改革效益也在逐年显现：阅读让少年儿童面对纷繁而又多彩的世界，博览群书，开拓自己的视野，为"书香湖南·锦绣潇湘"添砖加瓦，迈出坚实自信的步伐。

40年来，随着湖南省少年儿童主题读书活动的逐年推行，少儿阅读的重要性也已深入人心：从某种意义上来说，儿童决定着民族的未来，阅读促使少儿认识世界，优秀书籍助力少儿养成积极的人生态度与正确的世界观、人生观、价值观。读书活动在不断改革与创新之下由接受型转向主动参与型，活动形式不断开放，参与人数逐年增加，活动范围逐年扩大。特别是自党的十八大以来，湖南省少年儿童图书馆本着"政府主导、社会参与、重心下移、共建共享"的工作理念，真正将图书馆的儿童阅读推广使命落到实处，推动政府主导下的社会力量共同参与；创新少年儿童德育工作，把社会主义核心价值观融入少年儿童日常生活和学习中，注重少年儿童身心成长，把美德教育与情感教育、审美教育巧妙地结合起来，具有很强的生命力和鲜明的时代特色。

全书分"童阅美好·不负韶华""书香湖南·献礼新中国成立70周年""书香湖南·共创共享儿童阅读新时代""书香湖南·红星闪闪耀童心"4个模块，全面系统地展现湖南省14个地市（州）第36~39届少年儿童主要读书活动的风貌。依据每年不同的主题与时代背景，全力打造线上线下双平台。在第36届主题读书活动中，湖南省少年儿童图书馆举办了"手写明信片——寄语解放军"、中国人民解放军军史连环画展等活动，与社会、学校和家庭教育相结合，各市（州、县、区）图书馆积极响应，广泛宣传，精心组织；全省共有百余万少年儿童参与了此次活动，开展各种形式的读书活动3400余场，少年儿童增强了爱国拥军意识。在第37届主题读书活动中，湖南省少年儿童图书馆举办了"少儿故事大王"与"三湘少年儿童阅读之星"等比赛，吸引了60000余名少年儿童踊跃参加，优秀的作文与精美的读书笔记不断涌现；活动推选出"三湘少年儿童阅读之星"100名，"三湘少年儿童阅读优秀个人"200名。在第38届读书活动中，为庆祝新中国成立70周年这一宏大事件，举办了"爱国诗词阅读暨书中人物景致寻访"研学活动和爱国诗词书写等主题活动，各市（州）共组织开展各类爱国诗词主题阅读活动千余场，举办爱国诗词绘画、摄影活动近200场，组织各类研学旅行活动60余场，迎来省、市、县各级媒体近200次的研学活动宣传报道。在第39届主题读书活动中，因疫情防控要求，活动全面线上化、数字化，云平台成为了数字阅读的有效载体，也成为儿童阅读服务相互连接与沟通的多维枢纽，准确把握读者阅读动向与数据，及时反馈，使得统计活动更加精准便捷。"少儿云书房""有声读物"带给少儿们沉浸式的阅读体验，名师直播课共计26万人实时观看，少儿阅读推广再现高潮。

当前，湖南省少年儿童主题读书活动仍在继续，致力于少儿阅读事业的各方面的投入也在不断增加，读书活动的成效显著；特别是近年读书活动的范围不断延伸至民族地区和贫困地区，引导和帮助了更多的少年儿童养成阅读的好习惯，每一年、每一届的全省少儿读书活动都在齐抓共管、上下联动的格局下有序进行。从制定活动方案到成立专门的队伍再到明确责任分工，湖南省少年儿童图书馆一方面在馆内宣传开展活动，另一方面充分发动全省14个市（州）图书馆共同配合，使全省少年儿童都积极参与到活动中来学习优秀文化，目的就是使儿童阅读成为全民阅读的基础，用儿童阅读去创造一个民族美好的未来。

　　此次出版的《湖南省少年儿童读书活动组织机制研究》，既包括了近四年湖南省少年儿童主题读书活动的举办情况、成果展示、阶段性的总结报告以及儿童阅读事业的实践成果，还包括对这一活动组织机制的研究等内容。本书全面、客观地反映了湖南省少年儿童阅读事业推行的现状，对进一步推广少儿阅读事业面临的问题与发展态势进行了分析与展望，对于政府的决策、其他学者的理论研究与交流学习具有相应参考价值。

　　《湖南省少年儿童读书活动组织机制研究》的发布，是湖南省文化服务与建设方面的一件大事：希望本书的出版发行，能引起湖南省文化工作者以及社会各界广泛关注，为关心文化事业的单位与个人提供有益帮助与参考意见；期待大家多提宝贵意见，助力湖南省文化事业与"书香湖南"的建设，关注少儿阅读，打好全民阅读的基础，推动湖南省阅读事业发展；提升公共文化服务效能，增强人民群众对于美好生活的幸福感。

（作者系湖南省少年儿童图书馆馆长）

# 目　录

## 第一章　童阅美好·不负韶华

## 第二章　书香湖南·献礼新中国成立70周年

第38届全省少年儿童庆祝新中国成立70周年系列读书活动综述

# 第三章 书香湖南·共创共享儿童阅读新时代

## 第四章　书香湖南·红星闪闪耀童心

# 湖南省少年儿童读书活动组织机制研究

郭　坚

## 一、引言

1995 年，联合国教科文组织将 4 月 23 日定为"世界读书日"，目的是推动更多人去阅读，旨在让读书成为人们日常生活中不可或缺的一部分。第 26 个世界读书日刚刚过去，阅读这一话题的关注热度犹在。阅读不是某个人的专利，而是属于全民的生活方式。2021 年的政府工作报告中指出，"推进城乡公共文化服务体系一体化建设，创新实施文化惠民工程，倡导全民阅读"。这是自2014 年起，"全民阅读"连续第八次被写入政府工作报告中。无论是立足于知识社会之需、建设学习型社会的目标，还是着眼于提升国民素质、为中国特色社会主义现代化建设提供智力支撑，都需要着力建设书香中国，厚植阅读土壤，提升学习能力。多年来，全国各地图书馆始终坚持这份初心和担当，创新性开展多种形式的系列文化活动，其目的在于培养读者的阅读习惯，进而提升读者的人文素养与综合素质能力。少儿读书活动的开展与组织是图书馆办馆的方向之一，也是一个行之有效的"以书育人"的好办法。本书以 2017～2020 年湖南省少年儿童图书馆开展的少儿主题读书活动为例，探究其组织机制。

## 二、活动概况

湖南省少年儿童主题读书活动源于湖南省开展的"全国红领巾读书读报奖章"活动，自 1982 年首次举办以来，至今已连续举办 40 届；活动自 2008 年开始由中共湖南省委宣传部、湖南省精神文明建设指导委员会办公室、湖南省文化厅（2018 年 10 月更名为湖南省文化和旅游厅）、湖南省新闻出版局、湖南省教育厅、共青团湖南省委、湖南省妇女联合会、湖南省关心下一代工作委员会联合主办；2009~2014 年，活动被纳入"三湘读书月"湖南省全民阅读活动序列；2015~2019 年，活动被纳入"书香湖南"全省全民阅读活动序列。

以下为近四年活动开展的基本架构。

（1）年份：2017 年

名称："书香湖南·红星闪闪耀童心"——第 36 届全省少年儿童系列读书活动

主题：书香湖南·红星闪闪耀童心

主办单位：中共湖南省委宣传部、湖南省精神文明建设指导委员会办公室、湖南省文化厅、湖南省教育厅、湖南省新闻出版局、共青团湖南省委、湖南省妇女联合会、湖南省关心下一代工作委员会

承办单位：湖南省少年儿童图书馆

组织实施：全省各公共图书馆及少年儿童图书馆

内容：主题阅读活动；手绘明信片活动；暑期阅读活动；中国人民解放军军史连环画展览；第七届"三湘少年儿童阅读之星"评选活动。

（2）年份：2018 年

名称："书香湖南·共创共享儿童阅读新时代"——第 37 届全省少年儿童系列读书活动

主题：书香湖南·共创共享儿童阅读新时代

主办单位：中共湖南省委宣传部、湖南省精神文明建设指导委员会办公室、湖南省文化和旅游厅、湖南省新闻出版广电局、共青团湖南省委、湖南省妇女联合会、湖南省关心下一代工作委员会

承办单位：湖南省少年儿童图书馆

组织实施：全省各公共图书馆及少年儿童图书馆

内容：少年儿童阅读服务特色品牌活动（阅天下·青苗在旅图；湖南省"少儿故事大王"大奖赛；湖南省少年儿童原创音频大赛；湖南省少年儿童数字阅读知识竞赛；湖南省少年儿童"书中人物化妆表演"；少年儿童阅读服务典型案例征集活动；少年儿童阅读服务主题培训活动；第八届"三湘少年儿童阅读之星"评选活动；2018 年全省少年儿童系列读书活动表彰与展示）。

（3）年份：2019 年

名称："书香湖南"第 38 届全省少年儿童庆祝新中国成立 70 周年系列读书活动

主题：书香湖南·庆祝新中国成立70周年

主办单位：中共湖南省委宣传部、湖南省精神文明建设指导委员会办公室、湖南省文化和旅游厅、湖南省新闻出版广电局、共青团湖南省委、湖南省妇女联合会、湖南省关心下一代工作委员会

承办单位：湖南省少年儿童图书馆

组织实施：全省各公共图书馆及少年儿童图书馆

内容："爱国诗词阅读暨书中人物景致寻访"研学活动；爱国诗词书写活动；第九届"三湘少年儿童阅读之星"评选活动；活动精彩案例、先进典型、优秀阅读推广人评选。

（4）年份：2020年

名称："童阅美好·不负韶华"第39届湖南省少年儿童主题读书活动

主题：童阅美好·不负韶华

主办单位：湖南省文化和旅游厅、共青团湖南省委、湖南省妇女联合会、湖南省关心下一代工作委员会

承办单位：湖南省少年儿童读书活动办公室

组织实施：全省各公共图书馆及少年儿童图书馆

内容：全省少年儿童线上主题数字阅读推广活动；全省少年儿童创意读书笔记征集活动；全省第十届"三湘少年儿童阅读之星"阅研阅创活动。

# 三、活动的组织与策划

## 1. 活动策划

为保证每一年活动的顺利开展，中共湖南省委宣传部、湖南省精神文明建设指导委员会办公室、湖南省文化和旅游厅、湖南省新闻出版局、共青团湖南省委、湖南省妇女联合会、湖南省关心下一代工作委员会共七家单位联合主办各系列的读书活动，由湖南省少年儿童图书馆承办。策划伊始便是确定主题，全省少年儿童读书活动主题的确定，遵循以下原则进行安排和布局：

（1）与政府的新闻导向和舆论热点相一致

2017年为庆祝中国人民解放军建军90周年，喜迎党的十九大，增强少年儿童爱国拥军意识，确定了"书香湖南·红星闪闪耀童心"的主题；2018年为全面贯彻党的十九大精神和习近平新时代中国特色社会主义思想，确定了"书

香湖南·共创共享儿童阅读新时代"的主题；2019 年为庆祝新中国成立 70 周年，增强少年儿童的爱国意识，弘扬其爱国情怀，确定了"书香湖南·献礼新中国成立 70 周年"全省少年儿童庆祝新中国成立 70 周年系列读书活动的主题；2020 年，国家面对突如其来的新冠肺炎疫情，以人民至上、生命至上的崇高信仰诠释了人间大爱，用众志成城、坚韧不拔的实际行动书写了抗疫史诗，因此确定活动主题为"童阅美好·不负韶华"。

（2）与学校及相关机构的工作重点相一致

作为少年儿童受教育的主要阵地，学校扮演着少儿成长中至关重要的角色。新时代，对于学校进行全面深化改革的重点是全面贯彻落实习近平新时代中国特色社会主义思想，培育孩子们的爱党爱国情怀，重视科技与创新，全面提升孩子们的综合素质；特别是要全面落实课程育人，围绕学科核心素养目标，创新教学方式，重视情景教学，把育人功能落到实处；着力打造中小学生社会实践大课堂，全面整合优化、充分利用校外德育资源：区域内爱国主义、革命传统教育基地和各类公共文化设施、科技馆与博物馆等社会场馆向学生免费或优惠开放覆盖面达 70%以上；围绕立德树人落实机制、"六个下功夫"重点领域、"三全"育人关键环节、思政课实施质效、社会实践活动与校内外资源整合优化等方面，全面推进中小学生品格提升工程项目。

（3）与少年儿童的思想教育内容、时间节点相一致

少年儿童是祖国的未来，是支撑未来社会的桥梁；读书活动的开展能够促进少儿阅读优秀作品，培育正确的三观，提升文化素养，真正将作品内容内化于心，外化于行；在少儿处在对社会还是未知、具有好奇心的阶段，塑造健康向上的人格与品质。注重坚持以人为本，从少年儿童的实际生活出发，根据他们的身心发展重点，循序渐进地实施教育；更加注重从他们的心理特点出发，把掌握道德知识和进行道德实践紧密地结合起来，要多用鲜活通俗的语言，多用生动典型的事例，多用喜闻乐见的形式，多用疏导的方法、参与的方法、讨论的方法，在传授知识的同时，设计一些生动活泼、吸引力强的实践活动寓道德教育于生活实践中，把道德学习与道德行为融为一体，坚持"学"与"行"相统一的原则，引导少年儿童在学习道德知识的同时，自觉把道德知识转化为道德行为。

确定主题之后，八家主办单位便召开了专题会议。湖南省精神文明建设指导委员会办公室、湖南省新闻出版广电局等厅局在政策、经费等方面大力支持，多年拨付专款，为活动的顺利开展提供基本保障。湖南省少年儿童图书馆作为承办单位，积极准备，精心组织实施全省少年儿童读书活动，明确责任分工，

细化目标任务，多次召开馆务会、馆长办公会，对活动的进度、存在的困难等相关情况及时研究，逐项解决。各市（州）、区（县、市）统一思想，积极协作，成立专门读书活动办公室（组），不断完善活动组织、策划、运作的各项工作机制，确保读书活动高效、有序进行。

## 2. 动员宣传

在起初的规划完成之后，结合已有的工作展开动员宣传，全省各市（州、县）图书馆结合自身的优势特点，科学制定规划，在机关体制、学校家庭、街道社区等广泛发动群众，组织进行活动方案的讨论，进一步征求群众建议。通过线上线下的渠道对各个专题进行调研，了解少年儿童对于读书活动的总体需求；全方位制定活动方案，设计安排时间日程，追求活动背后想要达成的目标，举办活动相关论坛；做好活动说明相关群众动员工作，真正使其"内化于心、外化于行"，规范提升自我行为。特别是针对少年儿童群体，询问保留建议、意见，为下一阶段读书活动的实施工作进行借鉴与指导，提供具有可操作性、可量化的参考意见。各个媒体与网络平台相结合，对公共传播模式与时间节点要求进行妥当安排，以全方位、多角度的形式为每一阶段的读书活动的实施开展实时报道宣传，增强全社会对活动的美誉度、认同感与公信力。

## 3. 集中执行

在规划动员及宣传工作完成之后，结合已有工作，展开全面执行工作：全省各市（州）、县（区）、各部门按照上述制定的规划，围绕每一年读书活动的主题，以各条块部门为主线开展活动；设立阶段性目标，有计划、有重点、有步骤地组织各阶段的读书活动，搭建线上线下活动平台，主张培育一批可复制、可推广和借鉴的特色读书活动，增强少儿的满足感和参与感。牵头单位与主办单位集中执行，共同兼顾好"讲台"和"平台"的关系。不同于以往的教育引导形式，现在的读书活动则更强调读者自身的自觉性，读者要求较少受限，能够接触了解到更好的读书平台，拥有更多的话语权和代表权。读书活动会落下帷幕，但阅读是需要终生坚持的事；长远考虑来看，不能光靠政府的组织力量，社会要自觉去实施，去发动。儿童自主阅读，需要周边营造适宜的氛围；要求发展趋势的引领，即各领域全社会全面覆盖。各市（州）、县（区）、相关单位面对读书活动的开展任重而道远，需要做到主观与客观、外在环境与内在自身可操作性结合。全省各市（州）、县（区）、各部门首先要集中执行，履行好所代表的权利与义务，做到角色和互动密不可分；其次进行分工整合；最后才能顺利达到读书活动的目标。

### 4. 评估总结

最后，在规划、动员宣传、集中执行之后，结合已完成的工作展开评估总结：评估工作讲求真实性，以往的评估工作重点关注参与度，而如今的评估工作注重参与者的满意度。全省各市（州）、县（区）、各部门结合阶段任务，深化推进读书活动计划，形成一系列具有示范引领作用的活动成果，以便日后的推广与交流工作；少儿读者参加完一项读书主题活动后，还可与其他书友们进行互动。

### 5. 总结可推广的经验

通过总结上述政府工作推动的四大活动进程，日后积累便可形成可复制、可推广的经验。读书活动不是一个脱离社会的孤立事件，少儿们也不只是单向的参与者，更是传授者。汇总一系列读书活动，将它们全面结合，形成平台，放大其影响效果。吸引读者，扩大队伍，推进全民阅读可持续发展。活动在四个阶段做到社会效应化，不再是以往政府单方面的评估工作，而是做到全社会的共同参与。全省少年儿童读书活动是"书香湖南"的重要组成部分，是引导少儿阅读的指路明灯。每年的读书活动都注重多方结合，促进读书活动纵深发展，扩大图书馆的社会影响力和凝聚力。简而言之，在政府主导下，图书馆结合已有的工作开展读书活动，在规划、宣传、执行、总结中最后再落脚于政府工作，有利于增强政府公信力；最后总结出来的经验也有利于推广与宣传，其他地区也可以进行效仿。这些活动既增强了公众的参与感，也提升了公众对于政府以及国家的信任度。

## 四、活动的开展与实施

### 1. 路径选择：自上而下

图书馆作为人类求知和提高素质的重要场地，既是学校教育的延伸地，也是家庭教育的补充。图书馆通过开展丰富多彩的少儿活动来吸引儿童亲近图书馆、热爱图书馆；这既是图书馆办馆的一个特色，也是"以书育人"的好方法。如针对少年儿童的特点和实际情况，开展丰富的少儿读书活动，运用生动活泼的读书形式对少年儿童进行教育，寓教于乐，从而提高孩子们的综合素质，是所有图书馆都有待加强的能力。湖南省少年儿童图书馆加强组织领导、精心布置，使活动开展保障有力。

（1）省级层面

中共湖南省委宣传部、湖南省精神文明建设指导委员会办公室、湖南省文化厅、湖南省教育厅、湖南省新闻出版局、共青团湖南省委、湖南省妇女联合会、湖南省关心下一代工作委员会八家主办单位高度重视每年的少年儿童主题读书活动并及时召开专题工作会议，对活动通知及具体实施方案进行讨论和审定。湖南省精神文明建设指导委员会办公室、湖南省新闻出版广电局等厅局在政策、经费等方面给予大力支持，多年拨付专款，保障活动顺利开展。省文化厅（注：2018年10月后为"省文化和旅游厅"）将各市（州）图书馆读书活动开展情况纳入目标责任管理之中，湖南省文化厅公共文化处从政策、办文等方面对湖南省少年儿童图书馆承办活动给予了大力支持。湖南省文化馆等单位对湖南省少年儿童图书馆承办全省活动成果表彰展示活动给予了有力支持。湖南省少年儿童图书馆作为承办单位，通过积极准备，精心组织实施每年的全省少年儿童主题读书活动：明确责任分工，细化目标任务，多次召开馆务会、馆长办公会，对活动的进度、存在的困难等相关情况进行及时研究，逐项解决。全馆同志积极参与活动作品的筛选评奖工作。

（2）市级层面

按照上级的部署，周密组织、强化保障，保证各项工作有序开展，各市图书馆精心组织活动开展：首先是成立专门队伍，由市图书馆馆长和业务副馆长任主要领导，负责服务宣传活动的统筹、组织、督促工作；少儿服务部工作人员负责活动的具体执行；其他副馆长及业务部门共同配合，为活动保驾护航。其次是明确责任分工，细化目标任务，逐一落实到人，确保责任上肩。最后是强化宣传发动，充分发动全市各个区县图书馆共同配合，广泛宣传动员，使全市少年儿童积极参与到全省少年儿童系列读书活动中来。

（3）县（区）级层面

各区（县）文化部门、教育部门、中心图书馆、各图书馆分馆、各级中小学校在受到上级指示后便迅速行动起来，大力宣传，广泛发动，结合自身实际，开展了形式多样，精彩纷呈的主题活动：区图书馆以社区作为文化阵地，打造图书馆的"读书小营地"，利用区文化馆、社区文化活动中心，开展一系列丰富多彩的活动；还免费开放一系列趣味课堂、阅读指导课堂，吸引众多小朋友参加；侧面帮助低收入家庭子女、留守儿童全面成长。不同主题的读书活动，既丰富了小朋友的知识面，也增强了儿童之间的情感，让大家都更加了解党史和国史（中共党史和新中国史、改革开放史、社会主义发展史），还提升了小朋友们的社会实践能力，收获颇深。

（4）湖南省少年儿童图书馆的组织机制

1）自上而下全力推动。在上述各级层面自上而下的递进路径中，自上而下是命令，群众主观上肯定并在行动上支持政府主导工作；政府通过聚集公众智慧，进一步调动基层的自主性和积极性，推动政府简政放权，建设服务型政府，通过实践创造动力，下级做好总动员，上级做好裁判员，由此形成一股自下而上的推动力。要创新有利于青少年以及儿童的读书活动，"以书育人"要求政府要加快转变职能，创造更好的读书环境。主观上，要加强培育组织化的创新机制；客观上，要让政府在命令中起到带头先行的作用，做好相应规划之后，起到示范作用。

2）县图书馆的接力与全社会参与。政府自上而下组织开展少儿主题读书活动，是组织者、拟定者；动员和组织全省图书资源整合，有重点、有步骤地去推动读书活动的顺利开展。这既需要政府自上而下的积极介入，通过媒体宣传引导来大力提倡少年儿童多读好书的观念，同时也需要各个县区级单位自下而上的积极参与，通过效仿之前首先做出的相应规划，形成良好的分工。政府还能够重新认识和发现社会，强化治理。读书活动的发展活力需要每个人从自身做起，养成全民阅读的好习惯。因此，换言之，政府从"管理"到"治理"推进全民阅读；管理主体是一元的；而治理主体是多元的，强调政府部门管理的活力，将政府接力和市民参与两者相互融合。

## 2. 条块分工的整合机制

（1）省图书馆与市图书馆的条块关系

条块制度是根据我国层级制与职能制度有机结合的基本原则所建立起来的一种行政管理结构性的形式，主要存在于我国的政府组织制度。在省图书馆管理的结构模式中，省图书馆的各级职能部门都相当于"条"，而各市、县、区级图书馆也就相当于"块"。条块制度发挥了政府引领、社会促进推动和城乡居民主体的有效协同功能，坚持上下联动、条块互补，针对城乡群体的需求和特点，强化了划分群体的多维度设计（包括分类指导、分层推进、分众传播），使读书活动的成果惠及全省少年儿童。"条块关系"主要有三种基本表现形式：第一是上级的政府职能部门（条）和下级的下层地方人民政府（块）之间的业务管理、引领协调关系；第二是下属企业及其上级的地方政府职能部门机构，与下属企业及其下属的地方政府职能部门机构之间如何建立"联合起来"的管理联系；第三是企业建立了上层地方政府和下层地方政府的管理核心。政府必须依法捍卫和坚决保障整个国家的政治、经济独立，进行对社会的政治控制和经济监督，制定、组织、参加各项经济活动；并积极参与推进我国社会主义现代化伟大进程。因此，政府必须保持长久不衰的生命体系，并且努力使其不被任何一种权力或者力量所中断，在有效地控制人类的经济、政治、文化、社会、生态这个阶段的过程中，第一个目标就是与自己所处的环境达成平衡，第二个目标就是必须调和政府内部的关系，即"条"与"块"。条块式变革的作用表现为调整党委中央和地方工作、转变行政机构职能、创新管理制度、提高治理水平。政府所设定的这种条块关系，主要目的就是为了实现其功能，其中最重要的就是为了向社会群众提供公共商品和服务。"条"部门突出了阅读活动的主业，例如省级图书馆阅读活动的主业实际上就是通过加强精神文明建设，推动广大人民阅读，设立一些以主题为核心的读书活动；"块"部门打造了亮点，即各个市（州）、县（区）、各街道社区对各省图书馆开展读书活动所需要展开的特色互动活动，坚持上下结合，条块互补和同城效应有机地融合。充分发挥市（州）区域内各个县、街、镇的政治和主观能动性；注重自身的大局整体性，明确了条块的职能划分，促进了资源整合、渠道拓展；各级政府部门彼此协作，建立了网络，凝聚了主体力量，放大了同城效应。

（2）条线部门强调突出主题

"条"是以业务为线索组织起来的专职性职能部门，图书馆便是其中一个具有代表性的例子。例如 2016 年、2017 年主题读书活动均由湖南省委宣传部、湖南省精神文明建设指导委员会办公室、湖南省文化厅（湖南省文化和旅游厅）、湖南省教育厅、湖南省新闻出版局、共青团湖南省委、湖南省妇女联合会、湖南省关心下一代工作委员会八家单位联合主办；2018 年、2019 年活动均由中共湖南省委宣传部、湖南省精神文明建设指导委员会办公室、湖南省文化和旅游厅、湖南省新闻出版局、共青团湖南省委、湖南省妇女联合会、湖南省关心下一代工作委员会七家单位联合主办；2020 年、2021 年活动均由湖南省文化和旅游厅、共青团湖南省委、湖南省妇女联合会、湖南省关心下一代工作委员会四家单位联合主办。历届活动中，各家主办单位均高度重视：从政策保障、宣传推广、合作协调等方面给予活动大力支持。湖南省文化和旅游厅作为牵头发文单位和文化工作的主管部门，认真指导活动的组织和开展，切实督促市县各级文化工作部门积极响应活动，为推进历届读书活动顺利开展作出了极大的贡献。

（3）分块部门注重打造亮点

分块部门，实质是以地域或辖区管理的范围所组织起来的部门，一般地方性部门都是综合协调工作，除特殊专职型部门以外；采用条块结合的工作机制，让条块结合，具体以块为主，就能充分调动地方积极性，地方图书馆可以根据自己的工作要求灵活掌握工作形式。例如在 2019 年湖南省少年儿童庆祝新中国成立 70 周年之际，湘潭市以伟人故居为特点，打造了特色主题活动：湘潭市图书馆、湘潭市少年儿童图书馆、湘潭县图书馆共同组织学生前往伟大领袖毛主席的故乡韶山开展"爱国诗词阅读暨书中人物景致寻访"研学活动；学生先后来到韶山市图书馆、韶山冲景区毛泽东广场、韶山毛泽东同志纪念馆、毛泽东遗物馆和韶山毛泽东图书馆参观学习。本次活动让学生了解到毛主席从农民的儿子成长为一代伟人的光辉一生，深刻认识到了毛主席的丰功伟绩及崇高的人格风范。基于此，公共性的市民活动由地方政府的"块"部门来承担，"块"部门找到亮点进行工作建设，依托独特的人文历史、地域特征打造提升风范的市民活动，借助当地优势迎合大众需求，充分调动市民参与精神文化活动的积极性。理论上，实现效率最大化发挥作用，也最能满足当下公众现阶段需求。

（4）基于条块差异的组织机制

凝聚力是衡量各个条块的分工能力是否得到有效整合、是否符合工作的基本原则等重要指标之一，其外在表现形态就是条块各部门群众和集体成员团结的程度。社会整合理论将各种社会不同的要素、组成部分互相结合，作为一个协调、统一、整体的过程，在社会主义经济一体化中阐释了个人和社会之间的关系；以结合或者互相吸引、联系的手段，维系和限制社会各个成员之间的权利和力量，建立规范和谐的社会秩序。随着现代社会主义劳动分工的越来越明细化和更加完善、复杂化，人与人之间的相互依赖愈加强大，因此，现代社会发达、具备严格规范的社会劳动分工是属于"异质"的有机组织和团结整合。从一个视角来讲，紧密团结的各个条块组成部门，它们最重要的特点相同或类似，即以强烈的群众意识作为根本。同质性要求行动的追求高度一致；即联系纽带必须具有共同的思想信念或价值取向，在其本质上不能有明显的差异，例如本书湖南省少儿图书馆与省各市（州）、县（区）的图书馆都是本着"以书育人"的宗旨，以激发少年儿童的阅读兴趣、提升文化素养为目的，来开展读书主题活动。大家想的是同一件事，目标也是一致的。在条块建设过程中，需要密切关注个体和集体的关系。分工方式导致的职业专门化，随之各部门发挥着不同于他人的独特能力，单独的个体必须依赖他人构成条块部门间的彼此整合，互相依赖、团结与社会的联系。学会如何发现条线部门和块块部门的自身价值，从而能够促进个性充分和自由发展，这也是基于条块差异的组织机制面临的挑战和难题。

### 3. 湖南省少年儿童图书馆活动组织情况

（1）省少儿图书馆主导与组织

历届湖南省少年儿童主题读书活动均由湖南省少年儿童图书馆承办，该馆以高度的责任感和使命感认真筹备、积极作为；多次召开馆务会议、部门会议研究商讨活动的组织实施，明确责任分工，细化目标任务；以便及时解决活动过程中出现的各种问题与困难。连续开展40年的湖南省少年儿童主题读书活动已积淀了成熟可行的活动模式，形成了合理的省、市、县三级层层稳步推进的活动组织结构，建立了可靠稳妥、机动灵活的活动保障体系，掌握了一套行之有效的大型活动运营方法，培养了一批创意独到、执行力强的活动策划实施骨干力量，取得了令众馆称赞、众人羡慕的丰硕活动成果。

（2）市少儿图书馆参与和扩散

各市（州）、县（区、市）党政机关对历年活动通知文件严格要求，召开联席工作会议，对活动的组织实施做了统一部署和安排，并从政策、宣传、经费等层面对活动给予有效支持，发挥了重要的组织领导作用。

各市（州）、县（区、市）图书馆、少年儿童图书馆积极落实历年活动通知文件的精神，以活动实施方案为蓝本，高效率、高质量地推动本届活动在本地区落地；在当地营造出了图书馆界同向发力、社会力量积极参与、少年儿童读者广泛受益的全民阅读氛围，得到了少年儿童、家长、老师、政府官员、图书馆馆员、专家学者等社会各界人士的高度肯定和认可。

1）文化功能。文化包含了一套工具、习俗，能适应人体或精神的习惯，能够直接或间接满足自然界的需要。社会学、人类学研究者更多地关注了人类文化进入形成阶段后的各种社会问题，例如"少儿选择参与读书活动"等。人们之间基于情感的共同体关系，需要用一种持久的真正形式去弥补或者修复那些比较富有灵魂和活力的生命有机体，仅为了共同拥有对这一社会活动的需要取向和目标而进行的协商合作、一致参与并发展扩散的活动。这种关系既是各种意识形态思想的交流，在共同的精神世界和各类文化艺术作品的观赏中建立创造和维系的重要纽带，也是各种整体力量和自然天性的结果。对于喜爱参与读书的活动者，尤其是积极度较高的儿童群体而言，其本质的意志是基于感情的动机，在此种基础上自然而然地形成了一致性和交流的融洽性，即是整个儿童群体的连带效应。它为政府组织文化活动工作带来的启示是：应该积极充分发挥少年儿童作为全民阅读主体的作用，努力使他们成为读书活动的实施者、促进者和示范者，不断为大力开展全民阅读工作做出积极贡献。

2）满足需求。人类具备两类需要：基本的生理需要（即人类的生物性需要）和其他衍生性的需要（即社会文化性的需要）。在这一发展过程中，人们往往会为自己营造一个新的社会环境，也就是文化；利用文化去做一些满足人类基本需求的行为，也就是功能。所以，基本需要得到满足的条件下，文化才得以诞生，之后再次出现"文化驱力"。文化教育活动主要是适应和满足社会发展中人们的各种精神物质需求；在具有基本的生存和发展需求条件的必要前提下，满足人类消费需求的较高层级。如今，文化在我国综合国力的竞争中的主导性作用和地位越来越重要，对于社会的进步和发展都具有深刻影响；国家一直倡导广泛进行全民阅读，因为全民阅读有利于增强我国综合国力，增强整个民族的思想政治素质；为进一步实现中国特色社会主义的现代化而努力提供精神驱动、智力支持和思想保证。湖南省少年儿童图书馆启动了主题阅读活动，让广大少年儿童从小养成爱读书、读好书的习惯，有助于促进少年儿童逐渐形成良好的职业道德风范和健全的人格价值观，培育他们自主学习的良好习惯，提升道德素养。主题阅读活动以学习少儿阅读文化类图书为主要形式，并把少儿思想政治教育巧妙融入其中；引导青少年进行自我教育与相互学习，组织学生交流读书心得与感受，并开展了知识比赛，奖励获胜者；读书活动深入人心。

3）激励参与。从文化功能、满足需要到激励参与，国家和社会之间的联系促使一个比较自主的社会体系逐步建立，社会体系建立越完善，政府给予补贴和奖励的做法就越好，市民也就更愿意参与。激励理论的起源最早可以追溯到20世纪初，它指出如何处理人性、需求、动机、目的与结果等各种行为元素及其相互关联的机制，从不同的角度深入地研究如何激励一个人，核心是哪些因素才能够持续地激发他的动机；激励制度是一种被广泛应用于体现员工在主客体之间的积极影响和作用的一种人性化制度手段；企业所实行的激励目的就是通过诱导员工动机满足自身需求，增加员工满意程度，提高员工工作效率，发掘员工积极创造性，使之保持并进一步被弘扬。在此次读书主题活动中，激励政策同样存在：表现在开展各项知识竞赛、诗词背诵比赛，选出优胜者给予嘉奖，目的是促进组织部门与参与者的良性互动。

# 五、活动的效果评价与成果转化

## 1. 效果评价

效果评价主要是对活动开展情况的多维评价与综合评定。少年儿童主题读书活动在增强读者忠诚度、读者满意度等方面产生了积极的推动作用，为少儿读者学习提供强有力的支撑。在 2017~2021 年，全省各市（州）、县（区）图书馆都对主题读书活动开展了相应评价活动，注重活动的实质效果和贡献度；让群众围绕活动主题、活动时长、活动安排与活动成果进行了总体评价，评价结果表明群众以及参与者都对主题读书活动的举办非常满意。

## 2. 成果转化

在全省少儿创意读书笔记征集活动中评选出优秀文章或者书籍，经过拆解，再行组装成内核鲜明、结构清晰的特色手账与心得式笔记。笔记根据生活经验和对事物的认识，大胆地进行了再创作，发挥了出色的联想和想象能力，真正达到了学以致用、融会贯通的目的。在全省第十届"三湘少年儿童阅读之星"阅研阅创活动中，评选了一批优秀的电子书作品。短短的一个月时间，参与活动的少年儿童不但学会了熟练使用电子书编辑软件，还用心筛选素材，想方设法将编辑技巧、图片、文章等要素完美融合，设计出具有代表性的作品。湖南省少年儿童数字阅读知识竞赛旨在帮助少儿提高数字资源检索与查找能力；让少年儿童了解中华文明，引导少年儿童记忆和传承本土历史文化；提升广大少年儿童的文化自信。数字阅读知识竞赛由衡阳市少年儿童图书馆负责承办实施，图书馆精心编制了竞赛题库，并联合中国知网制作上线了页面精美、响应流畅的网络竞赛答题平台；为庆祝中国人民解放军建军 90 周年，湖南省少年儿童图书馆开展了"书香湖南·红星闪闪耀童心"的活动主题，由馆员自创自绘，以"百战将星、人民英模、大英雄、小壮士"为主题内容的"中国人民解放军建军 90 周年英雄画谱"进行了为期两个月的展览，激发少年儿童对中国人民解放军建军历史和军人故事的兴趣。湘潭市先后向流动服务点、儿童福利院、特殊学校赠送图书 5000 余册；岳阳市组织"快乐暑假，放飞童年"贫困学子平江研学主题活动，带领贫困学子参观平江县南江镇露江山抗日英雄纪念园，让孩子们上了一堂深刻的爱国教育课；张家界市针对自闭症儿童，开展"爱上星星的孩子"专题活动。

# 六、对活动开展现状的思考与建议

## 1. 不断创新

通过开展少年儿童主题读书活动，发现少儿读者思维活跃，更乐于接受新鲜事物；这就需要我们的活动不断创新，兼顾形式与内容的多样性，才能吸引读者积极参与，发挥导向作用。一是形式上的创新：活动形式不能局限于传统的讲座，可以通过朗读、背诵、游学、表演分享等形式活动拉近与读者之间的距离，让图书馆在相对活泼的氛围中开展服务，如在郴州市举办的首届湖南省少年儿童"书中人物化妆表演"活动比赛，以经典童话《小马过河》为原型，让孩子们把沉睡在童话中的角色塑造成一个个活灵活现、生动形象的人物，通过参加这次活动，不仅使孩子们融入故事、走进角色，获得故事体验，同时也给孩子们提供了一个提升艺术水平、展现表演能力的平台，还能享受故事表演所带来的快乐。二是内容上的创新：活动内容覆盖不同学科，满足不同结构知识背景读者需求，比如文学影视赏析、艺术品鉴、专业阅读、经典阅读等；湖南省少年儿童图书馆深度挖掘馆藏资源优势，增加口述历史、非物质文化遗产等资源的传承与解读的活动，比如在第36届全省少年儿童主题读书活动中，全省14个市（州）均开展了"光辉历程——中国人民解放军军史"连环画展览，展览集知识性、艺术性、趣味性于一体；介绍中国人民解放军的光辉军史，讴歌人民军队艰苦卓绝的奋斗历程，线上、线下同时进行，网站、微信、图书馆同步开展。长沙市还将展品由流动大巴车送至其他分馆、企业、学校进行巡回展览；湘西土家族苗族自治州在超星歌德读书机上制作专题联系展示；张家界市培养专题讲解员，讲解人民解放军光辉历程。通过观展，让广大少年儿童铭记人民军队90年砥砺奋进的历程，学习英雄事迹，在新的起点上把革命前辈开创的伟大事业不断推向前进。在参与平台方面，不能局限于校内，要不断向外拓展，可以与校外的文化公司、博物馆、科技馆、航天馆、研究所等合作，搭建更广阔的平台，推动文化传播，例如在第38届主题读书活动中，韶山市图书馆组织小读者前往韶山冲开展"读毛主席诗词、走毛主席成长之路"爱国诗词阅读暨书中人物景致寻访研学活动；湘乡市图书馆开展了"研读伟人传记、重走历史足迹"研学活动——读毛主席诗词、走毛主席求学之路，前往当年毛主席求学的湘乡市东山书院、毛主席生平纪念博物馆等地；在宣传报道方面，充分发挥图书馆的文化影响力和社会公益性，注重打造或依托权威官方媒体，不断增加少年儿童主题读书活动在校内外读者群体中的影响力和知名度，吸引更多读者参与到活动中；在品牌创设方面，要尽量搭载具有主题文化或地域特色文化的标识，利用品牌效应来营造归属感和认同感，在校园中建设更易于识别和关注的文化品牌，一方面为活动增加了文化底蕴；另一方面在读者群体中创造了品牌服务的影响力，对文化而言，这也是一种积淀和传播。

### 2. 可持续性

在注重服务创新的同时，还要保障服务的可持续性，这不仅是活动在形式上的延续，更代表着图书馆文化服务的责任和担当，不能让活动在时间轴上只是碎片化地出现；要通过持续性的活动，助力读者综合能力的提升，发挥图书馆第二课堂的作用。湖南省少年儿童主题读书活动源于湖南省开展的全国红领巾读书读报奖章活动，自1982年首次举办以来，至今已连续举办40届。组织领导方面，业务馆长要做好策划、统筹推进、横向协调，在政策上给予强力支持、在制度上形成长效机制；经费保障方面，也要加以重视；同时也要对时间进行合理安排，不要与读者上课时间产生冲突。

### 3. 注重活动的拓展性与文化承载力

随着图书馆功能的不断外延，少年儿童主题读书活动也不再拘泥于传统内容，而是更加注重不同维度的可拓展性：一是活动场所呈现出多元化的特征，走出场馆，走向其他文化阵地；二是活动形式上呈现出新潮化的优势，结合活动主题，搬到线上平台，利用新型软件，创新活动开展的模式；三是活动效能也呈现出创新化趋势，开展活动总结评价，转化活动成果。

主题读书活动不再一味追求排场和规模，而是逐步由表及里、由浅入深；活动在内容的选取上也开始注重专业性与价值性，注重经典文化的传承、专业文化的品读，让活动更有文化承载力。同时根据少儿读者群体需求，提供主题内容的延伸服务。

### 4. 发掘数据价值

信息技术的进步使图书馆服务模式更加自动化，资源也更多以数字化形式存在，这就产生了大量的运行数据。通过对运行数据的挖掘分析，图书馆能够准确勾勒出读者画像，从而为读者提供更有价值、更为智慧的服务。图书馆为了更好提供服务，首先要做好基础数据的建设工作，打通不同数据平台之间的壁垒，建立基于业务流程的中央数据中心，实现数据的有效融合，建立完备的数据支撑体系；其次要在数据建设基础上挖掘数据价值，全景化分析读者行为特征，向读者提供个性化服务。

## 5. 优化驱动机制

驱动机制分为两种：一是理念驱动，构造能动服务新范式，由资源驱动转向需求驱动，结合每年不同的活动主题对图书馆职能的新定位、学校人才培养对少年儿童的新要求等详细制定读书活动中长期发展规划，保障活动各要素能够有效运行和有序发展，最大程度发挥图书馆的支持作用；二是技术驱动，以新技术应用推动服务模式的变革与颠覆，从而为读者服务提供智能化、数字化的创新支撑环境。

附件：

## 2017～2020年读书活动主题一览表

| 年份 | 活动 | 具体内容 | 参与情况 | 小结 |
|---|---|---|---|---|
| 2017 | "书香湖南·红星闪闪耀童心"——2017年全省少年儿童系列读书活动 | 1. 主题阅读活动 2. 手绘明信片活动 3. 暑期阅读活动 4. 中国人民解放军史连环画展览 5. 第七届"三湘少年儿童阅读之星"评选活动 | 14个市（州），120多个县（市、区）的少年儿童参加 | 共开展主题活动3400余场。收到儿童创作明信片1100张，评出一等奖114件，二等奖180件阅读笔记527份，评出"阅读笔记达人"146个评选出"三湘少儿阅读之星"30名，"阅读先进个人"58名；28个组织奖，21个阅读活动奖，60个优秀指导个人奖 |
| 2018 | "书香湖南·共创阅读新时代"——第37届全省少年儿童系列读书活动 | 1. 少年儿童阅读服务特色品牌活动：(1)"阅天下·青苗在旅图"(2)湖南省"少儿故事大王"大赛(3)湖南省少年儿童原创音频大赛(4)湖南省少年儿童数字阅读知识竞赛(5)湖南省少年儿童"书中人物化妆表演"活动 2. 少年儿童"书中人物化妆表演"案例征集活动 3. 少年儿童阅读培训活动 4. 第八届"三湘少年儿童阅读之星"推选活动 5. 2018年全省少年儿童系列读书活动表彰与展示 | 全省14个市（州）参与阅读之星推选活动：1. 网络阅读答题分中学组与小学组，每组题库300题，小学43600人，中学16600人直接参加，覆盖上千所学校 2. 复试1172名学生参加，14个市（州）共有37个考点，125个考场 | 第八届"三湘少年儿童阅读之星"推选活动分初选、复选、终审三个环节进行逐层评选。评出100位"三湘少年儿童阅读之星"，200位"三湘少年儿童阅读优秀个人"。21所学校荣获表彰，47名老师荣获优秀指导奖全省活动评选出32家组织奖表彰奖表彰单位，26家组织奖表彰奖获奖个人，79名优秀指导奖获奖单位"阅天下"发出游学护照5000余本，参与人数达两万余人"故事大王"全省9个市（州）的85支代表队参加音频大赛收到200多件作品数字阅读竞赛收到12436份网络答卷全省11个代表队参加"书中人物化妆表演"案例征集共收到74家单位和组织提交的105个案例 |

续表

| 年份 | 活动 | 具体内容 | 参与情况 | 小结 |
|---|---|---|---|---|
| 2019 | "书香湖南·献礼新中国成立70周年"第38届全省少年儿童庆祝新中国成立70周年系列读书活动 | 1. "爱国诗词阅读暨书中人物景致寻访"研学活动<br>2. 爱国诗词书写活动<br>3. 第九届"三湘少年儿童阅读之星"评选活动<br>4. 活动精彩案例、先进典型、优秀阅读推广人评选 | | 1. "爱国诗词阅读暨书中人物景致寻访"研学活动：各市（州）共组织开展各类爱国诗词主题阅读活动近千余场，2万余人次参与；举办爱国诗词绘画、摄影活动200余场，2万余人次参与其中；组织各类研学旅行活动60余场，近3000人次参加；省、市、县各级媒体200次的研学活动宣传报道。13个市（州）向省一级阅读研学笔记约300幅绘画作品，400余幅摄影作品，230多本阅读研学笔记，共评选出研学活动优秀人藏作品150幅优秀作品，400多幅优秀作品<br>2. 爱国诗词书写活动评选出约150幅优秀人藏作品，优秀作品500余幅<br>3. 第九届"三湘少年儿童阅读之星"评选活动推选出"三湘少年儿童阅读之星"46名，"三湘少年儿童阅读推广人"45名<br>4. 精彩案例、先进典型、优秀阅读推广人评选41家先进集体，4个精彩案例，54名优秀阅读推广人 |
| 2020 | "童阅美好·不负韶华"第39届湖南省少年儿童主题阅读活动 | 1. 全省少年儿童线上主题数字阅读推广活动<br>2. 全省少年儿童创意读书笔记征集活动<br>3. 全省第十届"三湘少年儿童阅读之星"阅研阅创活动 | | 1. 少年儿童线上主题数字阅读推广活动：6万余人次实时观看，4期共有26万余观众学习<br>2. 全省少儿创意读书笔记征集活动：14个市（州），67个县（市、区）（州），各市（州）的4022名少儿创作了6010份读书笔记，通过初审向省级层面选送了898名少儿读者的1046份创意读书笔记，评选出105份一等奖作品，283份一等奖作品，454份三等奖作品<br>3. 第十届"三湘少年儿童阅读之星"阅研阅创活动：省内14个市（州）共推荐了166名少儿读者参与电子书的编辑制作，组建了5个QQ群进行在线培训与教学，开展网络授课18节，连续28天实施点对点的实时在线辅导。创作了138部精美的电子书作品，58人荣获第十届"三湘少年儿童阅读之星"，80人来获第十届"三湘少年儿童阅读优秀个人" |

# 第一章

童阅美好 · 不负韶华

# 第 39 届湖南省少年儿童主题读书活动综述

*湖南省少年儿童图书馆*

2020 年是不平凡的一年，这一年我们国家面对突如其来的新冠肺炎疫情，以人民至上、生命至上的崇高信仰诠释了人间大爱，用众志成城、坚忍不拔的实际行动书写了抗疫史诗。2020 年的湖南省少年儿童主题读书活动就是在这样的大背景、大格局下筹备、启动和开展的。疫情防控不能松懈，加快落实《全民阅读"十三五"时期发展规划》的决心不能动摇，引导全省广大少年儿童加强对中华优秀传统文化研习和传承的初心不能改变；湖南省文化和旅游厅、共青团湖南省委、湖南省妇女联合会、湖南省关心下一代工作委员会坚决扛起新时代使命担当，以时不我待的紧迫感和责任感，联合主办"童阅美好·不负韶华"第 39 届湖南省少年儿童主题读书活动；湖南省少年儿童图书馆以高度的政治自觉坚守初心、克服困难、狠抓落实，圆满承办第 39 届全省少年儿童主题读书活动。

## 一、以人为本，构思新颖

### 1. 勇于变革，打造读书活动云平台

为适应疫情防控的需要，第 39 届读书活动全面线上化、数字化；以湖南省少年儿童读书活动云平台为网络载体，将活动的主要内容及相关流程均纳入云平台中。云平台前端直接面向读者，成为开展数字阅读服务与线上活动的功能齐全、界面友好的网络空间；同时又与"湖南公共文旅云"和湖南省少年儿童图书馆微信公众平台有机融合，达到了"借船出海"的良好效果。云平台后端作为层次明晰、操作便捷的管理系统，开通了省、市二级管理权限；可以根据前端读者的动向和反馈，及时高效地调整功能和布局，随时进行精确的数据统计，亦为未来形成全省少年儿童读书活动大数据打下了坚实

基础。

## 2. 凝心聚力，多维连接实效佳

湖南省少年儿童读书活动云平台的诞生，不仅使数字阅读服务多了一个有效载体，且增加了一个致力于儿童阅读服务的广泛连接、全面互通的多维枢纽，使开展多年的全省少儿读书活动的抓手更实、力度更强、影响更广。活动云平台的开通运行，就图书馆而言，明显加强了湖南省少年儿童图书馆和市（州）中心图书馆的业务联络；就老师、家长而言，拉近了图书馆和老师、家长的距离，对于开展学生校园阅读、家庭阅读也大有裨益；就阅读服务而言，云平台巧妙地将阅读内容的输出、阅读成果的集纳充分熔为一炉；就作品品鉴而言，云平台第一手的原创作品流畅清晰地呈现在业界专家面前，让专家感受到的不仅是作者专心致志的态度，更是作品散发出的独具匠心的温度。

## 3. 精心安排，构建完整阅读生态链

本届读书活动的第一项子活动是少年儿童线上主题数字阅读推广活动，为此搭建了"少儿云书房"，实质是一座服务于少年儿童读者的数字图书馆。借助"少儿云书房"，少儿读者足不出户，即可尽享数字阅读的无限便利，领略数字阅读的曼妙风采。然而，线上阅读并不是终点，精神大餐再丰盛，若不能内化为自身的营养，亦甚为可惜，因此少年儿童创意读书笔记征集活动应运而生：少年儿童看了美文，读了好书，自然会有所感悟、有所启发，自然会时不时地想拿起纸笔将些许心得、些许体会记录在案；但若止步于此，似乎和当今流行但毕竟深度有限的碎片化阅读相差无几。于是通过旨在撷取精品读书笔记以汇编电子书的"三湘少年儿童阅读之星"阅研阅创活动来合上阅读闭环的最后一块拼图。由数字阅读到读书笔记再到电子书编创，一步步构建起了完整的阅读生态链，如此不但能使少年儿童爱上阅读，更能引领他们将"啃"进去的书中营养内化于心，外化于行，同时产生了一个运转良好的可持续的阅读正向反馈，能真正将图书馆的儿童阅读推广使命落到实处。

# 二、阅读筑基，名家领航

## 1. 内容翔实，寓教于乐体验佳

"少儿云书房"囊括五大板块：知识视界、中华诗词、有声读物、乐读阅

关、连环画，并融入了展览、动画、听书、游戏等多种喜闻乐见的形式，可谓"云"端共享，"书"入万家。遨游其中，容纳百科全书的视频图书馆"知识视界"让人增长见识、拓展视野；海量的国学宝库"中华诗词"吸引少儿读者领悟经典魅力，探索传统文化之玄妙，可以听的图书"有声读物"给人带来沉浸式阅读体验，颇能愉悦身心；市面难得一见的"连环画"化作童年伴侣，温馨陪伴着少儿读者的成长；有趣有味有料的"乐读闯关"一直期待着爱阅读、爱闯关的读书达人前来挑战。

### 2. 名师指路，讲坛绽放希望之光

阅读写作之路，任重道远，需要儿童文学名师点拨，分享阅读方法，剖析写作技巧，正如海上灯塔指引着少儿读者拨开迷雾。2020 年 9 月 26 日、10 月 17 日、10 月 24 日、11 月 29 日，汤素兰、邓湘子、阿甲、李少白四位业内名家莅临湖南省少年儿童图书馆 2 楼儿童剧场传道解惑；"湖南公共文旅云"架设机位，面向全网展开微直播，场均 6 万余人次实时观看，4 期共吸引 26 万余观众竞相学习。儿童文学名师手持照亮心灵、点亮前路的火炬；少儿读者醉心听讲，循着名师指引徐徐前行，假以时日，必将绽放出绚丽的儿童阅读希望之光。

## 三、亮点频出，硕果喜人

### 1. 匠心独运，读书笔记藏瑰宝

在全省少儿创意读书笔记征集活动中，分布于 14 个市（州），67 个县（市、区）的 4022 名少儿读者创作了 6010 份读书笔记作品，各市（州）通过初审向省级层面选送了 898 位少儿读者的 1046 份创意读书笔记，评选出 105 份一等奖作品、283 份二等奖作品、454 份三等奖作品。其中，摘录式笔记中随处可见精美的词句、段落，小读者用不同的色彩予以归类和区分，层次鲜明又易读易记；提纲式笔记如八仙过海、各显神通，文章、书籍经过小读者的成功拆解之后，再行组装成为内核鲜明、结构清晰的特色手账；心得式笔记写出了自己独有的体会、见解和感悟；仿写式笔记根据生活经验和对事物的认识大胆地进行了再创作，小读者发挥了出色的联想和想象能力，真正达到了学以致用、融会贯通的目的。

## 2. 精华荟聚，电子书中谱新篇

在湖南省第十届"三湘少年儿童阅读之星"阅研阅创活动中，省内 14 个市（州）共推荐了 166 名少儿读者参与电子书的编辑制作，组建了 5 个 QQ 群进行在线培训与教学，开展网络授课 18 节，连续 28 天实施点对点的实时在线辅导。艰辛的付出换来了喜人的回报：138 位少儿读者创作出了 138 部精美的电子书作品，58 人荣获第十届"三湘少年儿童阅读之星"，80 人荣获第十届"三湘少年儿童阅读优秀个人"。每部电子书都蕴含着读者、家长和老师共同的心血，短短的一个月时间，小读者不但要学会熟练使用电子书编辑软件，还要用心筛选最具代表性的素材，更要想方设法将编辑技巧、图片、文章等要素完美融合，进而烹饪成一份色香味俱全、广受赞誉的精神大餐。生动的照片、灵巧的排版、细腻的笔触、真切的感悟，让三湘四水沐浴着阅读的芬芳，让三湘四水见证着文化的滋养，让三湘四水激荡着下一代的奋进。

## 3. 戮力同心，儿童阅读推广再掀高潮

只要说为了孩子，没有一个地区不辛勤播种；只要说为了孩子，没有一家图书馆不努力耕耘；只要说为了孩子，没有一位家长不潜心哺育，每一年、每一届的全省少儿读书活动都是在这样一个齐抓共管、上下联动的格局下有序进行的。2020 年 11 月，"书香湖南"全省少年儿童系列读书活动被湖南省新闻出版局评为第三届"书香湖南"全民阅读品牌项目，这是对所有致力于儿童阅读推广事业的湖湘图书馆人的隆重褒奖。从橘子洲头，到雁峰烟雨；从零陵古城，到伟人故里；从中国电力机车的摇篮，到东江湖畔；从烟波洞庭，到世外桃源；从崀山六绝，到国藩故里；从雪峰山脉，到武陵山区；无处不洋溢着图书馆人为读者服务的笑脸，无处不浸润着沁人心脾的笔墨书香，无处不彰显着关心下一代的浓厚情怀。从 2020 年 8 月到 2021 年 1 月，14 个市（州），67 个县（区、市）的图书馆人不惧困难，不负重托，因书共聚，悉心投入，耐心工作，在三湘四水掀起了"童阅美好·不负韶华"湖南省少儿主题读书活动的一个又一个高潮。站在"两个一百年"奋斗目标的历史交汇点上，图书馆人唯有坚定信念接续奋斗，奋力开创儿童阅读、全民阅读推广事业的新征程，方能为推动"三高四新"战略落实落地和湖南文旅融合高质量发展贡献磅礴力量。

# 全城洋溢书香　开遍"阅读之花"

长沙市图书馆

　　为传承发展中华优秀传统文化，增进少年儿童湖湘文化的热爱和了解，进一步提高少年儿童的文化素养、读写能力，倡导全民阅读，长沙市少年儿童读书活动在湖南省少年儿童图书馆的指导下，在长沙市文化旅游广电局的领导下，由长沙市图书馆主办，各区（县、市）图书馆承办，围绕着"童阅美好·不负韶华"这一主题展开了一系列丰富多彩的活动，取得了良好成效，具体情况总结如下：

## 一、注重宣传发动，着力营造阅读氛围

　　少儿阅读是全民阅读的基础，本届"童阅美好·不负韶华"活动中，长沙市按照上级部署，主动作为，积极谋划，大力推动活动开展：一是制定活动方案，按照《关于组织开展"童阅美好·不负韶华"第 39 届湖南省少年儿童主题读书活动的通知》的相关要求，长沙市文化旅游广电局向各区县（市）文化旅游广电体育局和市图书馆发布了《关于组织开展"书香长沙"第 39 届少年儿童主题读书活动的通知》，长沙市图书馆在通知的基础上制定了活动实施方案。二是成立专门队伍，由长沙市图书馆馆长和业务副馆长任主要领导，负责活动的统筹、组织、宣传、督促工作；少儿服务部七位工作人员组成活动办公室，负责活动的具体执行；其他副馆长及业务部门共同配合，为活动保驾护航。三是明确责任分工，制定责任分工表，细化目标任务，逐一落实到人，确保责任上肩。四是强化宣传发动，一方面，在馆内宣传开展"童阅美好·不负韶华"主题活动，营造浓厚的阅读氛围；另一方面，充分发动长沙市九个区（县）图书馆及"和阅联盟校"共同配合，广泛宣传动员，使长沙市少年儿童积极参与到本届活动中来，形成齐心协力共同促进少年儿童阅读的良好局面。

## 二、全面推广阅读，深入开展主题活动

长沙市一直以来高度重视少年儿童阅读推广工作，此次将各馆的品牌活动与"童阅美好·不负韶华"主题相结合，开展了丰富多样的系列活动，引导少年儿童品读书中之美、研习优秀传统文化之美、体验家乡小康之美。

### 1. 发挥平台优势，展示优质资源

为满足孩子们的阅读需求，长沙市图书馆利用"长沙图书馆"官方微信、微博，"堡主驾到"微信公众号等自媒体平台，展示馆内儿童阅读数字资源以及"少儿云书房""乐儿图书馆""赛阅英文绘本"等线上数字资源。

### 2. 开展主题活动，记录阅读成长

在长沙市图书馆及其下辖的9个区县馆、100多家分馆、30多所和阅联盟校，先后开展了各项主题活动358场。

（1）线上主题数字阅读推广活动

依托长沙市图书馆"堡主驾到"微电台，鼓励未成年人演绎童声童话、经典童书、厉行节约等相关主题故事，深刻理解并体会其内涵，开展"守望相助·共同战'疫'"未成年人创意作品征集活动，收集投稿作品285件，包含诗歌作文类作品61件，书法绘画类作品158件，音、视频类作品66件；开展"寻找线上故事大王"活动征集，收集了故事音频作品55件。邀请蔡皋、汤素兰、邓湘子等童书作家以及各中小学师生，以"共读、共写、共成长"为主题开展线上荐读活动，与孩子们一起"悦"读好书，分享快乐。

（2）少年儿童创意读书笔记征集活动

开展创意阅读笔记征集活动，鼓励广大少年儿童读者在浏览"少儿云书房"中的书籍导读有关内容后，于图书馆中借阅喜爱的图书，并及时整理记录下自己原创的阅读心得和感悟，并通过文档和图片的格式上传至湖南省少年儿童读书活动云平台，在各区县以及和阅联盟校的共同努力下，共征集了创意阅读笔记3000余份，成功上传1963份，并从中评选出60余幅优秀作品，在长沙市图书馆三楼展厅展览"书香长沙"第39届湖南省少年儿童阅读笔记征集活动创意作品。

（3）第十届"三湘少年儿童阅读之星"阅研阅创活动

为了更好地将少年儿童读书笔记、阅读感悟、习作、研学笔记、研学心得

等阅读作品展现出来，长沙市图书馆组织专家评委对前期开展的创意读书笔记征集活动进行了评审，择优推选了 17 位参与了湖南省少年儿童线上主题数字阅读推广活动且在创意阅读笔记活动中表现良好、拥有丰富阅读笔记作品的小读者参与第十届"三湘少年儿童阅读之星"阅研阅创活动，活动期间，除组织学员按时参加线上培训之外，长沙市图书馆还策划了"电子书工坊"主题活动，让更多的读者参与到阅研阅创活动中来。开展"阅天下·青苗在旅图"活动，鼓励广大少年儿童走出书本，邂逅诗与远方同行的美好童话；未成年读者广泛参与，小青苗刘懿玮获得"阅天下·邂逅图书馆之美——图书馆奇妙旅"的终极大奖。

### 3. 拓展服务范围，促进阅读均等

长沙市图书馆继续推动"阅读，一个都不能少"活动项目，整合优势资源，主动创新服务，促进阅读推广和学校教育协同发展，保证了图书馆社会教育和学校教育的一致性活动，将有针对性的借阅服务、优质的阅读推广活动、丰富的阅读课程开发、阅读师资培训、阅读活动策划等资源推广至联盟学校。2019 年 10 月活动启动至今，已发展和阅联盟校 30 多家，在校内开展了"思不易·俭养德"主题阅读讲座、"创意阅读笔记"征集等活动 100 多场次。

## 三、全城洋溢书香，促进阅读之美遍地开花

在活动开展过程中，长沙市图书馆总分馆体系全力以赴，迅速行动，结合自身特色，开展了形式多样的主题活动。如开福区图书馆在秀峰公园、万达广场、烈士公园、湘江世纪城、月湖公园五家自助图书馆开展了朗诵会、故事分享会、好书推荐会、名篇赏析会等活动；长沙县图书馆"我是诚实守信的好孩子""做勇敢的自己""感恩亲人，真情陪伴"等品书荐书活动；宁乡市图书馆"我心中的图书馆"少儿绘画等活动；雨花区少儿图书馆"雨花少儿文学周"主题活动；望城区图书馆"带一本书游一座城"主题活动；天心区图书馆"我为书香天心选馆藏"主题活动；岳麓区图书馆"书香岳麓"少年儿童有声故事征集活动；浏阳市图书馆"童心筑世界·浏图伴成长"主题系列活动；芙蓉区图书馆诗词大赛网络答题活动，各具特色，精彩纷呈，为湖南省各地的孩子们送上了高品质的阅读服务，起到了良好的社会示范效应，为倡导全民阅读、建设书香湖南做出了贡献。

在本届"书香湖南"系列读书活动中，长沙市与时俱进，推陈出新，共组

织各种阅读活动 358 余场，参与人数达 96135 人，多项活动得到了湖南日报、长沙晚报、湖南都市报等多家媒体报道。在今后的工作中，我们将继续以推广阅读为宗旨，大力推动均等化、无差别的阅读服务，让更多的少年儿童乃至成年人共享祖国发展成果，鼓舞他们在新时代新起点上树立服务祖国和人民的坚定信念，为实现美好远大的理想而不懈奋斗。

# 童心童阅　童阅心语

株洲市图书馆

　　株洲市图书馆按照湖南省文化和旅游厅等单位的部署要求，在湖南省少年儿童图书馆的带领下，创造性地开展了"童阅美好·不负韶华"第39届湖南省少年儿童主题读书活动，进一步倡导全民阅读的良好社会风气，努力在全市形成"多读书、读好书、好读书"的良好氛围。现将工作总结如下：

## 一、参与广泛

　　2020年株洲市图书馆完成"童阅美好·不负韶华"第39届湖南省少年儿童主题读书活动共24场，参与人数近4万。场场活动有方案、有照片、有宣传，市民反映良好，阅读氛围浓厚；推动了全民阅读工作，其中活动内容主要有：

　　2020年10月28日上午，"童心同阅"故事比赛拉开序幕，进行了海选、初赛、复赛、决赛等多次选拔，并辐射至株洲市各县区。

　　株洲市图书馆联合分馆开展"汤素兰读书分享会"阅读推广活动。通过联合分馆开展阅读分享会阅读推广活动，让孩子学会阅读、爱上阅读、享受阅读。

　　在学校活动方面，利用节假日、暑假等课余时间开展了株洲市第二中学附属小学"童阅心语"读书笔记比赛活动、天元区凿石小学"我读我写"读书笔记竞赛活动等6场活动，涉及绘画、亲子共读、英语、传统文化、讲座展览等多种类型，参与人数2000多人。

## 二、注重阅读推广，发挥媒体矩阵作用

　　在组织好日常免费开放和传统推广的同时，株洲市图书馆充分利用微信、

微博、抖音等媒体形式广泛开展"童阅美好·不负韶华"第39届湖南省少年儿童主题读书活动：一是利用共享工程资源优势，与市、省、国家电视台和报纸合作，播放、刊登图书馆实时动态和数字资源推荐。二是通过移动图书馆、微信图书馆等媒介上的馆藏资源便利读者，激发广大市民读书热情；本届线上活动点击率在 20 万次以上。三是以图书馆为依托涉及的民间组织、企事业单位、活动发起与组织等 QQ 群或微信群为媒介，向各类群体展开宣传与推广，受众十几万人，有效推动了全民阅读的影响力。

# 打造"云书房" 开启"云阅读"

湘潭市图书馆 湘潭市少年儿童图书馆

2020 年，是极不平凡的一年。在这个特殊的年份，湘潭市少年儿童主题读书活动，以"童阅美好·不负韶华"为主题，以湘潭市图书馆、湘潭市少年儿童图书馆为大本营，以线上活动为载体，以阅读推广为目标，全面部署，精心打造。

## 一、高度重视，周密部署

为加快落实"童阅美好·不负韶华"第 39 届湖南省少年儿童主题读书活动的安排，充分发挥图书馆资源优势，引导学生多读书、读好书，2020 年 1 月 19 日湘潭市图书馆、湘潭市少年儿童图书馆组织召开了 2019 年度少年儿童主题读书活动表彰会，8 月接到《关于组织开展"童阅美好·不负韶华"第 39 届湖南省少年儿童主题读书活动的通知》（湘文旅公共〔2020〕105 号）和《"童阅美好·不负韶华"第 39 届湖南省少年儿童主题读书活动实施方案》的文件后，湘潭市图书馆、湘潭市少年儿童图书馆积极联络各相关部门，湘潭市文化旅游广电体育局印发了《关于转发〈湖南省文化和旅游厅等单位关于组织开展"童阅美好·不负韶华"第 39 届湖南省少年儿童主题读书活动的通知〉》（潭文旅广体通〔2020〕101 号）。2020 年 9 月 25 日湘潭市召开了全市少年儿童主题读书活动工作会议，湘潭市文化旅游广电体育局公共服务科科长、四级调研员肖建强、湘潭市图书馆、湘潭市少年儿童图书馆馆长沈艾飞及相关工作人员参加了会议，会议就活动实施的具体事宜和相关问题进行了讨论。

## 二、精心组织，全面推动

湘潭市图书馆、湘潭市少年儿童图书馆通过与湘潭市教育局、湘潭市妇女联合会、湘潭市关心下一代工作委员会等机关事业单位联合开展活动；在湘潭市滴水湖学校、湘钢三校、杉山学校等中小学校以馆校合作的方式，推广"童阅美好·不负韶华"2020年湘潭市少年儿童主题读书活动；将三大主题活动：主题数字阅读推广活动、创意读书笔记征集活动、湖南省第十届"三湘少年儿童阅读之星"阅研阅创活动的具体操作流程用电子版转发给指导老师，在学校红领巾广播台广播、通过学校直播课直播、在大礼堂讲课等推广形式，吸引了全市近七万名少年儿童参与其中。

### 1. 搭建线上云平台

在湘潭市图书馆官方微信的"云阅读"栏目里，开辟少儿读书活动专栏。方便广大少年儿童读者通过专栏直接进入"少儿云书房"，在图书馆、少年儿童图书馆设立的专题书架中，借阅喜爱的图书，及时整理记录下自己原创的阅读心得和感悟，形成形式多样的创意读书笔记，并通过文档和图片的格式上传至少儿读书活动云平台。

本届"童阅美好·不负韶华"少年儿童创意读书笔记征集活动，湘潭市图书馆、湘潭市少年儿童图书馆共收到参赛作品289份；经过初审，有134幅作品进入复审；复审阶段，经由湘潭市教育局、湘潭市文化旅游广电体育局推荐，湘潭市少年儿童图书馆邀请到了5名对湘潭市中小学书香校园建设具有突出贡献的资深评委，对作品进行复审。通过审核、研议，评委们对作品做出了精准点评，并对此次作品的质量高度肯定，最终有64件优秀作品参加省级终审。

与此同时，湘潭市图书馆、湘潭市少年儿童图书馆推选了14名在创意读书笔记征集活动中表现优秀的读者参与了湖南省第十届"三湘少年儿童阅读之星"阅研阅创活动。通过工作人员引导与督促，14位少儿读者全部加入QQ辅导群，并利用网络平台，在QQ群内进行了编创电子书的线上培训。湘潭市图书馆、湘潭市少年儿童图书馆工作人员对14件作品一一审核：包括对意识形态的把握、对错别字的纠正等，确保了电子书的质量。

### 2. 阅读推广进校园

为贯彻实施"童阅美好·不负韶华"第39届湖南省少年儿童主题读书活动

的安排，积极推进书香校园建设，充分发挥图书馆资源优势，湘潭市图书馆、湘潭市少年儿童图书馆联合湘潭市教育局、新华书店于 6 月 12 日在九华杉山学校开展了"悦读经典 书韵飘香"湘潭市中小学经典诵读启动仪式，制定了推荐书目，围绕少年儿童主题读书活动开展了四个方面的活动：一是设立了"经典诵读专架"，在湘潭市图书馆、湘潭市少年儿童图书馆设立经典诵读专架，供大家免费借阅。二是开展线上数字阅读，在图书馆官方微信上开展了 62 期形式多样的线上阅读。三是开展阅读分享会，举办"书香伴成长，认知图书馆"少年儿童主题读书专场活动 7 场，让学生们了解活动参与方式。四是少年儿童图书馆每周日上午的"青青故事会"、每周六的动手阅读、周末下午的书影共读，都会对主题读书活动进行推广。

2020 年 9 月 18 日、9 月 23 日、9 月 30 日和 10 月 15 日分别在滴水湖学校、杉山学校、韶西逸夫小学、湘钢三校开展了少年儿童主题读书活动推广：湘潭市图书馆、湘潭市少年儿童图书馆的阅读推广人通过宣传片，让师生们了解了湘潭市公共图书馆，介绍了 2020 年少年儿童主题读书活动的内容和参与方式，并以《图书馆狮子》为引，阐述如何遵守图书馆的规定，自觉养成良好的图书馆礼仪。同时，向湘潭市各中小学师生们发放了"童阅美好·不负韶华，2020 年湘潭市少年儿童主题读书活动参与指南" 20000 份，引导小读者运用线上云平台参与少年儿童主题读书活动，争当第十届"三湘少年儿童阅读之星"，全市近 70000 名中小学生参与。

### 3. 推出亲子共读云讲堂

为推进本届少年儿童读书活动的开展，湘潭市图书馆、湘潭市少年儿童图书馆于 9 月 26 日、10 月 17 日转发了"儿童文学名师讲坛"系列直播；在活动前期进行了推广宣传，发布了公众号文章，吸引了大量读者观看。

为贯彻落实习近平总书记关于"注重家庭、注重家教、注重家风"的重要指示精神，建立书香家庭氛围，营造爱国爱家、相亲相爱、向上向善、共建共享的社会主义家庭文明新风尚，湘潭市图书馆、湘潭市少年儿童图书馆隆重推出"未来家庭教育计划"公益项目，"亲子共读云讲堂"于 12 月 18~23 日每天 19：30-21：00，以网络直播的形式，持续向广大家庭传播科学阅读理念。

### 4. 特色阅读助力活动推广

2020 年暑假期间，湘潭市图书馆、湘潭市少年儿童图书馆开展两期"小小图书管理员"培训，并根据培训成绩安排实践，吸引了大量热爱图书馆，想要体验社会生活的小读者，60 人次参与实践。"多彩暑假"系列活动推出创意剪纸、朗读、书法、美术等公益培训班，报名的小读者络绎不绝，近 300 人次参与。年内，开展"书香伴成长·认知图书馆"——未成年人安全教育培训课两场，近 100 人次参与。

# 三、阅读延伸，亮点纷呈

围绕"童阅美好·不负韶华"2020 年湘潭市少年儿童主题读书活动的内容，湘潭市图书馆、湘潭市少年儿童图书馆开展多种形式的主题阅读推广活动：

## 1. 亲子阅读活动

动手阅读亲子课，引导孩子将绘本故事的主要元素通过泥塑塑造出来，加深理解。不仅满足了孩子本能的动手需求，还增进了亲子感情，让阅读变得更加丰富、有趣。受疫情影响，共开展线下课程 16 场。

"青青故事会"推出《十二生肖》系列绘本故事分享，为小朋友们讲述十二生肖的由来，推荐和生肖相关的绘本；结合垃圾分类新时尚，开展垃圾分类小课堂，利用小教具，现场分类和投放，加深孩子们对垃圾分类的理解。亲子故事会、表演小达人，也是青青绘本馆的常规活动，讲述绘本里的好故事，发现绘本里的小游戏，挖掘绘本里的好剧本，充分利用绘本，引导小读者从小养成阅读习惯。故事会共组织开展 29 场。

## 2. 数字阅读推广活动

数字阅读已成为当下阅读的方式之一，包括电子书、网络小说、数字音频、视频、电子地图、数码照片、网页等。湘潭市图书馆、湘潭市少年儿童图书馆全年共播放免费电影 30 场。同时，开展线上亲子数字阅读，在官方微信上开展了 62 期形式多样的线上阅读，包括《三字经》系列经典解读、抗战历史答题、迎国庆诗词挑战赛等。举办"会讲故事的地球"绘本创意秀征集评选活动——绘本创意秀直播课、听书打榜争霸赛活动以及"书香悦读 智赢战'疫'"博看网红包答题等活动，吸引了广大读者积极参与。

## 3. 第四届"我听·我读"大型少儿主题朗诵作品征集活动

湘潭市图书馆、湘潭市少年儿童图书馆积极参加中国图书馆学会主办的第四届"我听·我读"大型少儿主题朗诵作品征集活动：选送选手获中国图书馆学会授予的"最IN潜力"朗读之星荣誉称号；馆员王卓君获中国图书馆学会授予的"星级指导老师"荣誉称号；湘潭市图书馆、湘潭市少年儿童图书馆获湖南省图书馆学会授予的"星级组织单位"。

### 4. 联合多家单位开展系列活动

湘潭市图书馆、湘潭市少年儿童图书馆与湘潭市图书馆学会联合开展"全国科普日"系列活动，包括线上线下科普书籍推荐、播放科普电影、举办线上健康知识讲座、前往韶山市清溪镇如意小学开展《安全知识讲座》、"打开历史衣橱，品鉴华服之美"有奖竞猜活动等，助力全民阅读；与湘潭日报小记者联合开展"'做快乐小书童 读精彩大世界'推荐一本好书"活动，共收到作品200多个，选出10个最佳作品，在图书馆微信公众号上展示；与悠贝联合开展"遇见童书发现中国，大声说出爱"——家庭故事DV秀大赛（征集活动），收到作品98个，选出10个优秀作品；与"智慧湘潭"建设视域下数字阅读推广模式研究课题组前往湘潭县分水乡较场中学开展阅读推广活动。为该校43名留守儿童捐赠了图书、文具等学习生活用品，并举办了诗词抢答赛，活动效果良好；与湘钢三校集团联合举办"话说书中人物"主题演讲比赛，2020年12月18日举行了决赛，选手们通过对书中人物的理解，培养热爱阅读，珍爱生活，向优秀人物学习，努力建设祖国等美德。经过层层选拔，13位选手获奖。

## 四、广泛宣传，氛围浓厚

湘潭市图书馆、湘潭市少年儿童图书馆利用官网、微信公众号及QQ群互动推广，方便读者和市民朋友通过湘潭市图书馆读者群、公益微信群参加主题读书活动；微信公众号共发送推文254篇，粉丝关注量逾万人；充分借助湘潭日报等纸质媒体，湘潭都市、湘潭新闻等电视媒体，学习强国、湘潭在线等网络媒体对活动进行了全方面报道，进行宣传、推广，共发表报道74篇。不断扩大少儿阅读的吸引力、影响力和覆盖面，把培育和践行社会主义核心价值观、促进家庭文明新风尚作为亲子阅读活动推广的目标，不断与时俱进，开拓进取。

# 童阅美好·不负韶华  线上线下书香满溢

岳阳市图书馆

为贯彻落实国家新闻出版广电总局《关于开展全民阅读工作的通知》，结合湖南省文化和旅游厅等单位印发的《关于组织开展"童阅美好·不负韶华"第 39 届湖南省少年儿童主题读书活动的通知》，在特殊的 2020 年，岳阳市图书馆根据实际情况，以"童阅美好·不负韶华"为活动主题，线上线下相结合，开展各类针对少年儿童的读书活动、公益讲座、主题展览等共计 82 场次，发挥公共图书馆开展社会教育和丰富大众文娱生活的双重职能，现将 2020 年度少年儿童主题阅读活动情况汇报如下：

## 一、开启线上"共读"、多向互动，让阅读"活"起来

线上"共读"兴起，岳阳市图书馆抓住机遇和挑战，用线上打卡、趣味竞猜、有奖问答、组队赢礼等多向互动方式，做大做强线上阅读宣传推广平台，开展各类线上读书系列活动。

### 1. 圆满完成"童阅美好·不负韶华"少年儿童主题读书系列活动

根据文件精神，积极联动各县（市、区）图书馆、中小学校，指定活动计划和方案，完成"童阅美好·不负韶华"少年儿童主题读书系列活动。

（1）线上主题阅读推广活动

充分利用岳阳市图书馆儿童阅读数字资源以及"少儿云书房"线上阅读资源，开展丰富多彩的线上阅读推广活动："岳童悦读"导读活动，累计开展 18 期，培养少年儿童的阅读兴趣和阅读能力；"亲子阅读，全民战'疫'"线上阅读打卡活动，在特殊时期用精神食粮助力少儿阅读；"童心献祖国，中秋话非遗"线上答题活动，增长知识的同时感受文化的无穷魅力……各类线上主题阅

读推广活动，通过岳阳市图书馆微信公众平台发布，累计参与人次达 3000 余人。

（2）创意读书笔记征集活动

本届活动首次运用平台进行网络推荐，分为摘录式读书笔记、提纲式读书笔记、心得式读书笔记、仿写式读书笔记四大类别，积极发动全市各中小学参与，共计 65 份作品录入系统平台，分年级、分类型共择优推荐 36 份一等作品上报省级参与评比。

（3）"三湘少年儿童阅读之星"评选

经过线上主题阅读活动及创意读书笔记活动作品的参与情况，结合实际表现，综合推选出 10 名学生代表岳阳市参与"三湘少年儿童阅读之星"评比。

**2. 创新开展多维互动的"4.23 世界读书日"线上特别活动**

2020 年世界读书日恰逢疫情防控，岳阳市图书馆开展一系列诸如"'春暖花开·阅读有你'组队读书赢好礼"等有奖线上特别活动。其中，"我画你猜"趣味猜书活动累计开展 5 期，送出经典书籍 50 套，通过趣味答题让大家了解更多的经典文学作品，从而爱上阅读。

# 二、引领少儿阅读，为下一代健康成长助力

岳阳市图书馆历来重视少儿阅读推广活动的开展，不断营造阅读生态环境，激发少儿阅读兴趣。

## 1. 开展"我们的节日"主题系列活动

为了大力弘扬民族优秀传统文化，岳阳市图书馆在重大节假日开展"我们的节日"主题系列活动 5 场。"迎新年·手拉手·温暖行"留守儿童专场活动，平江县南江镇昌江小学 25 名留守儿童与湖南民族职业学院附属小学学生家庭结帮对，开展写福字、演小品等文化联谊活动；"父爱如山""浓情端午"和"喜迎中秋"主题阅读活动，通过绘本带入主题，通过心愿树、折龙舟、赏美食等方式，感受节日的氛围；"迎国庆·我与祖国共成长"主题亲子活动，让孩子们了解国庆，热爱祖国。

## 2. 全新升级"悦童年·彩虹泡泡"绘本活动品牌

绘本分享活动是岳阳市图书馆连续 5 年每周末推出的公益阅读指导活动，

已成为岳阳市图书馆阅读推广品牌活动之一。2020年，根据新馆的实际情况和读者的需求变化，岳阳市图书馆将"周末绘本故事分享"活动进行品牌升级，全新改版为"悦童年·彩虹泡泡"亲子故事会。场地多样化，种类细分化，阅读延伸化，在绘本故事阅读中，加入实践活动、创意美术、手工DIY、情境表演等元素，培养了孩子各方面的能力。因疫情影响，上半年主要以线上为主；下半年线下累计开展28期，参与人次达1500余人。

### 3. 承办湖南省关心下一代工作委员会主任会议之专题展览及文艺汇演活动

11月26日，作为岳阳市青少年文化活动中心，岳阳市图书馆承办了全省第20次市（州）关心下一代工作委员会主任会议之青少年儿童抗疫书法作品展、"突出思想引领·讲好抗疫故事"专题展览及"同传家风·童颂祖国"文艺汇演，发挥阵地优势，助力新时代关心下一代事业蓬勃发展。

### 4. 开展"走进图书馆"社会实践及团体参观活动

为了让不同年龄段的读者更好地了解图书馆、爱上阅读，2020年，岳阳市图书馆特开展21场"走进图书馆"社会实践及团体参观活动。岳阳市人民代表大会常务委员会组织20余名亲子家庭走进图书馆，参观抗疫作品书法展；岳阳楼区华夏天邦钻石山幼儿园100余名师生走进图书馆，开展阅读体验活动。

### 5. 开展"童心聚力·抗疫有我"主题书法作品征集活动

开展岳阳市少年儿童"童心聚力·抗疫有我"的书法作品征集活动，通过线上主题书法征集，共收到以抗疫为主题的作品52份，遴选出优秀作品14份，进行为期三个月的线下书法展览；以笔墨的形式为坚决打赢疫情防控阻击战贡献力量。

### 6. 开展"童趣新年·岳读乐嗨"绘本音乐剧活动

伴随着冬日里温暖的阳光，2020年12月26日下午3点，岳阳市图书馆"童趣新年·岳读乐嗨"音乐绘本剧《动物狂欢节》在报告厅拉开帷幕，充满童趣的故事、鲜艳活泼的画面、风趣幽默的表演以及温馨欢乐的互动，以绘本故事贯通互动的形式，将故事、音乐、乐器、合唱、芭蕾舞及孩子们律动参与融为一体，为孩子们带来了一场特别的音乐绘本体验；让孩子近距离接触感知古典音乐，享受阅读带来的快乐，从而培养孩子们热爱阅读的好习惯。

## 三、实施培训计划，夯实全民阅读推广基础

为壮大阅读推广人队伍，提升阅读推广人的综合素质和业务水平，培养一批具有一定理论基础和实践能力的阅读推广人，更好地面向读者开展阅读指导和阅读推广；岳阳市图书馆举办了一系列针对少儿阅读的培训讲座：

### 1. 开展"岳童悦读·领读者"专题培训

2020 年 11 月 2 日至 3 日，岳阳市图书馆联合樊登小读者岳阳市分会共同举办"岳童悦读·领读者"专题培训，搭建学习和交流的平台，特邀资深阅读推广人刘丹容老师授课，让来自各级各类图书馆及社会阅读推广机构的 40 名学员真正聆听到悦读的声音。

### 2. 举办家庭教育主题讲座

德育公益课堂和"幸福家庭"成长系列家庭教育主题讲座，2020 年累计开展 30 期。德育公益课堂（含国学课堂）分享经典国学，让孩子和家长读圣贤知孝悌，一起知义明礼修身养性；"幸福家庭"成长系列讲座现已开展 4 期，包括《积极教养，做不焦虑的父母》《绘本亲子阅读的奥秘和方法》等，以期把爱传出去，把幸福带回家。

## 四、推广志愿服务，用知识流动带动阅读扎根

传承服务始于心、践于行的理念，岳阳市图书馆继续开展志愿服务的探索与实践，扎根群众，立足生活，带动阅读新风尚。

### 1. "阳光假日·小小志愿者"假期志愿活动

通过公开招募及团体对接，岳阳市图书馆招募 8～16 岁青少年志愿者开展阅读推广服务。"今天我当班·小小志愿者"活动、"体验阅读之美"青苗志愿者活动、"微爱 100"志愿服务活动等，既丰富青少年的假期生活，又锻炼其动手能力和管理能力，累计参与活动志愿者近 300 人次，得到了社会各界一致好评。

### 2. "雷锋家乡学雷锋"志愿流动服务

以爱心送书为切入点，以流动服务车为媒介，岳阳市图书馆志愿服务队伍

联结社会爱心机构，开展阅读进校园、关爱特殊群体等流动志愿服务；2020 年 7 月 3 日走进岳阳县公田镇大塅小学开展爱心送书活动；7 月 15 日走进岳阳楼区郭镇乡马安小学开展爱心送书活动并组织体验阅读活动；9 月 25 日走进岳阳市特殊教育学校开展"书香伴成长"志愿服务等，充分发挥志愿服务队伍作用，让知识流动，让阅读扎根。岳阳市图书馆开展的各类线上线下阅读推广活动互动互补，以丰富多彩的形式满足了少儿读者不断提高的阅读需求，推进了全民阅读走向深入。展望新的一年，岳阳市图书馆将继续努力，力争各项社会活动推广工作更上一个台阶。

# 共读·共遇星辰大海

张家界市永定区图书馆

　　为认真贯彻落实湖南省文化和旅游厅等单位印发的《关于组织开展"童阅美好·不负韶华"第39届湖南省少年儿童主题读书活动的通知》，确保第39届湖南省少年儿童主题读书活动的顺利开展，张家界市永定区图书馆倡导全市少年儿童举办各类主题读书活动，在全市形成"多读书、读好书、好读书"的良好风尚，张家界市永定区图书馆结合实际，开展了形式多样、内容丰富的少年儿童全民阅读系列活动，参与读者千余人，取得了良好的社会反响和市民的一致好评。现将活动汇总如下：

## 一、宣传营造氛围

　　张家界市永定区图书馆高度重视"童阅美好·不负韶华"第39届湖南省少年儿童主题读书活动，按照活动要求，及时制定了《"童阅美好·不负韶华"张家界市永定区图书馆2020年少年儿童全民阅读活动方案》，明确活动的指导思想、内容以及活动原则，确保活动顺利开展。并向广大市民发出阅读活动倡议、活动标语、公共平台活动预告等，在全市读者中大力宣传，动员大家积极参与，营造积极的活动氛围。

## 二、领导带头组织

　　为确保系列读书活动有效、规范、深入、有序地开展，各级领导十分重视：由局分管领导亲自抓活动方向，馆领导具体抓活动内容，专门召开会议，安排部署，图书馆全体职工根据活动方案，明确分工，强化责任，在保证张家界市永定区图书馆各项正常工作互不干扰、互相促进的前提下，齐心合力搞好此次活动，取得成功。

## 三、内容丰富多彩

较之往年的少年儿童读书活动，2020 年的部分活动因疫情从线下搬到线上，更加富有多样性，主题活动也更多元化，参加活动人群层次更多。全市共举办阅读、学习活动百余次，取得了更加显著的社会反响，赢得了全市人民的一致好评。现将一年来少年儿童读书活动情况作简单介绍：

### 1. "共读，遇见星辰大海" 2020 年新春读书签售会特别活动

承办单位：张家界市永定区图书馆

时间安排：2020 年 1 月 18 日

地点：图书馆一楼

活动内容：《共读，我们的亲子时光》作者分享及新书签售会

### 2. 张家界市永定区图书馆 "线下闭馆抗疫情　线上服务不停学" 之 "爱手工双语小达人" 亲子读书系列活动

主办单位：张家界市永定区图书馆

时间安排：2020 年 1~2 月

地点：大草坪自助图书馆及线上

活动内容：不融化的雪人、窗花祈好运、爆竹报平安、新年的钟声、饺子庆团圆、洪福齐天、年年有余等春节系列亲子手工制作

### 3. 张家界市永定区图书馆 "线下闭馆抗疫情　线上服务不停学" 之 "儿童名著阅读指导" 系列读书活动

主办单位：张家界市永定区图书馆

时间安排：2020 年 1~5 日

地点：图书馆三楼及线上

一月活动内容：

《卖火柴的小女孩》《皇帝的新装》《丑小鸭》《海的女儿》《拇指姑娘》《坚定的锡兵》《豌豆上的公主》《野天鹅》整本书儿童阅读指导

二月、三月线上活动内容：

激发阅读兴趣篇：《一口袋的吻》《我们要去捉狗熊》《猜猜我有多爱你》

共情力养成篇：《南瓜汤》《同桌的阿达》《咕叽，咕叽》《狮子与老虎》

阅读习惯养成篇：《我喜欢书》《子儿吐吐》《好脏的哈利》

### 4. 张家界市永定区图书馆"线下闭馆抗疫情　线上服务不停学"之"樊登免费听"活动

主办单位：张家界市永定区图书馆

时间安排：2020 年 3 月

地点：线上

活动内容：以樊登读书为主线，在线上开展"家庭、生活、亲子、教育等"系列经典名著共读活动

### 5. 张家界市永定区图书馆"线下闭馆抗疫情　线上服务不停学"之"抗疫明信片献给最可爱的人"征集活动

主办单位：张家界市永定区图书馆

时间安排：2020 年 3~4 月

地点：线上

活动内容：以抗疫情为主线，在线上征集"对抗疫情"绘画，书法等活动，助力疫情防控，团结鼓舞人心

### 6. 张家界市永定区图书馆"4·23 世界读书日""最美阅读推广主播"全民阅读直播间好书分享公益活动

主办单位：张家界市永定区图书馆

活动时间：2020 年 4~5 月

活动内容：响应"4·23"世界读书日的号召，培养"最美阅读主播"走进全民阅读直播间，分享好书，共享阅读，传递爱心，呼吁更多人养成阅读、分享的好习惯

### 7. 第十一届图书巡展暨 2020"书香张家界　全民阅读"绿书签进校园活动启动仪式

活动时间：2020 年 5 月 11 日上午 9：18~10：18

承办单位：张家界市永定区图书馆

活动地点：大草坪广场

### 8. "书香校园——少年强则中国强"大型爱心公益助学活动

承办单位：张家界市永定区图书馆

活动时间：2020 年 5 月 19 日

活动主题：少年强则中国强——关爱折翼天使

活动内容：活动选取一所学校联合开展，活动宗旨为大庸传统文化——传承、感恩、孝道

活动规模：300 人左右

### 9. "猜猜我有多爱你"庆"六一"亲子活动

承办单位：张家界市永定区图书馆

活动时间：2020 年 5 月 31 日

活动内容：通过经典绘本"猜猜我有多爱你"亲子故事会，呼吁更多的家庭加入亲子阅读，亲子陪伴的队伍中，为创建书香永定"最美家庭"助力

### 10. 张家界市永定区图书馆"阅读与自然"少年儿童文旅主题活动

主办单位：张家界市永定区图书馆

活动时间：2020 年 6 月 25 日

### 11. 张家界市永定区图书馆"亲子经典阅读"系列巡讲活动

承办单位：张家界市永定区图书馆

活动时间：2020 年 5 月 24 日至 12 月

活动内容：活动在社区、学校、单位等联合开展 10 场亲子经典阅读活动

活动宗旨：通过举办亲子主题故事会、亲子阅读分享会、亲子阅读延伸拓展等形式，倡导亲子阅读，推广家庭共读，传播积极向上的家庭教育理念。以"书香家庭"建设促进"好家风"建设，从而推动"书香永定"建设，为建成全面小康永定而助力

### 12. 张家界市永定区图书馆"新时代乡村阅读季"农家书屋系列活动

承办单位：张家界市永定区图书馆

活动时间：2020 年 7~8 月

活动内容：暑假选取三个重点农家书屋、留守儿童之家开展关爱留守儿童

阅读活动，活动主题为2020新时代乡村阅读季"留守儿童如何开展疾病防控"活动、优秀农耕文化体验活动、"携手奔小康"图书捐赠活动

（1）2020书香张家界"新时代乡村阅读季"系列活动第1站

时间：2020年7月22日

地点：永定区王家坪乡韭菜垭村留守儿童之家

主题：留守儿童如何开展疾病防控

主讲：覃黄正，中共党员，儿科副主任医师，本科毕业于南华大学。现任张家界市永定区妇幼保健院儿童保健部部长，从事儿科临床工作十余年，在国家级核心期刊发表论文4篇

志愿者人数：7人

参与活动人数：中共张家界市委宣传部、"国奶"计划负责人、永定区妇幼保健院领导3人、40位家长、40位孩子

爱心物资：40位孩子每人1罐南山奶粉

（2）2020书香张家界"新时代乡村阅读季"系列活动第2站

时间：2020年8月3日

地点：永定区枫香岗街道泗坪社区

主题：我是自然小行家

主讲：谷璇，高级儿童阅读推广人、张家界市"读读狮"儿童阅读空间创办人

志愿者人数：5人

参与活动人数：社区书记及社区30位家长、30位孩子

爱心物资：文具、学习用品、水果等

（3）2020书香张家界"新时代乡村阅读季"系列活动第3站

时间：2020年8月18日

地点：永定区阳湖坪街道建新村"农家书屋"

主题："携手奔小康"图书捐赠活动

主讲：吴志龙，张家界市永定区人，张家界知名歌手。1998年荣获山东省"五四青年歌手大奖赛"二等奖，2010年荣获张家界电视台"十佳歌手"称号，2017年荣获"欢乐潇湘"歌舞组二等奖

志愿者人数：5人

参与活动人数：中共张家界市委宣传部、中共张家界市委组织部、永定区图书馆领导3人、社区30位家长、30位孩子

爱心物资：文具、学习用品、书包等

## 13. 开展"书香张家界·关爱特殊群体公益阅读计划"活动

主办单位：张家界市永定区图书馆

（1）活动时间：2020 年 7 月 26 日

活动主题：张家界市永定区图书馆"抗疫明信片颁奖典礼暨'红色故事汇'"庆"八一"特别活动

（2）活动时间：2020 年 10 月 22 日

活动主题：张家界市永定区图书馆"欢度重阳节·礼赞新时代"走访慰问特别活动

## 14. 第十届"三湘少年儿童阅读之星"评选活动

主办单位：张家界市永定区图书馆

活动时间：2020 年 10～11 月

活动内容：张家界市永定区图书馆按照第十届"三湘少年儿童阅读之星"评选标准，在张家界市开展了"我的阅读笔记""童声童趣故事大赛"等主题活动。此次活动受到了广大少年儿童读者的积极响应，收到来自全市中小学生读者的稿件 30 余份。他们或是记述自己的阅读故事；或是叙述自己读书的感悟及体验；或是表达自己读书后的收获。为了鼓励这些读者，图书馆工作人员成立了评审小组，小组成员对每本笔记进行了评审，选出了 8 名特别突出的"少年儿童阅读之星"，并推送至省里参评。

## 15. 2020 书香张家界"学传统文化·讲张家界故事"天门讲坛系列读书活动

承办单位：张家界市永定区图书馆

时间安排：2020 年 5～12 月

活动内容：2020 年中共张家界市委宣传部、张家界市新闻出版局携手张家界市永定区图书馆与知行阅读中心打造"学传统文化·讲张家界故事"天门文化大讲坛全民阅读活动品牌。天门文化大讲坛系列讲座是为践行社会主义核心价值观，弘扬中华民族优秀传统文化，推动"书香张家界"全民阅读活动深入开展，搭建学习交流平台，树立张家界市文化品牌而开展的一系列读书活动。张家界市永定区图书馆还组织了很多关于书香中国、道德文化、家庭智慧等大型阅读和实践活动，为创建幸福家庭、和谐社会默默作着贡献。

　　总之，图书馆少年儿童全民阅读活动不仅是一时一事，更应该让少年儿童把阅读作为一种终身的习惯。张家界市永定区图书馆少年儿童系列读书活动将会在全市，乃至全省深入持久地延伸下去，并不断得到充实、丰富和升华，直到全民阅读在整个中国大地蔚然成风。

# 坚持书香战"疫"　丰富精神世界

郴州市图书馆

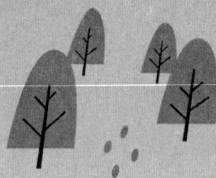

为了进一步提高少年儿童的文化素养、读写能力，增进对中华优秀传统文化和湖湘文化的热爱和了解，从而达到增长才干、报效祖国、不负韶华的目的，2020年，郴州市图书馆以湖南省文化和旅游厅等单位关于决定组织开展"童阅美好·不负韶华"第39届湖南省少年儿童主题读书活动文件精神为引领，组织全市公共图书馆克服突如其来的新冠肺炎疫情，积极行动，守望相助，坚持书香战"疫"；开展了形式多样、丰富多彩的线上线下读书活动，极大地丰富了疫情期间广大少年儿童的精神文化生活，活动取得实效；现将活动情况总结如下：

## 一、高度重视，积极筹备，精心组织

受2020年初疫情影响，为有力推动活动的组织开展，郴州市图书馆建立了QQ群和微信工作群，及时准确发布信息，指导活动开展。全市各县（市、区）图书馆也坚决克服困难，排除万难，及时向相关部门汇报，向财政争取资金支持，成立读书活动工作小组，制定具体活动方案，并派专人负责，有计划有步骤全面开展读书活动。

## 二、主题鲜明、内容丰富、形式多样

### 1. 活动形式

（1）精选主题，开展活动

利用图书馆"小白鹿"亲子悦读会品牌，每月精选一个主题先后开展了"以读攻毒——春天有约，一起读诗打卡""为中华崛起而读书——伟人事迹故事会打卡""我爱我的家乡——林邑之城之神仙篇""向上的六月季——小小文化志愿者云上小主播选拔赛""'小白鹿'云上故事会——我们的节日"等多项主题云上少儿阅读活动；在活动开展的同时，设置了听书答题、撰写读后感等有奖活动，吸引了少儿读者 3000 余人参加。

（2）加大投入，搭好平台

以郴州市图书馆微信公众号为线上平台，投入 80000 多元为图书馆线上服务进行了提质升级，设置了云阅读、有声读物、"小白鹿"悦读会等专栏，联合知网、超星、喜马拉雅等知名文化企业，加强电子文献资源建设；导入电子书籍 9.6 万册，期刊 3100 种，慕课 400 门，听书 70000 集，讲座 10000 集，少儿书籍 22000 册；免费为全市少儿读者提供了丰富的线上阅读资源。

（3）创新方式，加强互动

为不断增强品牌的吸引力，提高少儿阅读兴趣。郴州市图书馆收集了当地抗疫先进事迹、经典历史故事，招募了 150 余人的"故事妈妈阅读推广人"志愿者队伍，精选了 20 余名"云上小主播"，每周线下精心录制音频、视频少儿故事，上传至郴州市图书馆微信公众号，供广大少儿读者在线阅读。

## 2. 活动内容

2020 年 6 月，郴州市图书馆收集了当地抗疫先进事迹、经典历史故事；招募了 150 余人的"故事妈妈阅读推广人"志愿者队伍，精选了 20 余名"云上小主播"，每周线下精心录制音频、视频少儿故事上传至郴州市图书馆微信公众号，供广大少儿读者在线阅读。线上活动共计 60 余次；举办了"小小志愿者'云上小主播'挑战赛"，122 名小选手登上舞台，为大家带来一个个精彩的表演。

2020 年 9 月，读书活动终于可以线下开展，"七夕乞巧""中秋望月"活动中，新鲜出炉的绘本，大快朵颐的美食，异乎寻常的故事，摩拳擦掌的竞赛，让家长和孩子们读得赏心、听得悦耳、答得踊跃、玩得乐呵；教育孩子学会自我保护；2020 年 10 月，"传统文化·饕餮盛宴"活动开展，传统文化是中华民族的血脉，是人民的精神家园，是支撑国家进步的脊梁。囊括传说、历史、名画，品味文化的底色，遇见奔流的历史；2020 年 11 月，"好家风、好家训，好家规"活动开展，孟母三迁、岳母刺字的故事，表明好的家风、家训、家规不仅承载了祖祖辈辈对后代的希望和鞭策，也同样体现了中华民族优良的风尚；2020 年 12 月，儿童科普系列活动开展，精心挑选儿童科学启蒙绘本，通过生动的讲解，让复杂的知识变得简单易懂，让孩子们迅速了解关于宇宙和生命的重要知识。

开展了5次"结对子·种文化"送书下乡（进校园）主题活动，分别是：2020年5月21日上午，郴州市图书馆联合苏仙区图书馆，到苏仙区坳上镇开展送科技资料下乡活动，活动现场共送出自然科学、教育、农业、少儿等门类书籍1200册；5月28日联合桂阳县图书馆到桂阳县仁义镇开展"书香助力战疫"送科技资料文化志愿活动，共送出科技文摘400余册；7月8日联合资兴市图书馆到资兴市蓼江完全小学开展关爱留守儿童文化志愿者送书下乡活动，向资兴市蓼江完全小学赠送书籍200余册；7月29日，郴州市图书馆到永春乡圩场发放200余册扶贫书籍，为永春乡口才村留守儿童送去书包和文具30套；12月9日到永兴县油市中心小学开展"关爱留守儿童送书进校园"活动，捐赠图书200余册，书包、体育用品80余套。

开展全市少年儿童创意读书笔记征集活动，郴州市图书馆充分利用丰富的馆藏图书，依托"湖南公共文旅云"和"少儿云书房"等平台，引导广大少年儿童读者研习读书方法，体验阅创过程，创写阅读成果，郴州市共收集推荐优秀读书笔记104件。

推进全省第十届"三湘少年儿童阅读之星"阅研阅创活动，引导郴州市少年儿童通过阅读与思考、辅导与培训、创作与编辑等方式，将自己的阅创研学作品编写成电子书，用以描绘阅读生活、抒发成长感悟、创作艺术作品，以彰显阅读榜样，营造阅读风尚，分享阅读成果。

各县（市、区）读书活动稳步推进：安仁县、苏仙区、汝城县、桂东县图书馆纷纷行动起来，主动联系学校，积极开展活动，推动读书笔记和"阅读之星"推选工作的开展，保证活动落到实效。

## 三、扎实推进，成效显著，影响深远

尝试多元合作，积极组织文化志愿者参与到活动中来，志愿服务在阅读推广中发挥了极其重要的作用，为活动的开展注入新的生机与活力。暑假期间，郴州市图书馆更是集聚全市公共图书馆以及社会各界力量，共同关心少年儿童阅读，组织开展适应不同年龄阶段少儿身心特点的公益阅读活动，搭建少儿阅读推广的专业化平台。推动郴州市少儿阅读推广工作，让广大家长及少年儿童读者感受阅读魅力，滋养阅读品性，提升阅读素养，为建设富饶美丽幸福新郴州贡献更多文化力量，成效显著，影响深远。

# 少儿"云书房" 阅享馆藏书

永州市图书馆

  根据湖南省文化和旅游厅、共青团湖南省委、湖南省妇女联合会、湖南省关心下一代工作委员会联合印发的《关于组织开展"童阅美好·不负韶华"第39届湖南省少年儿童主题读书活动的通知》精神和要求,永州市认真组织开展了"书香永州"第39届全市少年儿童"童阅美好·不负韶华"主题读书活动。此次活动由永州市文化旅游广电体育局、共青团永州市委、永州市妇女联合会、永州市关心下一代委员会联合主办,永州市图书馆具体承办,历时六个多月,影响深远,取得了良好的社会效益。现将活动开展情况总结如下:

## 一、加强组织领导,积极宣传发动

  为保证本次活动的顺利开展,市、县两级文化旅游体育局成立了活动领导小组,并在市、县图书馆成立读书活动办公室,制定和转发了活动文件,严格要求,科学筹划,精密组织,责任到人,确保活动按期保质完成。

  永州市各县(区)图书馆根据文件精神和要求,积极组织、精心安排,通过 H5 新媒体技术、网站、板报、微博、微信、朋友圈等多种途径进行广泛宣传。本次活动全部采取线上方式,依托"湖南公共文旅云"、综合运用全市各级公共图书馆的儿童阅读数字资源,以文字、图片、音乐和动画的方式,策划专题导读活动,组织广大少年儿童阅读名著和精品书籍,培育他们的阅读兴趣、阅读习惯、阅读能力。

## 二、卓有成效组织开展系列读书活动

  在永州市图书馆的组织下,永州市绝大部分县(区)图书馆开展了2020年的少年儿童读书活动。他们根据活动文件精神，主动汇报，积极争取经费支持，广泛发动，精心组织，充分利用永州市各级公共图书馆丰富的馆藏图书，依托"湖南公共文旅云"和"少儿云书房"等平台，开展了"创意读书笔记"征集研学活动；引导永州市少年儿童通过阅读与思考、辅导与培训、创作与编辑等方式，开展了"三湘少年儿童阅读之星"阅研阅创活动，促使他们在阅读中逐步做到读有所思、读有所感、读有所获；描绘阅读生活、抒发成长感悟、创作艺术作品，以彰显阅读榜样，营造阅读风尚，分享阅读成果。

永州市图书馆特邀专家评委对"书香永州"第 39 届全市少年儿童"童阅美好·不负韶华"主题读书活动中全市所有上传作品和先进集体进行评选：共评选出创意读书笔记一等奖 10 名、二等奖 16 名、三等奖 24 名，"三湘少年儿童阅读之星"（市级）16 人，先进集体（市级）6 个，优秀指导老师（市级）12 名，"优秀阅读推广人"（市级）12 人。整个活动在市、县电视台，省、市、县文化网，市、县新闻网等新闻媒体进行多次报道。

## 三、开展读书活动的成效和影响

### 1. 培养了少年儿童良好的阅读习惯

读书活动的开展不仅极大地丰富了学生们的文化生活，激发了学生的读书兴趣，而且还帮助学生养成了良好的阅读习惯。每次活动结束后，学生并没有间断读书，而是更积极努力地读书。学生不仅在活动中体验了读书的乐趣，而且进一步提高了学生的思想觉悟和文化底蕴，营造了浓厚的书香氛围。

### 2. 扩大了图书馆在社会上的影响力

开展读书活动是图书馆获得社会关注的有效手段。通过读书活动的开展，让学生、家长和社会公众更多地了解图书馆，走进图书馆，扩大了图书馆在社会上的影响力。

### 3. 带动和促进了政府对图书馆事业的投入

一方面，图书馆通过开展读书活动，彰显了自身价值，在很大程度上影响了当地政府和社会对图书馆价值的评价；另一方面，图书馆也在抢抓机遇，利用读书活动争取更多的经费支持。所以，最近几年读书活动提升了政府对图书馆事业的投入，并呈现一种稳定增长的趋势。

# "绿书签"行动　助少儿成长

邵阳市少年儿童图书馆

　　根据湖南省文化和旅游厅等单位印发的《关于组织开展"童阅美好·不负韶华"第39届湖南省少年儿童主题读书活动的通知》，为确保邵阳市少年儿童主题读书活动的顺利开展，邵阳市少年儿童图书馆开展了一系列以"童阅美好·不负韶华"为主题的读书活动，现将2020年读书活动总结如下：

## 一、"知识力量·阅读推广"活动

　　2020年1月10日，由邵阳市党外知识分子联谊会主办，邵阳市少年儿童图书馆、邵阳广播电台"飞扬928"频道承办，到绥宁县红岩镇开展"我们的中国梦文化进万家—知识力量·阅读推广"活动，倡导阅读风尚，营造好学求进的书香氛围。活动主要由捐赠图书、读书讲座、电台推广等板块组成。

　　活动现场，邵阳市少年儿童图书馆共向绥宁县红岩镇红岩学校、盐井学校、桃坪学校、沈家村捐赠了11000余册图书。邵阳市党外知识分子联谊会代表、邵阳市人民代表大会民族侨务外事委员会主任委员丰新妹勉励与会学生，要把握住有限的时光，继续刻苦拼搏，顽强进取，以只争朝夕的热情投入到学习中去，并送给他们三句话：饭可以一日不吃，觉可以一日不睡，书不可以一日不读；世界上最厉害的不是钱袋，而是脑袋；阳光总在风雨后。之后邵阳市少年儿童图书馆馆长周任飞和三所学校签订了馆外流通服务点共建协议书。邵阳市广播电视台"飞扬928"电台副总监沈娟在读书讲座上分享了她的读书方法和学习心得。

## 二、"致敬抗击疫情最美逆行者"作品征集活动

2020 年春节前后,新型冠状病毒肺炎疫情来势凶猛,波及全国,牵动人心。在这场没有硝烟的战场上,有许多人响应号召,驰援武汉,勇敢逆行,用大无畏精神和中国速度与疫情赛跑,是这个时代平凡的英雄和最美逆行者。

为了让邵阳市少年儿童发现和宣扬在防疫和抗击疫情工作中的感人事迹,学习抗疫英雄身上的优良品质,传播正能量。邵阳市少年儿童图书馆于 2020 年 3 月 2 日起开展"致敬抗击疫情最美逆行者"为主题的全市少儿作品征集活动;活动参加对象为 3~18 岁儿童和青少年,根据自己在抗"疫"生活中的所见、所闻、所感形成原创作品,已收到交来的电子作品 500 多份;形式多种多样,有书法、美术、诗歌、家书、朗诵等;有 40 份作品被"湖南公共文旅云"选用,单位公众号也陆续推出优秀作品展示向读者宣传。

## 三、邵阳市少年儿童图书馆社科普宣传乡村振兴志愿服务活动

2020 年 4 月 24 日,邵阳市少年儿童图书馆组织全馆 16 名志愿者赴邵阳县白仓镇开设"科普宣传乡村振兴"志愿服务活动;志愿者来到白仓镇,以"如何科学应对疫情,如何防控战胜疫情,如何提高身体素质"等为主要内容,以入户宣传、讲解为主要形式进行,针对农民开展科普宣传活动,助力乡村振兴;此次活动走访了 20 多位农户,发放了 100 多份宣传资料,提高农民对疫情和自身健康的防范意识,提升乡村治理水平。

## 四、加强"扫黄打非"工作 护助青少年成长

5 月 20 日,邵阳市"绿书签行动"宣传活动启动仪式暨"扫黄打非"基层站点规范化标准化建设推进会在隆回县举行,中共邵阳市委常委、宣传部部长、邵阳市"扫黄打非"工作小组组长周迎春出席活动并讲话。

2020 年邵阳市"绿书签行动"以"护助少年儿童健康成长、抵制有害出版物和信息"为主题,倡导广大青少年要爱读书、读好书、善读书,图书馆在活动现场向隆回县思源实验学校捐赠了价值 10000 元的图书,并发放了"绿书签"。

"绿书签行动"是"扫黄打非·护苗"专项行动的一项重要举措,邵阳市

少年儿童图书馆每年都积极参加行动，为邵阳市未成年人的健康成长做出应有的贡献。

## 五、"我阅读·我快乐·我成长"少年儿童图书馆小读者绘本朗读比赛活动

为庆祝"六一"国际儿童节，激发少年儿童的阅读热情，提高孩子们的阅读兴趣，6月1日，由邵阳市少年儿童图书馆主办，"飞扬928"邵阳经济广播承办的"我阅读·我快乐·我成长"——2020年邵阳市少年儿童图书馆小读者绘本朗读比赛在邵阳市少年儿童图书馆一楼综合书库举行。由于疫情期间不能聚集，活动分批进行：共有30名小读者参加了比赛，5名小读者获得一等奖，8名小读者获得二等奖，其他小读者获得优秀奖。

通过此次活动，不仅让参赛小读者再次品味了中国原创绘本的动人之处，更使邵阳市青少年在中国原创绘本的熏陶下不断增强民族凝聚力、自信和自豪感，为推进"童阅美好·不负韶华"阅读主题活动创造了良好的氛围。

## 六、"书香伴粽香"端午节中华传统文化进绥宁县活动

端午节是传统节日，也是中国传统历史文化的重要载体，承载了人们对美好生活的向往和追求。2020年6月12日上午，由邵阳市党外知识分子联谊会、邵阳市少年儿童图书馆主办，绥宁县退役军人服务中心承办，以"书香伴粽香"为主题的活动在绥宁县退役军人服务中心开展。目的是让人们感悟中国传统文化的精髓，激发文化自信，培养道德情怀，塑造完美人格。

本次活动赠送传统文化书籍10000册，邀请邵阳市地方志编纂室副主任曾爱武进行中华传统文化专题讲座；活动内容丰富，充分发挥传统节日的思想熏陶和文化教育功能，引导人民群众积极践行社会主义核心价值观，提升社会文明程度和群众文明素质。

## 七、少年儿童图书馆暑假小小志愿者服务活动

图书馆就像一座知识的宝库，有无穷无尽的精神食粮。2020年8月6日，15名"小小志愿者"来到邵阳市少年儿童图书馆开展义务打扫卫生志愿服务活动：通过擦桌子、扫地、弹去书上灰尘、摆放整齐图书等，小志愿者们用自己

的行动践行着热心服务的志愿精神，号召邵阳市少年儿童图书馆的小读者们：无论身在何处，都应该注意自己的形象，以身作则，带动更多的小读者加入到"小小志愿者"行列中。

## 八、"扣好人生第一粒扣子"邵阳市少年儿童图书馆暑假国学经典诵读活动

为弘扬中华民族优秀传统文化，传承国学经典，扣好人生第一粒扣子，让邵阳市少年儿童图书馆小读者们过一个有意义的暑假，2020 年 8 月 8 日在邵阳市少年儿童图书馆国学馆举办了"暑假国学经典诵读"活动。

来自邵阳市少年儿童图书馆 20 多名小读者积极展示自我风采，和主持人一起诵读了《大学》经典篇目，在抑扬顿挫、朗朗上口的诵读中，让现场观众仿佛寻着先贤的足迹倾听教诲，在重温经典的同时，让心灵也接受了一次国学的洗礼。国学经典诵读，传递的不只是传统文化的永久魅力和时代风采，更唤起了孩子们诵读的兴趣和热情。

## 九、"爱在金秋"2020 年关爱帮扶贫困学生活动

为切实帮扶贫困儿童走出生活困境，解决读书学费问题，8 月 16 日，邵阳市少年儿童图书馆和"飞扬 996"邵阳经济广播在邵阳市少年儿童图书馆活动室共同主办"爱在金秋"——2020 年关爱帮扶贫困学生活动。

参加活动的是来自壹心慈善志愿者和"夜渡心河"听友会的热心人士及贫困儿童共计 30 人，现场共募捐了 25000 元作为给城步苗族自治县等七县两市三区 30 名贫困学生的学费。

关心关爱留守贫困儿童是全社会共同的责任活动中，邵阳市少年儿童图书馆给予贫困学生物质经济及精神上的关爱，解决实际生活困难，为他们营造一个健康快乐，充满活力的生长环境。关爱帮扶贫困儿童，邵阳市少年儿童图书馆一直在路上。

## 十、2020 年邵阳市少年儿童图书馆为贫困儿童赠送阅读礼包活动

2020 年 9 月 5 日，邵阳市少年儿童图书馆志愿者冒着大雨来到邵东市峰山

学校举行"童阅美好·不负韶华"为贫困儿童赠送阅读礼包活动：邵阳市少年儿童图书馆志愿者精心为贫困孩子准备了30份阅读礼包，里面有儿童读物、阅读笔记本、阅读打卡表、图书馆新书推荐表等，满满的爱心礼包，不仅有效引导孩子们从书中汲取更多的精神食粮，丰富内心世界，更让贫困儿童学会用知识充盈心灵，直面困难与挫折，健康快乐成长。

## 十一、"祖国，我想对您说"少年儿童迎中秋庆国庆美术、书法、手抄报优秀作品展览

秋高气爽，翰墨留香。9月26日"祖国，我想对您说——2020年全市少年儿童迎中秋庆国庆美术、书法、手抄报优秀作品展览"在邵阳市少年儿童图书馆一楼开展，活动由邵阳市文化旅游广电体育局主办，邵阳市少年儿童图书馆承办。这次活动共收到了400多幅作品，经专家评选，有150幅优秀作品入展；这些参展作品虽然笔触稚嫩，画面朴拙；但艺术韵味十足，色彩明快，稚趣横生，构成少儿作品独有的天真意趣，表现了邵阳市少年儿童天真烂漫的思想感情和大胆新奇的丰富想象力。

本活动旨在充分运用美术、书法、手抄报艺术形式，引导邵阳市广大青少年深入开展爱国主义主题文艺创作，描绘祖国的秀美河山，展现邵阳市建设者的卓越风华。

## 十二、"小荷尖尖"少儿阅读主题系列活动第一期活动

10月18日下午，"童阅美好·不负韶华"第39届湖南省少年儿童主题读书活动——"小荷尖尖"少儿阅读主题系列活动第一期活动在邵阳市少年儿童图书馆开展，来自邵阳市区的热爱阅读的小朋友和家长100多人参加活动。

活动在双清区华天小学孩子们背诵《大学》的琅琅书声和虎虎生风的"国学操"中拉开序幕。来自潇湘阅读联合会、宝庆魏源读书会等社会公益阅读组织的黄可涵、田诗琪等10多位小朋友和成人书友，先后上台分享了自己的读书心得和阅读生活；其中王红星女士的孩子2020年考上北京大学本硕博连读；在活动现场，她以亲身经历和成功经验，讲述了阅读对于孩子学习和成长的重要性，参加活动的家长纷纷表示受益匪浅，以后将会更加重视孩子的阅读能力培养，抽出更多时间来陪伴孩子阅读和成长。

活动还对邵阳市少年儿童图书馆进行了现场表彰。邵阳市少年儿童图书馆

是纯公益性事业单位，近年来为丰富邵阳市少年儿童的阅读生活、提升孩子们的阅读能力、文学素养做出了积极的贡献：不仅提供了免费借阅服务，还开展了一系列文化公益活动；过去一年取得湖南省第38届全省少年儿童系列读书活动组织奖、精彩案例奖，以及第九届"三湘少年儿童阅读之星"奖项等一系列成绩。中共邵阳市委宣传部处级干部曾建红、邵阳市文化旅游广电体育局党委副书记、副局长、正处级干部郑小娟为邵阳市少年儿童图书馆颁奖。

活动现场《游子吟》《渔舟唱晚》等一系列富含中华优秀传统文化气息的节目，也为活动注入了古典书香气息。

"童阅美好·不负韶华"第39届湖南省少年儿童主题读书活动是由湖南省文化和旅游厅等部门组织开展，旨在传承发展中华优秀传统文化，加快落实《全民阅读"十三五"时期发展规划》精神，充分发挥湖南省公共图书馆资源优势，通过阅读、导读、创作、展示等方式，在全省广大少年儿童中开展品读书中之美、研习优秀传统文化之美、体验家乡小康之美等系列主题读书活动。"小荷尖尖"少儿阅读主题系列活动第一期，正是这一活动在邵阳市的实施和落地。本次活动由邵阳市文化旅游广电体育局主办，邵阳市少年儿童图书馆、调频99.6邵阳经济广播等单位承办。

## 十三、湖南省第十届"三湘少年儿童阅读之星"阅研阅创活动评选

2020年，省活动第一次运用平台进行网络推荐，邵阳市少年儿童图书馆按照省里读书活动要求，积极组织学生参与，共收到423份读书笔记，推荐69份优秀作品参加省里评奖，推荐了15名学生参加第十届"三湘少年儿童阅读之星"评选。

2020年是不平凡的一年，由于疫情让活动受到很多限制；但是邵阳市少年儿童图书馆领导和全体员工不忘初心，牢记使命，克服困难，通过线上和线下开展了一系列以"童阅美好·不负韶华"为主题的读书活动，全年共举办了13场读书活动，参加人数达5000人（包括线上），邵阳晚报、红网、湖南文旅云、邵阳文旅广体公众号都相继报道活动内容；2020年邵阳市少年儿童图书馆的"小小志愿者"团队还获得邵阳市项目大赛铜奖，得到了中共邵阳市委宣传部、邵阳市创建文明城市办公室好评。

# 线上线下活动丰富　馆内馆外遨游书海

衡阳市少年儿童图书馆

为加快落实《全民阅读"十三五"发展规划》文件精神，充分发挥衡阳市公共图书馆资源优势，通过阅读、导读、创作、展示等方式进一步提高少年儿童的文化素养、读写能力，增进对中华优秀传统文化和湖湘文化的热爱和了解，从而达到增长才干、报效祖国、不负韶华的目的。根据《关于组织开展"童阅美好·不负韶华"2020年衡阳市少年儿童主题读书活动的通知》精神，衡阳市少年儿童图书馆牵头组织了少年儿童创意读书笔记征集活动，"三湘少年儿童阅读之星"阅研阅创活动及先进典型评选等系列少儿阅读推广活动；各县（市、区）图书馆结合单位实际，紧密结合主题，开展了主题相关读书活动，现将活动开展情况总结如下：

## 一、领导重视，部署得力

8月初，衡阳市少年儿童图书馆接到省里文件后，立即向市局汇报，得到领导重视；立即制定好通知方案，成立了由衡阳市文化旅游广电体育局长王郦君为组长，副局长叶玉泉为副组长，衡阳市公共服务科科长廖亚楼、衡阳市少年儿童图书馆党支部书记兼馆长李赛虹、衡阳市图书馆馆长刘忠平，党支部书记申国亮为成员的市读书活动领导小组；并对活动部署进行周密安排。衡阳市少年儿童图书馆及时与各县（市、区）联系，下发市通知方案。各县（市、区）相继成立了活动领导小组，制定了活动方案，落实责任制并由专人负责，为本次主题阅读活动顺利开展保驾护航。

## 二、形式新颖，成果丰硕

本次少年儿童主题读书活动依托"湖南公共文旅云"，综合运用衡阳市各级图书馆和儿童阅读数字资源、"少儿云书房"线上数字资源及各馆馆藏书籍，以线上活动为主、线下活动为辅的特点开展的主题阅读活动。整个活动由少年儿童创意读书笔记征集活动、先进典型评选活动、"三湘少年儿童阅读之星"阅研阅创活动及主题相关阅读活动组成。全市共有 52 个乡镇街道，68 个社区，11 个分馆，59 个学校参与；活动共计举办 119 场次，16033 人次参加；各地区收集 3563 份作品，市、县媒体活动报道累计 40 篇；省活动云平台共收到全市 945 名读者 1324 份上传作品，位居全省第二。活动中，涌现出一大批先进典型，经专家评审：衡阳市少年儿童图书馆等 5 家单位为组织奖，择优推荐 130 份优质创意读书笔记作品参加省级参评，肖雨薇等 14 名同学参加省"三湘少年儿童阅读之星"阅研阅创活动评比。活动成果丰硕，社会反响良好。

### 1. 少年儿童创意读书笔记征集活动

2020 年 9~12 月衡阳市少年儿童图书馆及全市七县五区图书馆采用线上组织、发动、指导广大少年儿童读者浏览"少儿云书房"中的书籍导读有关内容，进行创意笔记创作整理，并通过 Word 文档和图片形式上传至省少年儿童读书活动云平台。

衡阳市 12 个县（市、区）945 名读者 1324 份作品上传至省平台，人数及作品数居全省第二。根据省平台提供的数据，按地区人数分类，占比分别为：珠晖区 13 人，占比 1.36%；蒸湘区 12 人，占比 1.26%；雁峰区 23 人，占比 2.41%；石鼓区 168 人，占比 17.61%；南岳区 23 人，占比 2.41%；衡南县 77 人，占比 8.07；衡阳县 25 人，占比 2.62%；衡东县 10 人，占比 1.04%；耒阳市 5 人，占比 0.52%；衡山县 14 人，占比 1.47%；祁东县 273 人，占比 28.62%；常宁市 311 人，占比 32.60%。

本次活动学生作品质量高，且呈现出创作手法及表现形式的多样性，极具创意。作品内容或是讲述自己与阅读之间的故事；或是叙述自己读书的感悟与化验；或是表达自己读书后的收获，他们用自己真实自然的情感，表达了对图书的热爱。

### 2. 先进典型评选活动

本次评选是以"童阅美好·不负韶华"少年儿童线上主题数字阅读推广活

动及创意读书笔记征集活动为主题开展的活动成果评选，由衡阳市文化旅游广电局主办，衡阳市少年儿童图书馆承办。

12月3~7日，在衡阳市少年儿童图书馆开展了2020年衡阳市少年儿童主题读书活动组织奖及创意笔记作品评选工作：评选活动收到了1324份作品，10份组织奖材料。衡阳市读书活动领导小组成立专家评委组，通过平台作品投影展示，对市组织奖及创意笔记作品奖项进行初评与终评，根据评选规定和要求评定，分别评出：市组织奖5个，"创意读书笔记"一等奖20名，二等奖35名，三等奖45名。其中，择优推荐130份优质创意读书笔记作品参加省级评选。

### 3. "三湘少年儿童阅读之星"阅研阅创活动

2020年12月7日，由衡阳市读书活动领导小组成立专家评委组从评选活动中获得"创意读书笔记"市一等奖获奖者中，推荐产生出14名优秀选手参加省"三湘少年儿童阅读之星"阅研阅创活动。

2020年12月23日，衡阳市少年儿童图书馆接到省"三湘少年儿童阅读之星"阅研阅创活动培训辅导通知，立即通知各县（市、区）活动负责人，落实选手情况，并于12月25日选手及活动老师及时加入到指定QQ培训群。入群后选手与老师按照要求进行电子书制作课程培训，各地活动负责人负责各自选手，并及时与衡阳市少年儿童图书馆、家长、学生交流沟通，在要求时间内保质保量完成了电子书的制作，14份优秀作品全部通过省馆审核，入围省级评选。作品数量与质量位于全省前茅。

### 4. 主题相关阅读活动

衡阳市少年儿童图书馆及各县（市、区）图书馆积极开展了围绕"童阅美好·不负韶华"主题开展各类阅读活动。通过展览导读、在线指导、宣讲送书下乡等方式增加了少年儿童的参与热情，提高读写能力，极大地丰富了主题阅读活动内涵。如衡南县综合运用县图书馆的儿童阅读数字资源以及"一网读尽阅读"线上数字资源，了解图书梗概、开展兴趣答题、查阅全文数据、展示阅读轨迹、统计阅读成绩，共组织6个乡镇街道、8个社区、4个图书分馆、8个学校开展展览、动画、图片、游戏、读书心得等专题导读活动34场，1131人次参与，征集作品121件，培育了少年儿童的阅读兴趣、阅读习惯、阅读能力；衡东县图书馆结合主题阅读活动，在与衡东县石滩乡真塘完全小学和洣水镇北冲联校开展送书下乡活动中：真塘完全小学共有90人，北冲联校共有38人参加创意研学笔记作品活动。在爱心口才培训学校宣讲活动中邀请了 33 名家长现场宣讲向该校师生推荐此活动，在线教家长操作，该校共有 70 余名学生参加此次活动。

## 三、宣传指导有力，馆、校、家合作密切

为了确保读书活动有效、规范、深入有序地开展，衡阳市少年儿童图书馆及各县（市、区）图书馆利用图书馆网站、微信公众号、图书馆读者群、阵地宣传等多种线上形式向全市中小学生进行活动宣传，努力提高活动的知晓率和影响力。同时，为扎实推进活动宣传，衡阳市少年儿童图书馆通过实地走进校园、走入社区、走向家庭，利用学校、图书馆、社区资源开展各类主题阅读活动（培训、讲座、视频播放、书籍阅读制作等）。工作人员与学校老师、家长、学生积极联系沟通，搜集资料、整理手稿；手把手教授学生完善作品及上传作品，形成紧密的馆、校、家合作。

衡阳市少年儿童图书馆通过与衡阳市各县（市、区）图书馆，建立了微信、QQ 阅读工作群对湖南省少年儿童读书活动云平台的使用进行了详细的步骤说明，对各县（市、区）活动负责人进行操作培训，详细解说创意读书笔记形式和演示使用云平台上传作品的过程，为活动负责人提供有力的宣传指导，保障了全市各地活动开展落实。

衡阳市各县（市、区）积极开展阅读活动宣传推广：如石鼓区图书馆与区内学校联手共同开展"童阅美好·不负韶华"少儿主题读书活动：活动吸引了石鼓区都司街小学、荷池路小学、下横街小学、人民路朝阳小学和草后街小学等共 3000 余名师生参与，学校利用队会、晨会、班会、红领巾广播等渠道进行宣传，推荐一些经典好书，倡导广大家长一起阅读；不少家长还与孩子们共同摘抄读书笔记。读书活动在石鼓区营造了浓厚的读书氛围，发挥区内馆外服务点、中小学阵地作用；石鼓区图书馆与学校联手共同开展"童阅美好·不负韶华"少儿主题读书活动。

常宁市图书馆开展图书推荐活动，及时向各学校、各乡镇等人员密集地推荐好书、畅销书，发放宣传单，制作宣传牌，发布活动内容、活动时间及主题内容；在常宁市图书馆外借室、泉峰广场 24 小时图书馆、政府广场 24 小时图书馆悬挂宣传横幅、张贴宣传海报、印制宣传资料；让到馆读者人人知晓活动内容，吸引更多的少年儿童关注阅读，走进图书馆。活动受到家长们的认可，特别是留守儿童家长的好评。

　　祁东县图书馆为扩大活动的影响力，在祁东县新闻网、祁东县图书馆官方网站和微信公众号、图书馆读者群等线上平台对活动进行报道；联系本县学校，在学校老师宣传期间，共向学生发放了近千份云平台使用说明等宣传资料；在祁东县图书馆少儿阅览室、一楼大厅显眼位置张贴活动海报，要求图书馆全体工作人员对来馆中小学生进行活动宣传，推荐优秀书目，供读者进行有选择的阅读。

　　本次"童阅美好·不负韶华"系列读书活动增进了广大少年儿童对中华优秀传统文化和湖湘文化的热爱和了解，起到了传承发展中华优秀传统文化的作用，引导了少年儿童研习读书方法，体验阅创过程，创写阅读成果，营造阅读风尚，促使少年儿童在阅读中逐步做到读有所思、读有所感、读有所获，从而达到增长才干、报效祖国、不负韶华的目的。

# 品读书之美　传文化之韵

益阳市图书馆

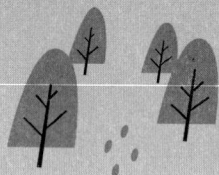

根据湖南省文化和旅游厅、共青团湖南省委等部门印发的《关于组织开展"童阅美好·不负韶华"第39届湖南省少年儿童主题读书活动的通知》（湘文旅公共〔2020〕105号），2020年9月，益阳市文化旅游广电体育局等四部委联合签发了《"童阅美好·不负韶华"第39届益阳市少年儿童主题读书活动的通知》（益文旅广体发〔2020〕95号）。益阳市图书馆为认真贯彻习近平总书记关于文化建设的重要论述，加快落实《全民阅读"十三五"时期发展规划》文件精神，充分发挥全市公共图书馆资源优势，7～11月益阳市各县（市、区）图书馆认真组织、发动、策划、部署，通过阅读、导读、创作、展示等方式在全市广大少年儿童中开展品读书中之美、研习优秀传统文化之美、体验家乡小康之美等系列主题读书活动。益阳市各县（市、区）中小学生参加本次线上读书活动；活动的开展进一步提高了少年儿童的文化素养、读写能力，增进对中华优秀传统文化和湖湘文化的热爱和了解，得到了广大学生、家长、老师的好评，取得了良好的社会效应，活动总结如下：

## 一、领导重视，明确责任，确保活动顺利开展

2020年8月中旬，益阳市图书馆接到通知后，立刻成立了益阳市读书活动组织委员会，制定了活动计划、方案，对活动进行分工、明确到人，以确保活动开展有序。读书活动小组向益阳市文化旅游广电体育局等四部委相关领导汇报了"童阅美好·不负韶华"第39届益阳市少年儿童主题读书活动的通知的文件精神；联合益阳市文化旅游广电体育局等四部委签发了益文旅广体发〔2020〕95号文件。8月，读书活动组委会及时将电子文件和纸质文件发放给益阳市各县（市、区）图书馆，全面部署，把活动开展的情况列入各单位目标考

核之中，以确保此次读书活动顺利进行。

## 二、充分利用湖南省少年儿童图书馆线上数字资源，开展"童阅美好·不负韶华"少年儿童主题读书活动

"童阅美好·不负韶华"少年儿童主题线上读书活动包括少年儿童线上主题数字阅读推广活动、少年儿童创意读书笔记征集活动和"三湘少年儿童阅读之星"阅研阅创活动；活动依托"湖南公共文旅云"，综合运用湖南省少年儿童图书馆的儿童阅读数字资源以及"少儿云书房"线上数字资源；以文字、图片、音乐和动画的方式，策划专题导读活动，提高少年儿童的文化素养、读写能力。

益阳市图书馆自接到文件通知以来，充分利用图书馆网站、微信、QQ群、讲座等多种渠道大力宣传活动意义，在馆内、馆外发动全市少年儿童积极参加本次活动，吸引他们充分利用线上资源平台，增进对中华优秀传统文化和湖湘文化的热爱和了解。

### 1. 少年儿童线上主题数字阅读推广活动

活动期间，益阳市图书馆借助本馆网站、微信、馆内宣传栏进行相应的线上宣传，积极发动读者报名参与湖南省少年儿童读书活动云平台，并及时解答家长在线上遇到的问题；线上大量名著和精品书籍运用展览、动画、图片、游戏、全文等形式，引导益阳市少年读者进行阅读，培育了他们浓厚的阅读兴趣、阅读习惯和阅读能力。

### 2. 少年儿童创意读书笔记征集活动

自线上活动开展以来，按湖南省少年儿童图书馆统一安排，9月26日、10月17日组织益阳市亲子家庭来馆参与湖南省少年儿童图书馆举办的"小孩子为什么要读儿童文学"和"用发现的眼光去阅读"两场线上讲座，讲座的开展提升了益阳市青少年读者的阅读品味和撰写读书笔记技巧。7~11月在馆内开展阅读分享会19期，名著导读4期，各类公益讲座15场，线上荐书20期，送书进校园2次，线上有奖竞答4期。在读书笔记线上征集活动中，通过层层筛选，益阳市图书馆在择优选取各县（市、区）46幅优秀阅读笔记递交至湖南省少年儿童图书馆线上参赛。创意读书笔记活动为引导广大少年儿童读者研习读书方法，体验阅创过程，创写阅读成果中起到了读有所思、读有所感、读有所获。

### 3. "三湘少年儿童阅读之星"阅研阅创活动

为鼓励广大青少年儿童走进图书馆，亲近图书馆，接受图书馆专门的阅读指导和服务；使图书馆成为益阳市中小学生课外实践活动的重要场所；本次"三湘少年儿童阅读之星"评选主要从线上主题阅读推广活动、创意读书笔记征集活动中测评中小学生的阅读能力，从而激发学生们的读书兴趣，益阳市积极组织少年儿童参与全省"三湘少年儿童阅读之星"评比活动。通过前期择优评选，益阳市各县（市、区）公共图书馆共推荐9名学生作为益阳市少年儿童的优秀代表参加全省第九届"三湘少年儿童阅读之星"的评比。

此次"童阅美好·不负韶华"少年儿童主题读书活动的开展，益阳市图书馆通过网站、微信公众平台等多种渠道进行了宣传，营造了良好的活动氛围，进一步提高了益阳市图书馆的公共文化服务能力。益阳市图书馆作为青少年教育的第二课堂，将充分利用丰富的馆藏资源，以阅读、导读、创作、展示等方式在全市广大少年儿童中开展品读书之美、研习优秀传统文化之美、体验家乡小康之美，引导、鼓励更多的儿童在新时代起点上树立服务祖国和人民的坚定信念，为实现美好远大理想而不懈奋斗。

# 体验阅创过程　汇编读书成果

娄底市图书馆

娄底市公共图书馆按照《"童阅美好·不负韶华"第 39 届湖南省少年儿童主题读书活动实施方案》的要求，组织开展了一系列内容丰富、形式多样、影响深远、效果明显的全民阅读活动，现将活动总结如下：

## 一、大力宣传，确保读书活动的顺利开展

娄底市图书馆通过标语、横幅、微信公众号等多种渠道广泛宣传，并及时将活动进展的相关情况在湖南省文化和旅游厅官方门户网站及相应的县（市）级媒体平台上宣传和报道，得到了广大家长的极力支持，形成了学以增智、学以立德、学以怡情、学以致用的全民读书氛围，有力地推广了此项读书活动。

## 二、主题读书活动成效显著、内容丰富、形式多样

娄底市公共图书馆结合各馆的具体情况，对涵盖多方面主题的少儿主题读书活动都做了拓展，形成了自己的特色活动；娄底市共有 18 个街道（乡、镇）、7 个社区、14 个图书馆分馆和 33 所学校参加，共计举办活动 23 场次，累计参与人数 2208 人，提交作品 441 件。

### 1. 少年儿童线上主题数字阅读推广活动

受疫情影响，读者来馆受限制，各馆整合资源、搭建载体，丰富内涵、创新方式推动线上阅读与传统阅读交融结合、线上活动与线下推广相互促进。

涟源市图书馆开展了"亲子阅读打卡 21 天""线上公益名家讲座"阅读活动，邀请家长、孩子一起体验亲子互动数字阅读设备等数字阅读服务设施，阅

读资源增加国学、教辅、科普等各具特色的数字资源与微信、网站等多项在线阅读服务。线上阅读中，家长作为孩子阅读的陪伴者、指引者，更好地参与到孩子的阅读过程中来。冷水江市图书馆与潇湘晨报《十几岁》杂志社联合举办"敬畏自然　守护生命——致敬逆行的英雄主题有奖征文"活动，共收到优秀作品 12 篇；活动内容还包括在微信上学习抗疫英雄朱建勋先进事迹；线上进行新型冠状病毒肺炎疫情防控知识竞赛；线上对广大读者进行全民国家安全教育宣传工作等。

## 2. 组织开展少年儿童创意读书笔记征集活动

在征集创意读书笔记的活动中，娄底市各图书馆针对活动具体形式与要求，有点有面、有条不紊地开展：

涟源市图书馆在实验学校、石泉学校开展阅读推广活动，号召同学们积极践行"阅读分享"理念，多读书、读好书，把自己喜欢的书籍写成阅读心得分享给大家，收到提纲式读书笔记、心得式读书笔记、摘录式读书笔记共 78 份作品。

双峰县图书馆成立活动小组，联系了 14 个乡镇的 26 所小学 1500 多名学生报名参加少儿创意读书笔记征集活动。配合学校老师开展 8 场课题培训，并开放 10 所图书馆分馆让更多小朋友走近、了解、体会这次活动；娄底市图书馆在各校挑选出了 297 幅作品，并从中精选征集 96 幅优秀独特作品。

冷水江市图书馆共有 5000 余名少儿读者通过"少儿云书房"了解图书梗概，开展了兴趣答题、查阅全文数据等阅读活动。在图书馆中借阅喜爱的图书，及时整理记录下自己原创的阅读心得和感悟，并通过文档和图片的格式上传优秀读书笔记至湖南省少年儿童读书活动云平台，形式包括摘录式、提纲式、心得式、仿写式。

此次活动娄底市各图书馆充分利用丰富的馆藏图书，依托"湖南公共文旅云"和"少儿云书房"等平台，引导广大少年儿童读者研习读书方法，体验阅创过程，创写阅读成果，促使少年儿童在阅读中逐步做到读有所思、读有所感、读有所获。

## 3. 组织开展"新时代乡村阅读季"健康理念、文明阅读活动

涟源市图书馆在爱心书屋和晚晴书屋开展"新时代乡村阅读季"健康理念、文明阅读活动，深入乡镇、学校开展阅读推广活动：老师和同学们共同分享阅读小常识，帮助孩子提高阅读兴趣，培养良好的阅读习惯，激发孩子们对

阅读的热情。针对不同年龄段的学生，推出不同阅读主题活动，让孩子们体会到"悦读"的快乐。

### 4. 举办"童阅美好·不负韶华"——亲子教育研讨会

涟源市图书馆邀请了教育专家和光文社区、实验小学20余组家庭，在图书馆多媒体厅举办"童阅美好·不负韶华——涟源市图书馆亲子教育研讨会"，现场氛围浓郁，互动热烈：研讨会上，老师与现场家长进行简单的问答互动，将现场收集的问题结合生活实例，阐明亲子之间沟通受阻的原因，并进一步分析"在沟通中成长"的对策方法；帮助家长认知家庭教育中存在的问题与原因，探寻家庭教育的发展对策；帮助家长科学认知教育的本质、教育规律，围绕家长应怎样与孩子有效沟通进行了详细讲解。

### 5. 举办"三湘少年儿童阅读之星"阅研阅创活动

冷水江市图书馆2020年8月正式启动第十届"三湘少年儿童阅读之星"阅研阅创活动。冷水江市近10所学校的近1000名学生通过微信报名参与了此次活动。读者利用专业的网络平台将读书笔记、阅读感悟、习作、研学笔记、研学心得等阅创研学作品编创成一本电子书。电子书的开篇以"我的阅读生活"为主题，叙述自己的基本信息、阅读历程及成长经历，纳入书稿的单篇作品数量不少于10篇。结合少儿读者在上述三项活动中的综合表现，推选冷水江市红日实验学校六年级学生谢鑫琳同学为冷水江市第十届"三湘少年儿童阅读之星"。

# 德育课堂　保驾护航

*常德市图书馆*

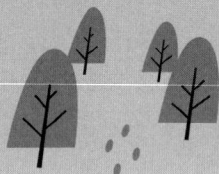

为推进"全民阅读·书香常德"建设，根据湖南省八部委《童阅美好·不负韶华——第39届全省少年儿童系列读书活动的通知》精神，结合常德市图书馆实际，紧扣主题，开展了形式多样、内容丰富的系列读书活动，系列活动得到了各级领导高度重视，各社区、学校等合作单位的大力支持，活动深受广大市民的喜爱，成效显著。

## 一、总体情况

2020年，尽管因为疫情影响，常德市图书馆仍然在阅读推广、文化惠民方面充分发挥图书馆社会教育职能作用，并取得了一定成效。

常德市在全市范围内广泛开展了趣味手工课堂、专题讲座，经典诵读，知识展览等形式多样的阅读活动90余场，参与人次达10000余次。2020年7~11月已开展成人品牌阅读活动"书友讲堂"5场，每场参与人次近120人；开展少儿品牌阅读活动"常悦课堂"18场，参与量1000余人次；走进社区、机关、学校、乡村开展"四进"活动6次，送去图书5000余册；开展"影视展播""常图视野"等展览25期；开展"阅享志愿服务""暑期小志愿服务""芙蓉青年志愿服务"等活动，为市民阅读保驾护航；新开设传统文化国学讲堂"德育课堂"，目前已开展8讲；新增设一家图书馆分馆"桃川万寿宫"，集传统文化、旅游休闲等资源于一体，开创图书馆延伸服务新领域。

县（市、区）开展活动情况：津市市图书馆开展"童阅美好·不负韶华"活动颇有成效，馆长高度重视，通过媒体等渠道大力宣传，采取馆校合作方式，吸引了津市市近700名少年儿童参与其中；进入初筛环节的选手共18名，提交作品 130 幅；进入"阅读之星"阅研阅创活动的选手人数共 6 人；搭乘此次活动开展的线上线下活动共计 6 场，参与选手人数居常德市各县区之首。临澧县图书馆大胆创新，勇于探索，活动达到预期效果。依托文化信息资源共享工程传播平台，开展少年儿童线上主题数字阅读推广、"少儿故事大王"演讲、孝道文化读写等内容新颖的少儿活动，先后吸引了临澧县 26 所中小学校、66 个社区、11 个图书馆分馆近 23000 万名学生参与，先后举办了规模宣传活动 12 场次，收集作品 3516 份。石门县图书馆先后开展了"道德讲堂进校园"、"美好生活，劳动创造"中小学生朗诵演讲比赛、"那一些关于阅读的小确幸"阅读视频日志网络征集活动、湖南省少年儿童创意读书笔记征集活动、宪法宣传进校园等，活动贴近现实生活、形式丰富。石门县图书馆积极组织策划活动，认真做好少儿阅读推广工作，共计组织开展少儿主题读书活动 6 场，参与人数约 3850 人，征集作品数量共 94 件。

## 二、积极组织、营造氛围

为使"童阅美好·不负韶华"系列活动扎实、规范、深入有序地开展，常德市图书馆及时制定少年儿童系列读书活动实施方案，第一时间将活动方案发布至各县（市、区）图书馆、中小学、街道社区；同时充分利用电视台、微信群、QQ 群等宣传媒介，通过橱窗、展牌、专柜等开展了形式多样的系列活动，加大宣传活动力度。自 7 月开展以来，常德市区先后吸引全市 110 所中小学校、14 个街道、126 个社区、21 个图书馆分馆近 12000 万名学生参与；先后举办规模宣传活动 93 场次，收集作品近 1000 份，推荐省级优秀作品 191 幅，推荐"阅读之星"17 名。

## 三、内容丰富、效果明显

### 1. 精细策划，努力让活动形式丰富多彩

为了吸引不同人群热爱阅读、亲近阅读，推广阅读活动，图书馆活动以竞赛为主，适当加入手工、讲故事、舞蹈等带表演性质的节目活跃气氛。"常悦课堂"充分利用公共文化阵地优势，担当着未成年人教育责任与使命，成为了孩子们的第二课堂。随着每周不同的主题阅读活动推出，越来越多的小朋友和家长参与到活动中来，"常悦课堂"营造了浓浓的亲子阅读氛围；同时，利用

"互联网+"的便捷性，活动报名方式也进一步改善，从原来的人工登记转化为线上报名，大大提高了工作效率和进度，促进活动顺利开展。2020年下半年开展的"自制洗发水送给最爱的人""隐形墨水""空中骑士"创意无人机制作等小创客系列活动，让孩子们体验了科技小实验的趣味和快乐，增长了不少科普知识；"庆八一、铸军魂""《三只小猪》光影剧及手工制作"等亲子故事会，将爱国主义教育、人生哲理等融入故事和游戏中，让孩子们在寓教于乐环境中成长。2020年8月开展的儿童练字"一对一"等书画小天地系列活动提升了孩子们的艺术修养，9月、10月开展的"珠心算"小课堂也深受孩子和家长们喜爱，纷纷留言点赞。

### 2. 举办"我们的节日"系列活动

2020年8月25日，常德市图书馆开展了"七夕，遇见最美的自己"亲子DIY插花活动；10月1日，开展了"浓情中秋，欢度国庆"光影剧展览及手工制作活动，与读者在芬芳书香中品味中国传统文化，共度国庆中秋双节；重阳节期间，组织文化志愿服务队前往武陵区福寿颐康敬老院开展"情系敬老院，共度夕阳红"重阳慰问活动，并组织读者在常德市图书馆内开展"爱在重阳，感恩重阳"亲子朗诵及饰品制作活动。

### 3. 增设"德育课堂"亲子国学班

为加强未成年人思想道德教育建设，充分发挥图书馆与学校合作资源优势，公共服务部积极与常德市武陵区第一完全小学积极沟通，共同合作开办了"德育课堂"亲子国学班。2020年9月19日举办首届秋季班典礼，并从常德市武陵区第一完全小学一、二年级择优招募了25组家庭。课堂采取家长和学生采取同一时间、不同地点、不同内容的教学模式，目前已讲授至《弟子规》第八讲，计划于2021年初授完《弟子规》全部内容。

### 4. 组织开展创意读书笔记征集活动

为进一步引导少年儿童养成好读书、会读书、读好书的良好习惯和能力，依托"少儿云书房"平台，常德市少年儿童通过撰写或绘制读书笔记的形式，体验阅读带来的快乐与收获，激发阅读与写作兴趣，整个活动历时近三个月，先后有近23000名中小学生参与，经过评委会认真评选，最后呈报191幅作品参加省级角逐，并组织17名"阅读之星"参与电子书籍制作培训6场。通过此次活动，更进一步提升了常德市少年儿童的写作兴趣和勤思考、爱设计、会创作的综合能力。

　　"童阅美好·不负韶华"系列读书活动得到了相关单位、团体及热心人士的支持。通过"童阅美好·不负韶华"活动的开展，较好地展现当今少年儿童健康向上的精神面貌，提高了广大少年儿童的思想道德素质和科学文化素养，增强了少年儿童为中华崛起而读书的热情。

　　"童阅美好·不负韶华"系列读书活动的开展使常德市图书馆积累了丰富经验，吸引了更多的来馆少年儿童，促进了中小学生综合素质的提高。今后，常德市图书馆要进一步深入开展读书活动，营造浓厚的读书氛围，培养少年儿童良好读书习惯，倡导读书明理、读书求知、读书成才的新风尚。

# 诵文化经典　品阅读韵味

怀化市图书馆

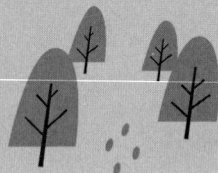

　　2020 年 8 月，怀化市图书馆承办了由中共怀化市委宣传部、怀化市精神文明建设指导委员会办公室、怀化市文化体育新闻出版局、共青团怀化市委、怀化市妇女联合会、怀化市关心下一代工作委员会联合主办的"童阅美好·不负韶华"全市少年儿童系列读书活动。本次活动通过多种形式，为传承发展中华优秀传统文化，坚持以社会主义核心价值观为引领，充分发挥全市公共图书馆资源优势，通过阅读、导读、创作、展示等方式在怀化市广大少年儿童中开展品读书中之美、研习优秀传统文化之美、体验家乡小康之美等系列主题读书活动，进一步提高少年儿童的文化素养、读写能力，增进对中华优秀传统文化的热爱和了解，全面提高了少年儿童的思想道德素质，充实了少年儿童的精神世界，引导少年儿童热爱阅读、热爱生活，培养少年儿童的想象力和创造力，使少年儿童过一个健康、愉快、有意义的课外生活，现将本次活动总结如下：

## 一、目的明确，精心组织，全面兼顾

　　为确保本次的读书活动有效、规范、有序地开展，怀化市图书馆精心策划，周密部署，层层落实任务，做好了人员、经费、宣传、组织工作的安排，要求各县（市、区）图书馆统一配合，竭尽所能，保质保量开展好本次活动；多次牵头召开专题会议，传达精神，统一思想，提高认识，要求各馆制定切实可行的活动计划，明确进度，落实责任，提供经费保障，结合实际情况把"童阅美好·不负韶华"全市少年儿童系列读书活动抓早、抓实、抓好，推进活动广泛深入、健康有序地开展，扩大普及面和社会影响力。

本次活动依托"湖南公共文旅云"，综合运用湖南省各级公共图书馆、少年儿童图书馆的儿童阅读数字资源以及少儿云书房线上数字资源，以文字、图片、音乐和动画的方式，策划专题导读活动，组织广大少年儿童阅读名著和精品书籍，培育他们的阅读兴趣、阅读习惯、阅读能力。

## 二、大力宣传，广泛合作

怀化市图书馆自接收湖南省少年儿童图书馆的活动通知，积极与县（市、区）公共图书馆联络，宣传本次活动的主题及意义，旨在最大限度地激发全市广大少年儿童参与到本次活动中来，本次活动以宣传为先导，将系列读书活动方案印成专题资料，及时下发到怀化市各个中小学校，并在日常"文化下社区"的同时，大力宣传本次活动的内容、精神。为带动本次活动的全面开展，工作人员还深入各学校开展了专题阅读活动。由于宣传及时、到位，本次活动得到了老师、学生、家长的充分肯定和参与，在全市范围内营造了浓厚而良好的读书学习氛围，掀起了活动高潮。

怀化市少年儿童积极参加此次活动：其中芷江侗族自治县、鹤城区、洪江市、辰溪县、通道侗族自治县图书馆大力推广本次活动，全市共有 307 人参加，参与读者年龄段分布从小学到高中均有。收集的作品数为 397 篇，类型有名篇读后感、仿写式笔记、心得式笔记、摘录式笔记、提纲式读书笔记。

## 三、效果明显，意义深远

此次活动进行到评审阶段时，怀化市图书馆诚邀 2 名专家对收集的作品进行评审，经过专家评委的认真审核：在收集到的作品中评选出 70 个一级作品并上传到评审平台，同时推荐 14 名优秀读者作为怀化市"阅读之星"并上报到省里参加评审，最终有 13 名"阅读之星"候选人完成电子书的制作。

读传统文化经典，与少年儿童共成长，让阅读成为习惯是怀化市图书馆的不懈追求，辛勤的耕耘换来了丰硕的成果，通过开展本次活动，怀化市多所学校的读者参加了本次活动。城乡各学校少年儿童均享受此次活动，体现了公共文化惠民工程的公益性、基本性、均等性、便利性。怀化市办证的读者愈来愈多，文献借阅率也不断攀升，读书兴趣亦在循序渐进地高涨，书籍已慢慢地成了少年儿童的重要伙伴，传统文化经典走进少年儿童的日常生活；少年儿童良好的读书习惯正在形成；读书活动的成效正日益显现。

　　此次活动因为疫情全面在线上开展，对组织活动是一大挑战。在广大读者、家长及辅导老师的支持下，活动进行得有条不紊，同时也给怀化市图书馆提供了活动开展的新思路。

# 第二章

书香湖南·献礼新中国成立70周年

# 第38届全省少年儿童庆祝新中国
# 成立70周年系列读书活动综述

湖南省少年儿童图书馆

为庆祝新中国成立70周年，引领和推动全民阅读，增强少年儿童的爱国意识，弘扬其爱国情怀，鼓舞他们在新时代新起点上为实现美好远大的理想而不懈奋斗，中共湖南省委宣传部、湖南省精神文明建设指导委员会办公室、湖南省文化和旅游厅、湖南省新闻出版局、共青团湖南省委、湖南省妇女联合会、湖南省关心下一代工作委员会共七家单位联合主办了"书香湖南"第38届全省少年儿童庆祝新中国成立70周年系列读书活动，该活动由湖南省少年儿童图书馆承办。

## 一、精心策划，联动实施

"书香湖南"第38届全省少年儿童庆祝新中国成立70周年系列读书活动从2019年2月开始进行策划和筹备。策划伊始，即确定了庆祝新中国成立70周年这一宏大主题。少年儿童是祖国的花朵，是祖国的未来和希望，如何将已走过37个春秋的全省少年儿童系列读书活动与新中国成立70周年这一重大节庆结合起来，从而组织开展一届全省各级公共图书馆、少年儿童图书馆踊跃发动、少年儿童广泛参与的意义重大而深远的系列读书活动，成为承办单位湖南省少年儿童图书馆苦苦思索的重大议题。为此，湖南省少年儿童图书馆努力寻求上级领导机关的指导和支持，中共湖南省委宣传部、湖南省精神文明建设指导委员会办公室、湖南省文化和旅游厅、湖南省新闻出版局、共青团湖南省委、湖南省妇女联合会、湖南省关心下一代工作委员会七家主办单位十分重视本届活动，对湖南省少年儿童图书馆提出的以庆祝新中国成立70周年为活动主题的意见高度认可，并且表示将从政策保障、宣传推广、合作协调等方面给予指导和支持，同时勉励湖南省少年儿童图书馆以坚定的责任感和使命感来精心策划、悉心实施本届活动，为伟大祖国70华诞献礼。

为了妥善筹备策划好本届活动，湖南省少年儿童图书馆有条不紊地逐步推进有关各项工作：活动通知和实施方案几经考量后数易其稿，经过四个多月的酝酿、研讨、协商及会签，于2019年6月20日面向湖南省各市（州）发布了《关于组织开展"书香湖南"第38届全省少年儿童庆祝新中国成立70周年系列读书活动的通知》（湘文公共〔2019〕56号），并于2019年6月27日面向全省发放了《"书香湖南"第38届全省少年儿童庆祝新中国成立70周年系列读书活动实施方案》。通知和实施方案公布后，湖南省少年儿童图书馆又多次召开馆务会议、部门联席会议研究商讨活动的组织实施，并通过电话、QQ、微信等多种渠道与各市（州）保持密切联系，强调活动意义，明确活动要求，激发参与热情，解决疑难问题，提炼经验成果。

各市（州）、县（区、市）的有关党政机关严格按照湘文公共〔2019〕56号文件的要求，召开了专项工作会议，充分发挥主体作用，加强统筹协调，对本地区活动的组织与实施做了有效的部署和安排，并将活动纳入了年度工作目标责任管理，极大地促进了活动的开展。各市（州）、县（区、市）图书馆、少年儿童图书馆切实落实湘文公共〔2019〕56号文件的精神，遵循活动实施方案的有关要求，指派专人负责，制定本地区更细致的活动实施细则；按照活动要求及时反馈活动信息，报送相关活动材料；积极稳妥地推进了活动的正常开展，在湖南省各地取得了良好的社会反响，得到了少年儿童、家长、老师等多方面的赞许。

## 二、形式与组织方式创新，成果累累

本届全省少年儿童系列读书活动囊括了"爱国诗词阅读暨书中人物景致寻访"研学活动、爱国诗词书写活动、第九届"三湘少年儿童阅读之星"活动等少年儿童喜闻乐见的内容充实的分项活动。

### 1. 研学活动形成创新热点

本届活动将研学纳入其中，设计了"爱国诗词阅读暨书中人物景致寻访"研学活动，目的是向少儿读者研学服务这一方兴未艾的领域做出有益的探索，并积累一些可供借鉴的宝贵经验。文件下达后，各级图书馆积极响应，迅速投入到了研学活动的构思、策划与组织中。一组组生动鲜活的研学实践活动镜头令人久久回味：橘子洲头青年毛泽东雕像下，可爱的同学们深情朗诵了《沁园春·长沙》；爱晚亭下，昔有毛泽东与蔡和森纵谈时局，今有湖湘少年畅叙理想；韶山毛泽东同志纪念馆留下了莘莘学子的红色寻访足迹。学子去远方寻访，在途中研学；红色故里、文化遗迹、大好河山成就了孩子们阅读中来、景致中去的寻访脉络，文旅融合在活动中得到践行和深化。

各市（州）共组织开展各类爱国诗词主题阅读活动千余场，吸引 20000 余人次参与；举办爱国诗词绘画、摄影活动近 200 场，20000 余人次参与其中；组织各类研学旅行活动 60 余场，近 3000 人次参加；迎来省、市、县各级媒体近 200 次的研学活动宣传报道。13 个市（州）向省一级选送了约 300 幅绘画作品、400 余幅摄影作品、230 多本阅读研学笔记，共评选出研学活动的优秀入藏作品 210 余幅，优秀作品 500 余幅。

### 2. 诗词书法创作佳作云集

爱国诗词书写活动旨在勉励少年儿童读者精读爱国诗词，研习中国书法；通过组织少年儿童读者挥毫泼墨，踊跃创作，书写爱国诗词书法作品，向祖国七十华诞献礼。2019 年 6~8 月，湖南省各市（州）、县（区、市）图书馆、少年儿童图书馆纷纷举办了爱国诗词读书会，书法研习班，传统文化普及课堂等形式各异、内容丰富多彩的儿童阅读活动，期间少年儿童读者踊跃报名参与，掀起了一股精读爱国诗词、研习中国书法的学习风潮。2019 年 9 月，每个市（州）择优推荐了数十套毛笔、硬笔书法作品，经过层层推选，省级层面共收到近 600 幅少儿读者创作的各具特色的书法作品：欧体点画劲挺，颜体雄强圆厚，柳体骨力遒劲，赵体宽绰秀美，行书灵动飘逸，草书肆意洒脱，隶书沉稳大气。2019 年 10 月，共评选出约 150 幅优秀入藏作品，400 多幅优秀作品。

### 3. "阅读之星"展示阅读素养

第九届"三湘少年儿童阅读之星"活动倡导广大少年儿童走进图书馆，亲近图书馆，接受图书馆专业的阅读指导和服务，使图书馆成为中小学生课外实践活动的重要场所，成为少年儿童心目中求知的乐园。湖南省少年儿童图书馆致力于从各馆培育的读者中寻觅第九届"三湘少年儿童阅读之星"候选人，每个市（州）可推荐候选人若干名，候选人须完成办理图书馆读者证、借阅图书、推荐图书、游历图书馆、评价图书馆等步骤；从而激发少儿读者于图书馆中求知、求理、求实的热情，促进图书馆儿童阅读推广事业的发展，展现新中国成立 70 周年以来图书馆建设事业高速发展的美好图景。2019 年 11 月，召开了第九届"三湘少年儿童阅读之星"评审推荐会，与会的领导和专家据申报的材料对"阅读之星"候选人进行了点评、推荐，最终一致推选出"三湘少年儿童阅读之星"46 名，"三湘少年儿童阅读优秀个人"45 名。

### 4. 精彩案例呈现活动特色

为发现活动中的工作业绩和亮点，收集活动中的精彩案例，充分发挥榜样人物和事迹的示范引领作用，本届活动对各县（区、市）、市（州）活动开展情况分别从先进集体、精彩案例、优秀阅读推广人 3 个维度进行了绩效评鉴：经过县（区、市）、市（州）、省层层筛选、推荐及评审，对在本届活动中涌现出的先进典型给予了表彰，共评选出 41 家先进集体、4 个精彩案例、54 名优秀阅读推广人。其中，精彩案例是本届活动新增的一个绩效评鉴维度，意在面向各市（州）、县（区、市）征集具体活动案例，希望各级图书馆能从自身开展的活动中，通过重点阐述策划创意、实施路径、服务效能，提炼出有价值的少年儿童阅读服务模式、方法及经验。本届活动共筛选出了 4 个各具特色的精彩案例，为开展经验交流提供了扎实的素材，也为进一步挖掘和推广先进工作模式和方法提供了有力支撑：南岳区图书馆兢兢业业地通过一年多的实践，确立了"红色诗教"活动品牌；策划的以"在行走中阅读，在阅读中行走"为特色的"爱国主义诗词阅读与寻访"活动研学路线已被官方确立为南岳区对外文化旅游路线。邵阳市少年儿童图书馆精心谋篇、匠心独运，巧妙地从唱、绘、看、讲、写、做、展七个方面来策划开展"庆祝新中国成立 70 周年"少儿读书活动。韶山市图书馆精心构思、周密安排，组织开展了深受少儿读者欢迎的系列读书活动，孩子们沉浸在"花一样的童年"动手阅读活动的快乐学习氛围中，尽情享受着有声有色的听书阅读带来的无穷乐趣。长沙市图书馆创立的少儿数字阅读平台"堡主驾到"，已由当初国内首个由公共图书馆自主制作运营的少儿电台节目，发展成为集分享、传播、表达、展示于一体的多元化数字阅读互动平台，为小读者的健康成长提供了积极的引导和帮助。

三十八载后深情回望，忘不了 1982 年以来举办的湖南省"红领巾读书读报奖章活动"，这是湖南省少年儿童系列读书活动的源头；忘不了自 2008 年起，中共湖南省委宣传部、湖南省精神文明建设指导委员会办公室、湖南省文化和旅游厅（时为湖南省文化厅）等多家党政机关单位开始作为活动的联合主办单位，这是湖南省少年儿童系列读书活动发展史上的里程碑；忘不了自 2009 年起活动被纳入"三湘读书月"湖南省全民阅读活动的序列，自此成为该项品牌阅读活动中唯一专门面向少儿的公益性阅读推广活动；忘不了 2015 年至今，"书香湖南"品牌开启壮丽华美的征程，湖南省少年儿童系列读书活动也由此走向崭新的"书香湖南"时代。

在"书香湖南"的感召和引领下，在《中华人民共和国公共图书馆法》的指导下，在湖南图书馆人的孜孜求索与辛勤耕耘下，在广大少年儿童的热切期盼与呼唤下，"书香湖南"全省少年儿童系列读书活动必将不忘全心全意为少儿读者服务的初心，必将牢记兢兢业业从事儿童阅读推广的神圣使命，必将取得更加丰硕和鼓舞人心的成果。

# 扎实开展活动　落实爱国教育

长沙市图书馆

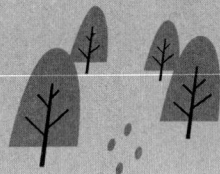

为庆祝新中国成立70周年，深入推进改革开放，倡导全民阅读，长沙市少年儿童读书活动在湖南省少年儿童图书馆、长沙市文化旅游广电局的指导与领导下，由长沙市图书馆主办，围绕着"庆祝新中国成立70周年"这一主题展开了一系列丰富多彩的活动，取得了良好成效。具体情况总结如下：

## 一、注重宣传发动，着力营造浓厚阅读氛围

少儿阅读是全民阅读的基础。本届"书香湖南·献礼新中国成立70周年"活动中，长沙市图书馆按照上级部署，主动作为，积极谋划，大力推动活动开展。一是成立专门队伍，由长沙市图书馆馆长和业务副馆长任主要领导，负责活动的统筹、组织、宣传、督促工作，少儿服务部6位工作人员组成活动办公室，负责活动的具体执行；其他副馆长及业务部门共同配合，为活动保驾护航。二是明确责任分工，制定责任分工表，细化目标任务，逐一落实到人，确保责任上肩。三是强化宣传发动，在馆内各处宣传"庆祝新中国成立70周年"主题，营造浓厚的阅读氛围，充分发动长沙市9个区县图书馆共同配合，广泛宣传动员，使全市少年儿童积极参与到本届活动中来，形成齐心协力促进少年儿童阅读的良好局面。

## 二、扎实开展活动，深入落实爱国教育主题

长沙市一直以来高度重视少年儿童阅读推广工作，此次将各馆的品牌活动与"庆祝新中国成立70周年"主题相结合，让广大少年儿童铭记光辉历史，抒发爱国情怀。长沙市图书馆开展了丰富多样的系列活动：

### 1. 发挥资源优势，展示建设成果

为满足孩子们的阅读需求，长沙市图书馆举办了"庆祝新中国成立 70 周年"图书展，采购了一批与爱国主义有关的书籍，迅速编目上架，供读者借阅。同时在活动现场免费向广大少儿读者发放爱国书籍《老兵》；开展暑期实践"小小管理员"活动，以"青苗大课堂"为主要形式，从社会、科学、文化、艺术等多方面展示新中国成立以来的各项发展成就，激发少年儿童的爱国意识；举办图书馆奇妙夜之"我是小小追梦人"主题活动，共有 12 个分会场，涵盖阅读、科技、艺术、创作等多个方面，鼓励少年儿童发掘自己的兴趣爱好，筑梦新时代，勇当追梦人！

### 2. 举办主题活动，弘扬爱国精神

在长沙市图书馆及其下辖的 9 个区（县）馆及 100 多家分馆，先后开展了各项爱国主题活动 400 余场。

（1）"阅天下·青苗在旅图"爱国诗词阅读暨书中人物景致寻访活动

通过将本馆的品牌活动"阅天下·青苗在旅图"与爱国主义相结合，鼓励广大少年儿童走出书本、走入实地，探访书中人物、伟人故里，实地感受前人的光辉事迹，激发崇敬之情。活动以线上宣传为主，通过创作绘画作品、撰写研学笔记、拍摄摄影作品、发布新浪微博等多种方式，抒发对书中人物的感情，全国各地都留下了长沙小读者的身影。活动共收集各类作品 200 余份。

（2）爱国诗词书写活动

书法作为我国的传统艺术，与爱国诗词相得益彰。长沙市图书馆举办了多场爱国诗词书写活动，以笔墨讴歌祖国的大好山河、伟大成就，人民的不屈不挠、艰苦奋斗；在书写的过程中，激励爱国之心，激发奋斗精神。除了现场挥毫泼墨，长沙市图书馆也收到了来自广大少年书法爱好者的投稿，全市收到各类作品 400 余幅。

（3）爱国诗词朗诵活动

朗诵是把文字转化为有声语言的一种创造性活动。我以我口述心声，众多孩子用稚嫩的声音朗诵爱国诗词，大声地说出对祖国的爱。活动中共收集作品 100 余份，选送了 50 余篇优秀作品参加中国图书馆学会"我听·我读——2019年少儿读者主题朗诵作品征集活动"。

（4）"一颗童心献祖国"国庆系列活动

在"十一"国庆节期间，长沙图书馆联合缤纷鸟美术教育机构举办了"一

颗童心献祖国"系列活动,分为静态展览及动态展览,包括"美丽中国,缤纷同行"静态画展、"书香长沙·爱国诗词阅读暨书中人物寻访"少儿书画展、"美好中国"集体拼画、"我爱北京天安门"3D手作及"我爱你,中国"巨绘五大板块,旨在通过美育这个载体来弘扬爱国主义,以孩童的角度来理解祖国,也引领更多父母培养孩子的爱国情操。活动吸引了3000余人参加,获得了湖南卫视、湖南经视、湖南都市、湖南公共等电视频道以及长沙晚报等多家媒体报道。

此外,长沙市各图书馆分馆还开展了爱国诗词朗诵会、爱国歌曲演奏会、经典演绎会、故事分享会、好书推荐会、诗词赏析会等活动为广大读者提供一个自由发声的平台,一个以书会友的机会。活动中参与者通过朗诵经典、原创、分享交流阅读体会、现场演绎、游戏互动、阅读推荐等形式,共享阅读成果,浸润孩子们的美好心灵,全方位激发少年儿童对伟大祖国的崇敬之情,进一步培育和践行社会主义核心价值观。

### 3. 拓展服务范围,促进阅读服务均等化

促进均等化、无差别的阅读服务是活动的目标。长沙市图书馆走进长沙市望城县靖港镇芦江小学,为孩子们送上了最暖心的阅读礼物——智能借阅柜。"六一"儿童节当天,长沙图书馆发起了公益捐书项目,所有参加活动的小朋友和各级领导共同捐赠书籍400余本,全部送往邵阳市城步苗族自治县威溪乡中心小学;9月,为罹患血友病的孩子送上免押金VIP读者证,举办"'友'梦敢闯"——血友病关爱十年长沙站专场活动,呼吁社会关爱血友病孩子;开学季,长沙图书馆发起了"阅读,一个都不能少"系列活动,从长沙市图书馆周边的中小学生开始,逐步走入全市的中小学校,将阅读服务辐射至全市乃至周边县(市)。各区、县图书馆也将各自的阅读服务送入特殊群体、困难家庭中去,让更多孩子享受到优质的阅读服务。

### 4. 推选"阅读之星",树立学习榜样

榜样的力量是无穷大的,每年一次的"阅读之星"推选,不仅是为了表彰爱阅读的少年儿童,更是为了在全社会弘扬阅读风尚。2020年的"星城少年儿童阅读之星"评选活动,获得了读者的广泛响应,各中小学校也积极参评,成为推动阅读工作的一个重要手段。经过专家评审,评选出第九届"星城少年儿童阅读之星"16名,后期将举办隆重的颁奖仪式,树立榜样,确立标杆,提高少年儿童阅读兴趣,帮助孩子养成良好的阅读习惯,奠定终身学习能力的基础。

## 三、全城洋溢书香，促进阅读之美遍地开花

在活动开展过程中，长沙市图书馆总分馆体系全力以赴，迅速行动，结合自身特色，开展了形式多样、精彩纷呈的主题活动：如开福区图书馆"阳光少年爱上诗词""爱国诗词玩转暑假"，宁乡市图书馆非物质文化遗产图片展览，长沙县图书馆"听，五星红旗在飘扬"主题阅读活动，天心区图书馆"绘声会演之'爱国诗词诵读'"活动，望城区图书馆"我和我的祖国"漫画活动，雨花区图书馆"我与祖国共成长"2019年游学打卡活动，岳麓区图书馆"巧手绘中华"活动，浏阳市图书馆"我与图书馆的故事"主题征文比赛，芙蓉区图书馆"暑假悦读夏令营"等，无不各具特色，精彩纷呈，为长沙市各地的孩子们送上了高品质的阅读服务，在活动中弘扬了爱国主题，激发了爱国之心，起到了良好的社会示范效应，为倡导全民阅读、建设书香湖南做出了贡献。

在本届"书香湖南·献礼新中国成立70周年"系列读书活动中，长沙市与时俱进，推陈出新，共组织各种阅读活动400余场，参与人数达30000余人；多项活动得到湖南日报、长沙晚报、湖南教育电视台等多家媒体报道。在今后的工作中，长沙市图书馆将继续以推广阅读为宗旨，大力推动均等化、无差别的阅读服务；让更多的少年儿童乃至成年人共享祖国发展成果，鼓舞他们在新时代、新起点上树立服务祖国和人民的坚定信念，为实现美好远大的理想而不懈奋斗。

# 爱国诗词声声入耳　红色影院纷纷开放

株洲市图书馆

根据中共湖南省委宣传部、湖南省精神文明建设指导委员会办公室、湖南省文化和旅游厅等部门印发的《关于组织开展"书香湖南"第 38 届全省少年儿童庆祝新中国成立 70 周年系列读书活动的通知》的要求，由株洲市图书馆组织，炎陵县图书馆、石峰区图书馆、攸县图书馆、茶陵县图书馆细心策划，在株洲市少年儿童读者中开展了一系列的读书活动。以歌颂伟大祖国为主题，以少年儿童为主体开展形式多样的活动，加强爱国主义教育，少年心系祖国情，童心共筑中国梦，不断地激荡着少年儿童读者的爱国情怀，激发着少年儿童读者的民族精神和自豪感，在为祖国 70 岁生日深情祝福的同时，也让广大少年儿童读者萌发着热爱祖国、感恩社会、勤学知识、报效祖国的壮志豪情。

## 一、"爱国诗词阅读暨书中人物景致寻访" 研学活动

### 1. 经典美文诵读活动

国学经典诗文是中华民族文化的精髓，也是中华文化艺术宝库中一颗灿烂的明珠。为了深入开展中华优秀传统文化教育，创建良好的校园文化，营造浓郁的读书氛围，以"书香湖南"全省少年儿童读书活动为契机，以诵读经典为内容，株洲市图书馆联合石峰区图书馆、炎陵县图书馆、茶陵县图书馆、攸县图书馆举办了各种有意义的活动，吸引了小朋友们踊跃参加。

为了让每个孩子都爱上读书，鼓励家长带着孩子一起读书，一起分享读书的乐趣，株洲市图书馆联合攸县图书馆以"书香湖南·献礼新中国成立 70 周年"全省少年儿童读书活动为契机，精心准备了一个活动：凡是来本馆阅读的 4~18 岁青少年儿童，均可免费领取阅读积分存折，一小时为 1 积分，若家长陪

伴阅读，可获双倍积分，若是分享一本让你深有感触或喜爱的书（400 字左右），可获得 10 积分，并张贴积分评比，获奖者可获得精美礼品一份。

## 2. 书中人物景致寻访活动

由株洲市图书馆策划，茶陵县图书馆实施的带领小朋友们进行的"书中人物景致寻访"研学之旅，分别在茶陵县革命纪念馆、烈士陵园革命烈士纪念碑、工农兵政府旧址、日军侵华大屠杀死难同胞纪念碑和红军村开展活动。

## 3. 爱国书目推荐阅读活动

根据中共湖南省委宣传部、湖南省精神文明建设指导委员会办公室、湖南省文化和旅游厅等部门印发的《关于组织开展"书香湖南"第 38 届全省少年儿童庆祝新中国成立 70 周年系列读书活动的通知》要求，株洲市图书馆开展爱国诗词阅读活动，并推荐阅读书目，让广大读者有目的地选书阅读。

## 4. 爱国诗词背诵活动

根据中共湖南省委宣传部、湖南省精神文明建设指导委员会办公室、湖南省文化和旅游厅等部门印发的《关于组织开展"书香湖南"第 38 届全省少年儿童庆祝新中国成立 70 周年系列读书活动的通知》要求，以推动全面阅读为目的，打通阅读"最后一公里"。株洲市图书馆、攸县图书馆、青少年活动中心等单位举行了图书漂流阅读、开笔祭孔礼、《我和我的祖国》教唱、美术及书法教学活动。活动在攸县城关镇江桥小学，贾山乡湖沙垅小学，湖南坳乡中心完全小学，鸾山镇漕泊小学等学校举行，共有 2000 多学生参加。

为了寻访爱国诗词图书（诗词）中的人物和景致，更好地领略诗词图书和诗词中蕴含的高尚情怀和境界，株洲市图书馆组织少年儿童读者到攸县石山书院、谭震林纪念馆等爱国主义基地进行景致绘画活动。

2019 年 9 月 20 日，株洲市图书馆特邀深圳市阅读推广人协会副秘书长、"我最喜爱的童书"初评委林静老师讲课。林老师分别走进了株洲市天元区天元小学和泰山小学，并用喜闻乐见的方式给孩子们讲解绘本，令整个讲坛充满了欢声笑语。

## 5. "画出我'爱'的书"比赛活动

株洲市图书馆根据 2019 年全民阅读推广计划要求，以"书香湖南"活动为契机，在攸县少年儿童中举办以"画出我'爱'的书"为主题，为一本书设计封面的比赛活动，以此引导广大少年读者进行阅读。此次活动共收到参赛作品近 80 幅。经过评选有 2 幅作品获得一等奖，8 幅作品获得二等奖，10 幅作品获得三等奖。

## 二、爱国诗词书写和红色影院活动

### 1. 爱国诗词书写

在株洲市图书馆组织、石峰区图书馆策划的"传承诗词底蕴·书写爱国情怀"爱国诗词书写活动现场中，少年儿童读者挥毫泼墨，踊跃创作，以书写爱国诗词书法作品的方式，抒发对伟大祖国的热爱；以展示书法的形式向祖国 70 华诞献礼。

### 2. 红色影院

在株洲市图书馆组织策划的"红色影院"活动中，共放映红色电影 120 场。家长们表示很多小朋友对历史并没有特别深刻的印象，但是通过电影的方式呈现在孩子面前会更加直观和有意义。

株洲市图书馆组织开展的"书香湖南"一系列活动吸引了大量读者的积极参与，也收获了各路好评。株洲市图书馆在今后的工作中定当不断探索和实践，创新工作思路和模式，多样化开展读书活动，丰富群众的文化生活，提升文化影响力。

# 访韶山故居　颂伟人功绩

湘潭市图书馆

为庆祝新中国成立 70 周年，倡导全民阅读，增强少年儿童的爱国热情，弘扬爱国情怀，湘潭市图书馆认真落实《关于组织开展"书香湖南"第 38 届全省少年儿童庆祝新中国成立 70 周年系列读书活动的通知》文件精神，开展了"爱国诗词阅读暨书中人物景致寻访"研学活动，包括爱国诗词书写，爱国诗词朗诵会等多项读书活动内容；同时，通过电子显示屏、海报、微信公众号、读者群等方式向广大少年儿童全面推广，营造浓厚的读书氛围。

## 一、加强领导、精心组织，活动开展保障有力

接到文件通知，湘潭市图书馆作为承办单位立即组织召开专题工作会议，对本市活动实施方案进行交流讨论和商定。中共湘潭市委宣传部负责人、湘潭市文化旅游广电体育局负责人、各县（市、区）文化旅游广电体育局分管副局长、各县（市、区）图书馆馆长及相关工作人员参加了会议。会议上，经热烈商讨，敲定了 2019 年湘潭市少年儿童读书活动实施方案，并对全市少年儿童读书活动做了整体部署和详细安排。随后，中共湘潭市委宣传部、湘潭市精神文明建设指导委员会办公室、湘潭市文化旅游广电体育局等八个部门联合下发了潭文旅广体〔2019〕50 号文件《关于组织开展"书香湘潭"2019 年全市少年儿童庆祝新中国成立 70 周年系列读书活动的通知》。会议结束后，湘潭市图书馆积极准备，精心组织实施 2019 年少年儿童读书活动，召开办公会明确责任分工，细化目标任务。同时，各县（市、区）统一思想，认真落实安排部署，按照要求组织开展读书活动，确保各项活动高效、有序推进。

## 二、精心策划、全面实施，读书活动成效显著

此次"书香湘潭"2019 年全市少年儿童庆祝新中国成立 70 周年系列读书活动包含四大主题：一是"爱国诗词阅读暨书中人物景致寻访"研学活动；二是爱国诗词书写绘画活动；三是第九届"三湘少年儿童阅读之星"评选及"爱国诗词"主题阅读活动；四是全市少年儿童系列读书活动展示与表彰。

### 1. "爱国诗词阅读暨书中人物景致寻访"研学活动

2019 年 8 月 20 日，湘潭市图书馆（少儿馆）、湘潭县图书馆共同组织学生前往伟大领袖毛主席的故乡韶山开展"爱国诗词阅读暨书中人物景致寻访"研学活动。同学们先后到韶山市图书馆、韶山核心景区"毛泽东广场"，韶山毛泽东同志纪念馆，韶山毛泽东遗物馆和韶山毛泽东图书馆参观学习。此次活动中，同学们跟随讲解员的步伐，认真地观看展览，倾听讲解，了解主席从农民的儿子成长为一代伟人的光辉一生，深刻认识到了毛主席的丰功伟绩及崇高的人格风范。通过此次研学活动，同学们结交了新朋友，开阔了眼界，增长了见识，受益匪浅。

2019 年 8 月 22 日上午，研学活动结束后，湘潭市图书馆开展了阅读研学笔记培训班活动，邀请专业的老师教授大家如何写作研学笔记。同学们在老师的指导下，将此次研学活动中的所见、所感、所思变成文字并制作成图文并茂、生动活泼的阅读研学笔记本，活动受到广大家长欢迎。最后，经过评审，湘潭市图书馆选出 21 本优秀阅读笔记送省参加评比。

### 2. 爱国诗词书写绘画活动

为庆祝新中国成立 70 周年，传承中华优秀传统文化，湘潭市图书馆于 2019 年 7 月 15～19 日组织开展了为期 5 天的爱国诗词书写硬笔书法培训活动。培训活动上，老师从书写姿势等最基础的知识开始讲解，指导孩子们认识字形结构和运笔规则，以爱国诗词为载体，引导孩子们进行练习，进一步规范孩子们的书写姿势与习惯，提高了孩子们书写的整体水平。同时，为培养孩子们爱国情怀，指导他们的绘画技巧，湘潭市图书馆分别于 2019 年 8 月 11 日、12 日、17 日、18 日上午举办了 4 期"我爱祖国"绘画培训活动。在老师的指导下，孩子们用蜡笔和水粉颜料，绘画伟大祖国的成就、地方特色文化景致和民族英雄人物，将自己心中"祖国妈妈"的形象描绘出来，创作出了一幅幅精美的画作。

在立足本馆阵地的同时，湘潭市图书馆还积极发挥引领作用，与各培训机构以及各图书馆分馆联系，拓展活动范围，在九华大耳朵培训机构、砚塾教育机构和"禾+"分馆等场所，引导青少年研习绘画的同时，书写爱国诗词，描绘书中人物景致，弘扬青少年爱国情怀。经过评审，湘潭市图书馆选送出 41 幅优秀书法作品和 32 幅优秀绘画作品参加省级评选。

### 3. "三湘少年儿童阅读之星"评选及"爱国诗词"主题阅读活动

（1）第九届"三湘少年儿童阅读之星"评选活动

湘潭市图书馆结合实际情况制定了"湘潭市少年儿童阅读之星"评选方案，并把材料要求和参与方式等相关信息制作成了宣传海报进行线下推广。同时，湘潭市图书馆还利用本馆官方网站、微信公众号、微信读者群、QQ 读者群等方式进行线上推广，广泛动员小读者参与。此外，湘潭市图书馆还积极组织县（市、区）图书馆开展阅读之星推选活动。经过评审，湘潭市报送 8 位阅读之星候选人参加湖南省三湘少年儿童"阅读之星"评选活动。

（2）主题书展及荐书活动

2019 年 7 月开始，湘潭市图书馆在湘潭市少年儿童图书馆二楼布置了"爱国诗词"主题书展，通过主题书展的形式开展主题读书及分享活动。截至 9 月底，本次主题书展活动吸引了约 2000 名少年儿童参加。同时，湘潭市图书馆还与云图有声合作，在本馆微信公众号上进行专题红色书籍线上荐书活动，先后推荐了《红军长征的故事》《跟随毛委员出安源》等一批优秀书籍。

（3）"爱国诗词"朗读会活动

2019 年 7 月 20 日上午，庆祝新中国成立 70 周年爱国诗词朗读会在湘潭市少年儿童图书馆 5 楼多媒体厅举行。孩子们走上舞台，先后朗诵了毛主席的《沁园春·雪》、岳飞的《满江红·写怀》、辛弃疾的《破阵子·为陈同甫赋壮词以寄》、杜甫的《春望》等爱国诗词名篇。孩子们坚定的眼神和激昂的语调，使得朗诵的每一首诗词都充满了感染力，孩子们的心灵受到了中华经典文化的熏陶，激发了他们的爱国主义热情。

（4）献礼新中国成立七十周年·全国少儿共读共绘活动

2019 年 7 月 23 日上午，湘潭市图书馆和悠贝亲子图书馆联合主办了"壮丽 70 年颂读新时代"——献礼新中国成立 70 周年·全国少儿共读共绘活动。在活动现场，悠贝亲子图书馆的小貌老师带领大家共读中国原创主题绘本《龙的传人》《我的祖国》后，孩子们开始现场绘画，有的用红心表达对祖国的热爱，有的画发射中的火箭表达对祖国的自豪……每个孩子都用自己的方式绘出心中的祖国和家乡。

（5）文化讲坛"中国共产党军史"活动

2019 年 8 月 25 日上午，"中国共产党军史"讲座在湘潭市图书馆三楼多媒体报告厅开讲。两小时的讲座中，易小兰老师详细梳理了中国共产党军史，为大家讲述人民军队不忘初心、继续前进的战斗历程。

（6）绘本馆阅读活动（青青故事会）

青青绘本馆是湘潭市图书馆针对学前儿童而设立的阅读服务场所，其中，亲子故事会、DIY、儿童小话剧是青青绘本馆的常规活动。小朋友们在听绘本故事的同时，还可以走上舞台讲故事、演剧本。除此之外，亲子游戏、DIY、手偶剧等也受到小读者的喜爱。丰富多彩的阅读活动激发了小朋友的阅读兴趣，为良好阅读习惯的形成打下了基础。

（7）暑期阅读活动

暑假期间，为丰富少儿文化生活，充分发挥图书馆作为文化阵地的作用，湘潭市图书馆高度重视并大力搭建少儿阅读推广平台，通过公益培训、故事会、展览、参观、社会实践等多种形式开展暑期阅读活动。湘潭市图书馆推出的"创意剪纸"培训活动有两期，分为小班和大班。此次培训由湘潭市民间文艺家协会中著名剪纸艺术家刘月玲老师担任教学，受到家长和学生的欢迎。湘潭市图书馆还开办"写作梦工场"少儿写作技巧公开课，邀请拥有 20 多年小学语文教学经验的专业老师进行授课，以提高少儿写作水平。为丰富及锻炼少儿社会实践适应能力及动手能力，湘潭市图书馆特意开展"小小图书管理员"社会实践活动，受到了家长和老师的好评。在开展的"书香伴成长"图书馆认知活动中，岳塘区英伦国际幼儿园、湘潭市特殊教育学校等 10 多个学校参加了此项活动。为搭建小朋友展示自我的平台，湘潭市图书馆特推出"暑假少儿培训班学生作业展"，在湘潭市少年儿童图书馆四楼民俗文化展厅展出暑假以来湘潭市图书馆举办过的硬笔书法培训班、创意剪纸培训班和"我爱祖国"绘画培训班优秀作品。此次展览共计展出 95 幅作品，很多家长带着小朋友前去观展，小朋友们看到自己的作品被展出都非常的高兴和自豪，纷纷合影留念，活动反响良好。

此外，暑假期间湘潭市图书馆在常规的"数字阅读活动"中围绕新中国成立 70 周年播放了《狼牙山五壮士》《平原游击队》《百团大战》等一系列红色电影。不少家长带着孩子前来观看，让孩子们从小培养爱国主义情怀，了解现在幸福生活来之不易。

### 4. 湘潭市少年儿童系列读书活动的展示与表彰

各县（市、区）图书馆对 2019 年系列读书活动高度重视，认真商讨了活动方案和计划，并积极落实推进。

韶山市图书馆组织小读者前往韶山冲开展"读毛主席诗词、走毛主席成长之路"爱国诗词阅读暨书中人物景致寻访研学活动，来自全市的 35 名少年儿童报名参加了此次活动。研学活动后，韶山市制定了有创意、有特色的阅读研学笔记本。湘潭市岳塘区图书馆组织青少年前往湘西土家族苗族自治州开展"读万卷书、行万里路"书中人物景致寻访活动。湘乡市图书馆开展了"研读伟人传记、重走历史足迹"研学活动——读毛主席诗词、走毛主席求学之路，前往当年毛主席求学的湘乡市东山书院和毛主席生平纪念博物馆等地。孩子们在研学活动中更深地认识到革命的艰辛及新中国成立的不易，学习了毛主席为了求学坚韧不拔的精神和态度，收到了良好的效果。在爱国诗词书写活动及绘画作品创作活动中，韶山市图书馆组织了少年儿童读者中的美术爱好者开展"书中景致我来画"——庆祝新中国成立 70 周年绘画活动，组织少年儿童读者中的书法爱好者开展爱国诗词硬笔书写活动和"庆祝新中国成立 70 周年"软笔爱国诗词书写活动。湘乡市图书馆组织少年儿童读者前往湘乡市重点发展旅游景点——云门寺，并开展了"书中景致我来画"——庆祝新中国成立 70 周年绘画活动。在活动现场，寺内的僧人指导孩子们作画，也让孩子们对文化和历史有了更加深刻的了解。

湘潭县图书馆、岳塘区图书馆、雨湖区图书馆都组织了小读者参与爱国诗词书写活动。在书写过程中，感受民族之魂，在执笔起落间体会源远流长的中华文化魅力。此外，各县（市）图书馆也都纷纷围绕"庆祝新中国成立 70 周年"的主题开展了一系列阅读。韶山市图书馆举办了"花一样的童年"动手阅读、"腾飞的中国"主题图片展、"同心关爱　文化共建"图书捐赠等活动；湘潭市岳塘区图书馆与禾书吧分馆联合开展了庆祝新中国成立 70 周年故事分享会、"少年中国说"——爱国主题朗诵活动；湘乡市图书馆举办了"庆祝新中国成立 70 周年"朗诵名篇和美文活动。

"书香湘潭"2019 年全市少年儿童庆祝新中国成立 70 周年系列读书活动表彰会在春节前夕召开。此次表彰会对在这次系列活动中取得优异成绩的选手和指导老师进行表彰鼓励，对积极参与的单位和个人授予"先进集体奖"和"优秀阅读推广人"荣誉称号。

这些读书活动的开展极大地丰富了少年儿童的文化生活，在全社会形成了多读书、读好书的良好氛围和文明风尚。

## 三、广泛宣传，大力推广，引领少儿阅读新风尚

为扩大新中国成立 70 周年系列读书活动的影响面和参与度，除在传统媒体上进行宣传外，还充分发挥新兴媒体的特色，多管齐下进行宣传报道。通过网站（网易湘潭、湘潭在线）、移动互联网（QQ 群、微信群、微信公众号、朋友圈）等多个渠道以多种方式进行全面的宣传推广，使得活动影响力进一步扩大，营造浓厚的读书氛围。

同时，湘潭市图书馆积极对外联系。暑假期间，居委会和社区组织青少年到图书馆参加读书、社会实践、文化志愿者等活动，形成了家庭和社会共同推进的良好方式。此次活动也得到了家长和孩子们的喜爱与认可。很多家长在读者群留言，如有的家长表示参加此次韶山研学活动，孩子非常高兴，希望今后还能继续举办，继续参加；在观看暑假少儿培训班学生作业展后，家长发朋友圈展示自己孩子的作品，并对工作人员表示感谢，为孩子们展示提供了一个非常好的平台。

通过一系列宣传推广，活动影响力和传播范围得到了进一步拓展，在湘潭市图书馆、家庭以及社会的共同推动和参与下，少儿阅读习惯正逐渐形成，并引领着少儿阅读新风尚不断向前发展。

# 送书下乡　开启"红孩子游学营"

郕州市图书馆

为庆祝新中国成立 70 周年，倡导全民阅读，推动本市少儿阅读推广工作，郕州市图书馆以习近平新时代中国特色社会主义思想为指导，以中共湖南省委宣传部、湖南省精神文明建设指导委员会办公室、湖南省文化和旅游厅等单位关于开展《关于组织开展"书香湖南"第 38 届全省少年儿童庆祝新中国成立 70 周年系列读书活动的通知》文件精神为引领，组织全市开展了形式多样、丰富多彩的读书活动。活动增强了少年儿童的爱国意识，弘扬了爱国情怀，鼓舞了全市少年儿童在新时代新起点上树立服务祖国和人民的坚定信念，取得了实际效果，活动情况总结如下：

## 一、高度重视，积极筹备，精心组织

在 2019 年初召开馆长业务工作交流会时，馆长就一再强调此次活动的重要性，并作为当年初工作任务安排布置下去。郕州市图书馆接到省里文件通知后立即与相关部门协调，2019 年 7 月初正式出台由中共郕州市委宣传部等六部委联合签发的郕文体广新〔2019〕53 号文件，将活动内容及要求传达下去。为更进一步明确具体实施办法，相关工作人员建立了 QQ 群和微信工作群，及时准确发布信息，指导活动有序开展。尽管此次系列读书活动内容多样、形式多变、难度较高，但全市各县（市、区）图书馆坚决克服困难，排除万难，及时向相关部门汇报，向财政争取资金支持，并成立读书活动工作小组，制定具体活动方案，派专人负责，有计划且有步骤地全面开展读书活动。

## 二、主题鲜明、内容丰富、形式多样

### 1. 第六届儿童阅读节

2019 年 4 月 21 日是第 24 个世界读书日。由郴州市文化旅游广电体育局主办，郴州市图书馆、林州市福城志愿者协会承办的第六届"儿童阅读节"在五岭广场拉开帷幕，上千名学生和家长在活动现场的书海中遨游。郴州市人民代表大会常务委员会副主任欧阳建华出席活动。来自郴州市苏仙区第九小学、北湖区第二幼儿园等学校的孩子们表演了经典诵读节目，《少年中国说》《回乡偶书》《小雅·鹿鸣》等著名文学作品通过孩子们稚嫩的童音表达出来，显得格外亲切。阅读节是推动郴州软实力建设的重要措施之一，郴州自 2014 年以来已成功举办了五届儿童阅读节，受到了广大少年儿童和家长的热烈欢迎。虽然本次活动只有一天，但科普校园行、主题阅读体验、"21 天阅读成长计划"等一系列活动将在全市各小学持续开展。

### 2. 暑期亲子"悦读会"

郴州市图书馆利用暑期，选用"只为与美好相遇"系列、德国国宝级成长绘本系列，通过一个个蕴含着爱与正能量的故事，启发孩子开创美好的小世界，提高他们的情绪智能。10 场悦读会座无虚席，家长和孩子们积极性极高，暑期累计参与活动人数达到 500 余人次。绘本童话生动有趣，文字图画细腻优美，手工延伸活动紧扣故事主题，亲子阅读、亲子手工，每一场都是一个暖心的亲子聚会，我们用爱和温暖，点亮孩子的童年。期间还有两场"我和我的祖国"主题系列读书会，《半条被子》和《纸条儿和纸条儿》，讲述了两个源远流长的红军故事，让孩子们铭记党的奋斗历程，弘扬党的优良传统，传承红色基因，激发了他们的爱国主义热情。

### 3. "红孩子游学营"活动

为了让革命老区的孩子了解外面的世界，2019 年 5 月 31 日至 6 月 3 日，郴州市图书馆"春苗书屋"项目组携手桂东县东洛乡中心小学、流源乡中心小学、沙田镇第一完全小学联合举办了 2019 年"红孩子游学营"活动。这也是"红孩子游学营"系列活动的第四期。为期 4 天的活动行程被安排得满满当当，看 3D 电影、参观大学校园、吃西餐、玩魔方、体验特色课程等十多个丰富多彩的活动周到而细致，让孩子们兴奋不已。活动中，20 名"红孩子"被分成了 5个小组，分别到 5 个志愿者家庭感受家的味道。在活动的最后一天，"红孩子"来到郴州市第三完全小学，与该校学生开展了手拉手联谊活动，一起做美术手工、跳竹竿舞、踢足球，欢声笑语洒满了整个校园。近年来，郴州市图书馆"春苗书屋"与桂东县东洛乡中心小学、流源乡学校、沙田镇第一完全小学形成帮扶对接，多次捐赠图书，开展阅读推广讲座，组织开展"红孩子游学营"活动等，为红色革命老区的孩子们搭建通往知识世界的桥梁，从心灵上给予他们爱的滋养。

### 4. 我和我的祖国——"阅读红色经典，共建美丽郴州"图书馆宣传周活动

2019 年 5 月 25 日，在郴州市苏仙区福地广场，郴州市图书馆通过红色经典诵读、百种优秀书籍展等活动形式，用清新书香迎接中华人民共和国成立 70华诞。

### 5. 春苗书屋"快乐童行"夏令营活动

2019 年 7 月初，夏令营分别在桂东县、宜章县莽山乡、北湖区永春乡同时开营，三期共 22 天，丰富的课程设计和精彩的体验活动吸引了 360 名小学生积极参与。在结营仪式上，各个营地的小营员们都会背诵《孝亲颂》和《感恩词》，同时展示其他学习成果。夏令营旨在为孩子们提供阅读延伸活动，让他们充分亲近和感受自然，在团队中学会与人相处，在远离都市和父母的乡村学会独立，更好地体验成长的乐趣。

### 6. 庆祝新中国成立 70 周年"关爱留守儿童·点亮阅读人生"送书下乡活动

值此中国共产党成立 98 周年之际，为深入贯彻习近平新时代中国特色社会主义思想，贯彻落实党的十九大精神，推动"不忘初心牢记使命"活动走向深入，深化未成年人思想道德建设，2019 年 6 月 27 日，郴州市图书馆与永兴县图书馆携手走进永兴县金龟镇牛头小学，为孩子们带去精彩的绘本故事和绘本图书，让孩子们从小传承红色基因、筑牢精神支柱、坚定理想信念，听党话，跟党走，此次活动受到了学校孩子的欢迎。

### 7. 庆祝新中国成立 70 周年少年儿童爱国诗词书写活动

2019 年 9 月 13 日，郴州市图书馆组织开展 2019 年"迎中秋、庆国庆"少

儿爱国诗词书写暨作品展览活动。此次活动共展出书法作品 260 多幅，观展人员达 500 多人，并选送优秀作品参加省里的竞赛评选。

### 8. 阅读推广进社区活动

为丰富社区未成年人的精神文化生活，培养未成年人良好的阅读习惯，激发他们的读书热情，营造浓厚的假期读书氛围，2019 年 8 月 28 日，郴州市图书馆到白鹿洞街道东塔岭社区开展"关爱儿童，心手相牵"主题悦读会活动。此次活动有 20 对亲子家庭参加，加上 10 名志愿者，共计 50 人。活动向孩子们分享了绘本故事《自我保护》，教育孩子们在日常生活中应该在怎样的情况下大声说"不"来保护自己。随后郴州市图书馆组织了延伸活动扣子画"小青蛙"。此项活动还推广至全市各小区，让书香溢满社区，共建美好新郴州。

### 9. 郴州市其他县（市、区）读书活动

安仁县图书馆举行爱国主义专题教育系列活动，讲革命英雄事迹和红色故事，传承红色基因。为了让书香吹入乡村，让书籍伴随乡村的孩子们成长，苏仙区图书馆、安仁县图书馆开展送书进山区校园的延伸阅读活动，为农村的孩子开启一扇求知的窗口。郴州市图书馆、桂阳县图书馆、资兴市图书馆、安仁县图书馆、临武县图书馆等举行了"爱国诗词"书写活动，在活动中涌现出了一批优秀的爱国诗词小书画家；桂阳县图书馆、资兴市图书馆、安仁县图书馆、临武县图书馆等图书馆举办的"爱国诗词阅读暨书中人物景致寻访"研学活动影响深远。

## 三、稳步推进，效果显著，影响深远

郴州市图书馆组织文化志愿者参与到读书活动中，让志愿服务在阅读活动中发挥更加重要的作用，为活动的组织实施增添了新活力。假期是组织少年儿童进行阅读活动最适宜的时间，全市公共图书馆组织开展适应不同年龄段的少儿身心特点的公益阅读活动，搭建少儿阅读的平台。郴州市新闻媒体《郴州新报》和郴州市图书馆"春苗书屋"联合推出的"书香郴州"栏目，通过推介优秀书香家庭、书香少年，以榜样的力量推动少儿阅读工作，让家长和小读者们能更加体会到阅读的魅力，提升自身文化素养，感受文化的力量。

# 学习雷锋精神　提升文化修养

冷水江市图书馆

为了贯彻落实习近平新时代中国特色社会主义思想和党的十九大精神，扎实推动新时代全民阅读工作。根据《关于组织开展"书香湖南"第 38 届全省少年儿童庆祝新中国成立 70 周年系列读书活动的通知》（湘文公旅共〔2019〕56 号）精神，冷水江市图书馆紧紧围绕"庆祝新中国成立 70 周年"这一主题，精心策划并开展了形式多样、内容丰富的读书活动，努力营造出一种有利于少年儿童健康发展的文化氛围，取得了较好的社会效益。

## 一、领导重视，各界襄助

冷水江市委高度重视，加强领导，把"庆祝新中国成立 70 周年"读书活动列入重要议事日程，周密安排部署，精心组织实施，做到全民参与、全方位展开、全过程推进，确保活动办出实效。

## 二、"庆祝新中国成立 70 周年"系列读书活动内容

### 1. 少年儿童阅读服务特色品牌活动·月月精彩纷呈

（1）1 月——寒假公益读书会

2019 年 1 月 12 日，冷水江市图书馆在多媒体演示厅举办家庭教育公益读书会。在图书馆多媒体演示厅内，有 40 余人在聚精会神地聆听全国著名的致力于家庭教育研究的皇甫军伟老师讲解他所著的《家庭教育的捷径——以心养心》和《家长——如何引领孩子的成长》两本书。此次读书会活动，旨在让更多的孩子和家长从家庭教育中受益，使孩子们变得更自信、更自律，从而成长为德才兼

备的人。

（2）2月——"我们的中国梦——公共数字文化进万家"春节文化惠民系列活动

在2019年春节期间，为落实冷水江市文化和旅游部关于公共数字文化工程融合创新发展的工作部署，丰富节日期间人民群众的文化生活，营造欢乐祥和的节日氛围，服务基层人民群众，冷水江市图书馆开展了"我们的中国梦——公共数字文化进万家"春节文化惠民系列活动，包括"地方文化民俗庆新春"主题展播、免费送春联和"听赏群书·喜迎岁除"线下主题展览等活动。其中，在冷水江市图书馆多媒体演示厅开展的"地方文化民俗庆新春"主题展播活动中，有30余名读者观看了湖南省、江西省等地方文化民俗展播。此次主题展播活动可以共享丰富精品资源，培养公共数字资源阅读习惯，营造节日氛围，丰富和活跃群众文化生活，使公共数字文化工程融合创新发展服务工作，并惠及平民百姓。

冷水江市图书馆在信和广场旁的超市大厅开展了文化惠民免费送春联活动。活动大厅内人头攒动，热闹非凡，为求满意春联的人络绎不绝。现场20余名热爱书法的小读者饱含激情地为市民书写着一幅幅吉祥喜庆的春联。此次免费送春联活动已成为市图书馆公共文化服务的一个亮点活动，深受广大市民的好评和赞赏。

在冷水江市图书馆走廊中摆放着6块"文旅之声"频道资源宣传展板，读者通过扫描宣传展板上的二维码，即可在手机上观看海量的戏曲、评书、经典名著、人物传记、历史军事和生活百科等听书数字文化资源，为广大市民提供了丰富的文化大餐。

（3）3月——"我是雷锋家乡人湖湘文化送春风"文化志愿服务活动

2019年3月5日，冷水江市图书馆文化志愿者在冷水江市诺贝尔幼儿园开展"我是雷锋家乡人湖湘文化送春风"文化志愿服务活动，为该幼儿园小朋友捐赠绘本图书100余册，总价值1500余元。这些书涵盖文学、艺术等儿童喜欢的种类。为了进一步营造阅读氛围，市图书馆还将该幼儿园列为冷水江市图书馆"萤火虫"亲子阅读示范基地，不定期帮助和指导他们开展形式多样的亲子阅读活动，鼓励幼儿园小朋友从小养成多读书、读好书的良好习惯，从书本中享受阅读的快乐，健康成长，用知识报效祖国。

2019年3月21日，为了支援娄底市新化县青少年教育工作，关爱山区留守儿童，冷水江市图书馆向娄底市新化县阳光爱心志愿者协会捐赠图书3000余册，书立 62 个，总价值 6300 余元。这些图书涵盖政治、经济、教育、文学、艺术等类。此次捐书活动不仅为娄底市新化县留守儿童增加了新的阅读资源、开拓了他们的阅读视野、让留守儿童感受到了在书本中学习知识的乐趣，还能拓宽知识面、丰富想象力、提升创造力，帮助他们从小养成良好的阅读习惯，树立远大理想，成长为有用之才。

（4）4 月——"4·23"世界读书日系列活动

为了迎接第 24 届"世界图书和版权日"，进一步激发市民的读书热情，倡导全民阅读。2019 年 4 月 21 日，冷水江市第 24 届"世界读书日"全民阅读活动在冷水江市图书馆多媒体演播厅启动，来自全市各地不同年龄段的 100 余名读者参加了此次活动。

2019 年 4 月 23 日下午，冷水江市图书馆为沙塘湾街道办事处柳溪村图书室捐赠图书 100 余册，价值 2350 元，还赠送《农村科技文摘》100 余册。2019 年 4 月 27 日，冷水江市图书馆在多媒体演示厅举办家庭教育读书会，通过视频授课解读《孟子》智慧，有 80 余名热爱家庭教育的家长和老师参加了读书会。

近年来，冷水江市图书馆积极响应上级精神，组织开展了一系列主题鲜明、内容丰富、形式多样的全民阅读活动。此次世界读书日活动主题为"读经典、学新知、链接美好生活"。活动期间，高级教师李慧红带领全体读者诵读了《唐诗三百首》《亲爱的汉修先生》《全民阅读活动倡议书》等，其中《亲爱的汉修先生》导读互动把活动推向了高潮。此次活动通过小读者诵读、大屏幕播放、制作宣传海报与册页等多种方式，以文会友，踊跃发言，分享读书感悟，畅谈文学心得，真正做到了学有所思、学有所获。

从 2019 年 4 月开始至年底，冷水江市图书馆举行了一系列惠及读者的四大主题活动。即"送书下乡活动"、"锑都道德讲堂——志愿者讲师联盟公益讲座"、"同城共读"主题活动、"万卷共知"阅读竞争答题活动。活动倡导市民、家庭、单位和社区行动起来，普及全民阅读，从阅读中获得新知识，感受文字之美，养成人人"爱读书、读好书、善读书"的良好氛围。

（5）5 月——图书馆服务宣传周之"绿水青山就是金山"爱护祖国大好河山环保公益交流会

2019 年 5 月 11~12 日，冷水江市图书馆与"绿色潇湘"联合举办了为期两天的"2020 安全水源计划资江降锑行动"交流培训会。在会议上，来自资江沿岸 11 个团队的 30 多位伙伴齐聚"世界锑都"共同探讨资江降锑行动。在为期两天的培训与讨论中，各团队认真学习、充分讨论、轻松交流，并在不同观点的相互碰撞中总结了许多宝贵建议，这份努力能够推动多方合作并让资江降锑行动更好地持续下去。

"绿色潇湘"副秘书长廖思难回顾了绿色潇湘在资江降锑行动上采取的一系列行动及取得的成果，分享了2019年资江降锑行动的规划。针对威胁水源的涉锑企业要有专业的团队盯住其锑污染治理如期完成，从而使资江水源地锑含量下降。

"绿色潇湘"高级顾问梁海棠老师通过提问的方式引导各个地区的伙伴们回顾2018年围绕污染监督展开的一系列行动。各团队共同总结出过去一年参与资江锑污染监督的成果以及面临的7项挑战与困难。同时，梁海棠老师引导团队充分讨论后总结出了2019年锑污染监督的14个任务清单，从完成度、重要性和紧急性三个维度帮助大家做选择，让各个团队对自己2019年围绕锑污染监督要做的事有了更为清晰的认识。

闪星锑业冶炼厂厂长、高级工程师刘放云分享了锑冶炼过程中的污染防治措施。重点介绍了闪星锑业对废气、废水、废渣的外处理技术与方法。冷水江市环境保护局党组成员、总工程师、湖南省政府采购专家及土壤污染防治专家库专家李建胜介绍了锡矿山环境综合整治行动情况。

经过一天半的培训后，伙伴们来到锡矿山进行实地探访，参观了锡矿山展览馆、闪星锑业冶炼厂生产车间与烟气脱硫系统，对锑冶炼过程中的污染防治有了更直观的认识。两天的交流培训圆满结束后，大家满载着知识回到各自的家乡，为更好地推动资江降锑行动、共同守护资江贡献一份力量。

（6）6月——助力高考、中考、会考备考服务

2019年6月4日，在高考、中考、会考即将来临之际，为了满足全市备考学生的学习要求，冷水江市图书馆把综合阅览室、少儿阅览室、电子阅览室、多媒体演示厅、小会议室等作为备考学生的学习场地，并配备了新空调，提供免费茶水。这里的学习环境安静且舒适，是备考学生复习功课的好去处。

（7）7月——国学阅读分享交流会

2019年7月8日，冷水江市图书馆在多媒体演示厅举办《菜根谭》阅读分享交流会，来自全市各单位的10余名读书爱好者参加了阅读分享交流会。在阅读分享交流会上，大家畅所欲言，针对书中所喜爱的佳句，相互交流了阅读体会，认为《菜根谭》这本书对人的教益非同一般。

2019年7月21日，冷水江市图书馆在多媒体演示厅举办《家庭教育的捷径——以心养心》阅读分享交流会，来自全市热爱家庭教育读书活动的10余名爱好者参加了阅读分享会，畅谈和交流了学习心得体会。

《家庭教育的捷径——以心养心》这本书是全国著名教育实践家皇甫军伟

老师所著。皇甫军伟老师从儒释道及中医文化等文化哲学的高度介入家庭教育，精确地指出当下中国家庭教育的根本及化解之道。家庭教育的根本，就是家庭文化的传承。守住文化之魂，在文化的空间滋养心灵，修炼自己的教育状态，并将这种优秀文化沉淀传递给孩子，是教育的根本。皇甫军伟老师认为：目标的错位，心的离场，爱的缺失是现行诸多家庭教育问题的根源。家，理应是最了解孩子的地方，也是最理解孩子的地方。如果孩子是一条鱼，那么家庭教育的终极目标便是成就适合这条鱼生活并成长的水。一方水土养一方人，一家文化育一类心性特点的孩子。错位的家庭教育观会导致各式各样的家庭危机。家庭教育是"心事"，以心养心才是正确之途。只有当家庭文化给父母和孩子的心以贴实的归属，以心养心，以人育人，才能实现家庭教育之目标。

（8）8月——"爱国诗词阅读暨书中人物景致寻访"研学活动

为庆祝中华人民共和国成立70周年，增进青少年的爱国情怀，2019年8月17日，冷水江市图书馆在冷水江市邬氏书法院开展爱国诗词书写活动，来自全市各学校的20余名热爱书法的小朋友参加了此次活动。小朋友们聚精会神地书写下了老一辈革命家以及方志敏、夏明翰等烈士的诗句。

通过爱国诗词书写活动可以锻炼小朋友们的书法功力，了解老一辈革命家和革命烈士的丰功伟绩，激发他们的爱国热情，弘扬优秀传统文化，传承红色经典，为进一步提升他们的文学素养、规范书写奠定基础。

2019年8月18日，冷水江市图书馆组织自愿报名参加"爱国诗词阅读暨书中人物景致寻访"研学活动的20余名中小学生，参观锡矿山革命烈士纪念碑、锡矿山展览馆、军旅女作家谢冰莹故居等爱国主义教育基地。这是冷水江市图书馆积极响应"书香湖南·献礼新中国成立70周年"第38届全省少年儿童庆祝中华人民共和国成立70周年系列读书活动的举措之一，可以增强少年儿童对伟大祖国历史文化、仁人志士的热爱，激发少年儿童立志成才、报效祖国的崇高情志，并培养阅读习惯，体验阅读乐趣，营造阅读氛围。在革命烈士碑前，师生们排着整齐的队伍向革命烈士行三鞠躬礼，高唱《我们是共产主义接班人》，听讲解员讲述当年的战争故事；并向为解放锡矿山而牺牲的吴振宗、吕庭轩等9名革命烈士敬献鲜花，同学们表示要铭记先烈，继承先烈遗志，珍惜今天来之不易的幸福生活，不忘初心，牢记使命，认真读好书。在锡矿山展览馆，同学们参观了百年锑矿的发展历史，了解当年肖克、王震领导的红军部队在锡矿山发展革命队伍的情况。在军旅女作家谢冰莹故居了解了她的生平故事之后，小读者们认真朗诵了谢冰莹的作品《童年故事》。

(9) 9 月——入学季——关爱留守儿童献爱心活动

为充实农民图书馆的图书种类，丰富山区农民的阅读资源，提升山区农民的综合文化素养，2019 年 9 月 1 日，冷水江市图书馆组织文化志愿者到冷水江市利民村刘小玲农民图书馆配送图书 280 余册，总价值 2900 余元，内容涵盖科技、文学、艺术、政治、经济等方面。此次图书配送工作，进一步加强了农民图书馆建设，增加了农民图书馆的藏书量，是冷水江市图书馆延伸服务的一项举措，此举在丰富广大农民的阅读资源的同时，也对乡村文化建设和建设社会主义新农村起到了积极的推动作用，为引导农民、留守儿童形成"爱读书、读好书、善读书"的良好阅读习惯创造了条件。

## 2. "冷水江市——三湘少年儿童阅读之星"推选活动

为了进一步营造"书香锑都"的文化氛围，鼓励广大少年儿童走进图书馆、亲近图书馆，养成良好的阅读习惯，使图书馆成为中小学生课外实践活动的重要场所和求知乐园。冷水江市图书馆将从读者中寻觅第九届"三湘少年儿童阅读之星"候选人。此次评选活动旨在进一步营造冷水江市书香文化氛围。同时，通过少儿读者到馆的亲身经历，彰显新中国成立 70 年来我国图书馆事业发展的不凡成就。

2019 年 7 月第九届"三湘少年儿童阅读之星"活动正式启动。评选分初选、复选、终审三个环节，所有环节免费参与。组委会通过阅读记录、读后感、"我心中的图书馆"征文、"爱国诗词阅读暨书中人物景致寻访"研学活动或爱国诗词书写活动提交作品等方面综合测评出一批优秀选手进入 9 月举行的复选。那些通过复选的优秀选手会进入 10 月的终审，由组织专家进行评审，评选出第八届"三湘少年儿童阅读之星"及"阅读优秀个人"。截至 2019 年 9 月 23 日，全市近 10 所学校的近千名学生通过微信报名参与了此次活动。

## 3. 大力宣传推广，增强全民阅读影响力

2019 年 1~9 月，在图书馆报、娄底新闻网等 29 家媒体发布了全民阅读推广工作信息报道 40 篇，有力地推广了读书活动。

各项活动的开展激发了少年儿童的阅读热情，提高了他们的阅读道德素养，缩小了城乡孩子们的阅读差别，丰富多彩的阅读活动受到老师和家长的一致好评。

# 礼赞新中国　建设新湖南

邵阳市少年儿童图书馆

在党的十九大报告中习近平总书记指出："坚定文化自信，推动社会主义文化繁荣兴盛"，"文化是一个国家，一个民族的灵魂"，为了践行"弘扬中华优秀传统文化，继承革命文化，发展社会主义先进文化，培育和践行社会主义核心价值观，加强思想道德建设和群众性精神文明建设"要求，按照中共湖南省委宣传部、湖南省精神文明建设指导委员会办公室、湖南省文化和旅游厅、湖南省新闻出版局、共青团湖南省委、湖南省妇女联合会和湖南省关心下一代工作委员会下发的湘文公旅共〔2019〕56号《关于组织开展"书香湖南"第38届全省少年儿童庆祝新中国成立70周年系列读书活动的通知》工作部署，结合邵阳市实际情况及邵阳市少年儿童图书馆业务工作的特点，紧扣"庆祝新中国成立70周年"主题，邵阳市少年儿童图书馆组织全市广大少年儿童通过阅读、鉴赏、分享、交流、创作等形式，举办了丰富多彩、形式多样、创意新颖、生动活泼的少儿活动，并取得了良好效果，现将活动情况总结如下：

## 一、领导重视，组织精心，统一部署，准备充分

邵阳市少年儿童图书馆按照湘文公共〔2019〕56号活动通知部署，对全市少儿系列读书活动进行了精心策划、全面安排和认真落实。邵阳市少年儿童图书馆领导对"书香湖南"第38届全省少年儿童庆祝新中国成立70周年系列读书活动高度重视，并逐级对邵阳市文化旅游广电体育局、邵阳市财政局、中共邵阳市委宣传部的分管领导作了专题汇报，把"培育和践行社会主义核心价值观，加强少年儿童思想道德建设和精神文明建设"与"庆祝新中国成立70周年"系列读书活动紧密结合，作为当前工作的重中之重，并对活动做了周密部

署，制定了《庆祝新中国成立70周年——邵阳市少年儿童图书馆2019年系列读书活动工作计划》，把这项工作列入重要议事日程，成立了相应的领导小组，由馆长亲自负责、组织、协调、指导系列活动，支部书记、副馆长具体抓落实，为搞好这项工作提供了强有力的组织保证。

## 二、广泛宣传，发动全市，营造氛围，助力活动

在做好规划工作之后，邵阳市少年儿童图书馆开始部署宣传活动，并发动各县（市、区）图书馆配合开展宣传活动，做好当地活动准备工作。各社区、学校图书馆在馆舍内外张贴、悬挂大幅标语，激励更多少年儿童参与活动。邵阳市少年儿童图书馆还通过报社、电视台、交通频道、红网等媒体协助，利用微信公众号等平台，大力宣传"庆祝新中国成立70周年"系列读书活动。

## 三、围绕主题，精心策划，活动丰富，效果显著

### 1. 少儿图书馆社科普及进校园活动

2019年5月14日上午，"礼赞新中国·奋进新时代·建设新湖南"——2019年少儿图书馆社科普及进校园活动在邵阳市大祥区市沙井头小学举行。学校全体师生与邵阳市少年儿童图书馆的文化志愿者近千人共同参加了该项活动。活动现场通过展架、图片、宣传单等宣传形式，向同学们传播社会科学知识，其中既有关于老子、庄子等数十位古圣先贤的生平介绍与思想解说，也有诸如邵阳市的今夕发展变化情况等现代科学内容，把贯彻学习习近平新时代中国特色社会主义思想不断引向深入，提高孩子们的人文社科素养，为建设富饶美丽幸福新湖南营造良好氛围。

此次活动还对全国道德模范的事迹进行了展览宣传。学生们在老师和志愿者的带领和解说下，认真细致地阅读宣传内容，不时地相互交流和讨论，现场气氛十分活跃。五年级93班颜好同学说：我觉得我国的历史博大精深，我们祖国有日新月异的变化，我们还要学习道德模范，助人为乐，现在好好学习，长大以后为祖国干出一番惊天动地的事业。

此次活动由湖南省社会科学普及宣传活动组委会办公室主办，邵阳市少年儿童图书馆承办，邵阳市大祥区沙井头小学协办，旨在把学习习近平新时代中国特色社会主义思想不断引向深入，为庆祝新中国成立70周年、提高学校师生

的人文社科素养、建设富饶美丽幸福新湖南新邵阳营造良好的氛围。邵阳市少年儿童图书馆馆长周任飞说：社科普及进校园活动非常有意义，可以引导帮助学生树立正确的人生观、世界观、价值观，帮孩子扣好人生第一粒扣子，对于健全学生人格、促进学生全面发展、提高学校师生人文素养、营造文明和谐的校园文化、弘扬社会主义价值观、传承中华传统美德等，都有着重要的意义。

### 2. 我为祖国点赞校园演讲大赛活动

70 年前，新中国宣告成立，70 年间，祖国发生了翻天覆地的变化。为了弘扬爱国主义精神，激发学生强烈的社会责任感和历史使命感，2019 年 6 月 1 日上午，邵阳市少年儿童图书馆在多媒体会议室举行了以"礼赞新中国·奋进新时代·建设新湖南——2019 年我为祖国点赞"为主题的校园演讲大赛。

此次大赛共有 22 名选手参加，年龄最小的选手只有四岁。演讲中，小选手们以饱满的热情，昂扬的精神，结合演讲主题和自身经历，如有的以成长轨迹为点，有的以家乡建设为线，娓娓讲述了祖国母亲站起来、富起来、强起来的奋斗历程，并从祖国的历史悠久、地大物博、风景秀丽、科技发达、家乡巨变等方面为祖国点赞，给在座的 100 多名听众带来了一次又一次精神上的洗礼。

根据比赛的评分标准，评委们认真评分，最后有四名选手获得一等奖，两名选手获得最佳风采奖。这次演讲比赛不仅锻炼了孩子们的综合能力，展示了他们的才华，还激发了同学们的爱国热情，提高同学们对祖国的认识，提高民族自信心和自豪感，让他们更积极主动地投身学习，为实现中国梦努力奋斗。

### 3. 少年儿童图书馆经典诵读体验推广活动

为充分挖掘端午节深厚文化内涵，感受传统文化的魅力，增强爱国爱乡情怀，2019 年 6 月 6 日上午，由邵阳市文化旅游广电体育局和邵阳市广播电视台主办，邵阳市少年儿童图书馆承办的以"粽香传情·爱国端午"为主题的"读给你听"经典诵读活动在邵阳市少年儿童图书馆二楼多媒体会议室举行，近百名读者参加了此次朗读体验活动。

此次活动首先在一曲《我和我的祖国》大合唱中拉开了序幕，接下来，20 名读者依次进入朗读环节，朗读的篇目有《满江红》《我骄傲我是中国人》《歌颂祖国》等。朗读结束后，读者们一起交流了对祖国变化的感受。邵阳市少年儿童图书馆的志愿者还为每个参加活动的读者送去端午的粽子和纪念画册。

同时，在一楼大厅，有 30 多名志愿者参加了包粽子民俗文化活动，志愿者们拿起粽叶，填塞糯米，捆绑动作一气呵成。他们共包出了 1000 多个粽子，并将包出的粽子送给每个参加活动的读者。

## 4. "观看爱国主义影片 弘扬爱国主义精神"主题活动

为庆祝新中国成立 70 周年,强化未成年人社会主义核心价值观体系教育,加强未成年人的思想道德教育,培养未成年人的爱国情怀。2019 年 8 月 6 日,邵阳市文化旅游广电体育局组织邵阳市少儿图书馆、邵阳市北塔文物管理所、邵阳市电影发行放映公司联合开展未成年人"观看爱国主义影片 弘扬爱国主义精神"主题活动。

活动当天上午,20 名"小小志愿者"在邵阳市文化旅游广电体育局志愿者的陪同下参观了全国重点文物保护单位邵阳北塔和市级文物保护单位廖耀湘公馆,邵阳市北塔文物管理所的工作人员向小朋友们讲解了邵阳北塔的历史以及抗日名将廖耀湘的光辉事迹。小朋友们一边倾听讲解,一边参观廖耀湘公馆内的图片展,对邵阳历史以及英雄人物表现出浓厚兴趣。参观完毕后,在邵阳市少年儿童图书馆内,50 多名"小小志愿者"观看了爱国主义电影《新地雷战·神勇小子》,进一步感受抗战的艰辛历史,接受爱国主义熏陶。活动完成后,邵阳市少年儿童图书馆还为每个"小小志愿者"发放了纪念品。

## 5. "爱国诗词阅读暨书中人物景致寻访"研学活动

为庆祝新中国成立 70 周年,增强本市少年儿童的爱国意识,弘扬爱国情怀,鼓舞少年儿童在新时代新起点上树立服务祖国和人民的坚定信念,2019 年 8 月 11 日上午 9 时,邵阳市少年儿童图书馆组织 50 多名中小学生在图书馆多媒体会议室举办庆祝新中国成立 70 周年系列读书活动之"爱国诗词阅读暨书中人物景致寻访"研学活动。此次活动由中共湖南省委宣传部、湖南省精神文明建设指导委员会办公室、湖南省文化和旅游厅等七家单位共同主办,邵阳市少年儿童图书馆、邵阳广播电台"飞扬 928"音乐频道承办。学生们通过爱国诗词朗诵、讲英雄人物故事等多种表演形式,寻访爱国诗词图书(诗词)中的人物和景致,活动后期还通过借阅研读馆藏爱国诗词图书,撰写心得体会和绘画书法等多种形式,领略爱国诗词图书蕴含的高尚情怀和境界,加深对伟大祖国大好河山、历史文物、名人志士的热爱,激励同学们励志成才,报效祖国。

活动结束后,邵阳市少年儿童图书馆还为每个参加活动的同学发放了《诗词的力量》《毛泽东诗词鉴赏》等书籍。

## 6. 少儿读书成果展示之献礼新中国 70 华诞活动

2019 年 9 月 28 日上午,邵阳市少年儿童庆祝新中国成立 70 周年系列读书活动成果展示在市少年儿童图书馆举行。活动汇集了书画摄影作品和歌舞朗诵等文艺节目，充分展示了邵阳市少年儿童积极向上的面貌和对祖国的深情热爱。

此次活动由中共邵阳市委宣传部、邵阳市文化旅游广电体育局主办，邵阳市少年儿童图书馆承办。现场展览了邵阳市少年儿童为庆祝新中国成立70周年而创作的优秀书画作品和爱国诗词阅读暨书中人物景致寻访活动中留下的书法、美术、摄影作品。同时以文艺演出的形式，组织来自各中小学校、幼儿园的孩子们，通过诗朗诵、吉他弹唱、古筝演奏、舞蹈、合唱、舞台剧等艺术形式展示书香风采，传递爱国情操。

此外，为提高全市少年儿童思想道德和科学文化素质，邵阳市少年儿童图书馆以"书香湖南·书香邵阳"为主题，组织开展了全方位、多层次的少儿系列读书活动，取得了丰硕的成果。2018年在"书香湖南·共创共享儿童阅读新时代"系列活动中，邵阳市少年儿童图书馆获湖南省少年儿童"书中人物化妆表演"活动组织奖、湖南省"少儿故事大王"大奖赛组织奖、第37届全省少年儿童系列读书活动阅读活动奖。

# 提升文化底蕴　营造书香氛围

永州市图书馆

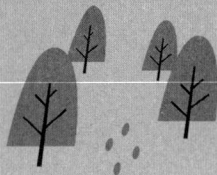

根据中共湖南省委宣传部、湖南省精神文明建设指导委员会办公室、湖南省文化和旅游厅等部门印发的《关于组织开展"书香湖南"第 38 届全省少年儿童庆祝新中国成立 70 周年系列读书活动的通知》精神和要求，永州市认真组织开展了"书香永州"第 38 届全市少年儿童庆祝新中国成立 70 周年系列读书活动。此次活动由中共永州市委宣传部、永州市文化旅游体育局等部办委局联合主办，永州市图书馆具体承办，历时 6 个多月，影响人数达数万人次，取得了良好的社会效益。现将活动开展情况总结如下：

## 一、加强组织领导，积极宣传发动

活动开展之初，永州市、县两级文化旅游广电新闻出版局便成立了活动领导小组和读书活动办公室。根据活动文件做了严格的要求，进行科学筹划，责任到人，确保活动按期保质完成。永州市各县（区）图书馆根据文件要求，精心安排组织，不仅通过网站、板报、微博、微信、横幅等多种途径进行广泛宣传，还利用节假日到政府机关、企事业单位、学校、农家书屋等地，组织广大少年儿童参加本次读书活动。

## 二、卓有成效地组织开展系列读书活动

在永州市图书馆的组织下，永州市绝大部分县（区）图书馆开展了少年儿童读书活动。参与活动的各县（区）图书馆根据活动文件精神，主动汇报，积极争取经费支持，广泛发动，精心组织，开展了"爱国诗词阅读暨书中人物景致寻访"系列研学活动及研学成果竞赛、少年儿童阅读服务特色品牌活动、少

年儿童阅读服务精彩案例征集活动、少年儿童阅读服务主题培训活动、第九届"三湘少年儿童阅读之星"推选活动。

永州市图书馆特邀专家评委对"书香永州"第38届全市少年儿童庆祝新中国成立70周年系列读书活动中各县（区）图书馆推选的参赛作品、先进集体和精彩案例进行评选，评选出了"爱国诗词阅读暨书中人物景致寻访"研学成果获奖作品，一等奖17名、二等奖34名、三等奖61名；"三湘少年儿童阅读之星"（市级）8人、"优秀阅读推广人"（市级）15人；先进集体6个、精彩案例6个、优秀推广人15个。整个活动在市（县）电视台、省（市、县）文化网、市（县）新闻网等新闻媒体进行多次报道。

## 三、读书活动的成效和影响

此次读书活动有效培育了少年儿童养成良好的阅读习惯，丰富了他们的文化生活，激发了他们的阅读兴趣。此次读书活动进一步扩大了图书馆在社会上的影响力，通过活动的开展，不仅让学生、家长和社会公众可以更多地了解图书馆，走进图书馆，还促进了政府对图书馆事业的投入，让图书馆可以把握机遇，通过举办读书活动争取更多的经费支持。

# 欢乐潇湘  幸福衡阳

衡阳市少年儿童图书馆

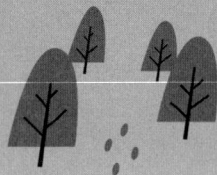

为庆祝新中国成立 70 周年，深入推进改革开放，倡导全民阅读，讴歌伟大祖国的繁荣富强，歌颂勤劳勇敢的中国人民的奋斗历程，增强少年儿童的爱国意识，弘扬爱国情怀，鼓舞他们在新时代新起点上树立服务祖国和人民的坚定信念，实现美好远大的理想而不懈奋斗这一指导思想，根据中共湖南省委宣传部、湖南省精神文明建设办公室、湖南省文化和旅游厅等单位下发的《关于组织开展"书香湖南"第 38 届全省少年儿童庆祝新中国成立 70 周年系列读书活动的通知》湘文旅公共〔2019〕56 号文件，结合本市《关于组织开展"欢乐潇湘·幸福衡阳"暨"我和我的祖国·庆祝建国 70 周年"系列公共文旅活动的通知》文件的精神，制定了 2019 年衡阳市少年儿童系列读书活动实施方案，并认真组织部署本次少年儿童系列读书活动。

## 一、领导重视、组织明确、部署有效

2019 年 7 月，衡阳市少年儿童图书馆接到省里文件后，立即制定好实施方案上报市局，得到了领导重视并将本次活动纳入《关于组织开展"欢乐潇湘·幸福衡阳"暨"我和我的祖国·庆祝建国 70 周年"系列公共文旅活动的通知》方案中。此次活动成立了由衡阳市文化旅游广电体育局局长王郦君为组长，副局长吴建波为副组长，衡阳市文化旅游广电体育局公共服务科科长廖亚楼、衡阳市少年儿童图书馆党支部书记兼馆长李赛虹、衡阳市图书馆馆长刘忠平和党支部书记申国亮为成员的市读书活动领导小组。各县（市、区）也相继成立了活动领导小组，如常宁市、衡东县、祁东县等。

2019 年 7 月中旬，衡阳市图书馆在六楼会议室召开了 2019 年公共图书馆工作会议。会上，市局领导对各公共图书馆进行了相关工作部署，衡阳市少年儿童图书馆馆长李赛虹对实施方案进行了说明，保障了活动顺利开展。

## 二、活动丰富、成绩显著、合作广泛

衡阳市少年儿童图书馆及各县（市、区）图书馆紧紧围绕"庆祝新中国成立70周年"主题，开展以书目推荐、专题讲座、诵读表演、书法绘画、组织集体与自行寻访研学相结合等形式进行阅读活动。同时，衡阳市少年儿童图书馆充分利用公共图书馆、学校、社会机构、微信公众号、网站、新闻媒体等线上与线下方式，形成了立体化活动特点。衡阳市少年儿童图书馆及各县（市）图书馆开展的系列研学活动及主题阅读活动达60多场次，参与人次近4000人，各级媒体报道70多次，全市共有研学作品（含研学笔记、书写作品、绘画作品、摄影作品）1232份，活动成果丰硕。其中，各县（市、区）上报市里优秀作品148份，参评市"阅读之星"选手材料47份，先进集体材料10份，精彩案例2份，阅读推广人3名。活动对广大少年儿童爱国教育起到了有效宣传推广效果，加深了对美丽家乡的热爱，增强了对伟大祖国的爱国情怀。

### 1. "爱国诗词阅读与寻访" 研学活动

2019年8月10~11日，衡阳市少年儿童图书馆组织来自本馆及各县（市、区）的28名优秀小读者开展庆祝新中国成立70周年系列读书活动之"爱国诗词阅读与寻访"研学活动。小读者们在骄阳似火的日子里走进长沙，在橘子洲头、爱晚亭、湖南省少年儿童图书馆、长沙市图书馆等地开展研学寻访。通过寻访爱国诗词图书（诗词）中的人物和景致，以及湖南省内具有代表性的公共图书馆，以研读馆藏爱国诗词图书、撰写心得体会、绘画书法创作等多种形式，让孩子们领略爱国诗词图书蕴含的高尚情怀和境界，加深对伟大祖国大好河山、历史文化、名人志士的热爱，激励孩子们立志成才、报效祖国。

在研学过程中孩子们勤于思考、好于学习、自主自立地完成了全部研学课程。在橘子洲青年毛泽东雕像下集体朗诵了毛主席的经典诗词；在岳麓山下寻访杜牧的七言绝句《山行》中的诗句"停车坐爱枫林晚"；在毛泽东青年时代与蔡和森聚会纵谈时局，探求真理的爱晚亭下畅谈理想；在湖南省少儿图书馆和长沙市图书馆分别体验了高新科技的技术与服务。衡阳市蒸湘区船山英文学校李沅璋说：向革命前辈学习，今后多关心国家大事，为祖国贡献自己的力量。通过组织少年儿童寻访爱国诗词中的人物和景致，加强了对少年儿童的爱国主义教育。

衡阳市各县（市、区）图书馆根据本地实际情况，积极开展了各自的集体研学活动，组织读者寻访本地的爱国人物与景致。耒阳市图书馆联系枫林书苑和艺术培训学校推选了 20 名中小学读者开展研学活动。活动参观了爱国诗人杜甫纪念地：杜甫公园及杜甫墓、诗词碑廊、杜甫陈列展等景致，在杜甫雕像前，组织中小学读者现场朗诵杜甫爱国诗词，大家通过朗诵，对诗词中的思想内容有了更深入的理解与认识。2019 年 8 月 13 日，祁东县图书馆组织 17 名优秀读者在祁东革命烈士纪念碑、衡宝战役烈士纪念碑和曹炎烈士墓前列队缅怀革命先烈。在陶铸纪念馆，小读者们认真聆听导游讲解陶铸同志的生平事迹，感受革命前辈历经磨难、百折不回的革命精神，激发少年儿童立志成才、报效祖国的崇高情志。2019 年 8 月 21 日，石鼓区图书馆与八一童军联合组织"爱国诗词阅读暨书中人物景致寻访"研学活动。38 名小读者依次参观了石鼓区图书馆、衡阳抗日英雄纪念碑、衡阳市图书馆、衡阳市少年儿童图书馆和衡阳市虎形山国防教育基地五个地点。活动通过听讲英雄故事《衡阳保卫战》，品读《念我故乡》《衡阳八景》《少年中国说》等爱国诗词，借阅研读馆藏爱国诗词图书、撰写心得体会、绘画书法等多种形式，领略爱国诗词图书蕴含的高尚情怀和境界。

衡阳市少年儿童图书馆与各县（市、区）图书馆积极组织的爱国诗词研学活动，让学生们亲身实地的寻访爱国书籍里面的人物和情景地点，丰富了他们的阅读体验，更好地感受到衡阳这座城市的爱国人文历史魅力。

## 2. "阅读之星"及先进典型推荐评选活动

从 2019 年 7 月开始，活动历时 3 个多月，衡阳市少年儿童图书馆共收到来自全市 12 个县（市、区）图书馆推选的 47 名优秀读者评选材料及研学作品 148 份，衡阳市读书活动领导小组成立专家评委组进行衡阳市少年儿童"阅读之星"及研学作品奖项评定工作，评委组根据评选规定和要求评定，分别评出衡阳市"阅读之星"奖 12 名，衡阳市"阅读优秀个人"奖 12 名，衡阳市"阅读之星提名"奖 10 名，并按研学笔记，书法作品及绘画作品类别评出单项奖。其中，曹沐菡、李允言、周雨茜等 8 名衡阳市"阅读之星"将代表衡阳市参加省"阅读之星"的评比。

同时，根据各县（市、区）上报的先进典型材料，衡阳市读书活动领导小组成员认真组织评选。评选出先进集体 6 个，分别为：衡阳市少年儿童图书馆、衡南县图书馆、祁东县图书馆、常宁市图书馆、衡南县图书馆、石鼓区图书馆。精彩案例 2 个，分别来自：南岳区图书馆、耒阳市图书馆。阅读推广人 3 名，分别为：李艳、谢敏、陈百英，并上报推荐到省活动小组参加省评。

### 3. 主题相关阅读活动

衡阳市少年儿童图书馆及各县（市、区）围绕"庆祝新中国成立 70 周年"这一主题，开展了多场主题阅读活动，活动形式丰富多彩，如让少年儿童阅读爱国书籍。少年儿童通过参与这些活动加深了阅读感受，抒发了爱国情怀。

衡阳市少年儿童图书馆在 2019 年 8~10 月开展了一系列"庆祝新中国成立 70 周年"主题阅读活动——"爱国书籍新书推荐"、"爱国诗歌诵读"活动、"迎国庆——新中国 70 周年"手抄报我来画活动、"爱祖国"军事模型制作、"礼赞伟大祖国 70 岁"暨喜迎中秋亲子手工灯笼、"书籍里那些爱国故事"读书会等 8 场活动，共有 426 人参与，收到阅读心得、手抄报、模型等作品 187 份，省、市各级报刊和网媒报道共计近 10 篇，系列活动得到了广大读者的喜爱和家长们的称赞，为新中国 70 岁生日喝彩。

衡阳市少年儿童图书馆及各县（市、区）图书馆积极开展了围绕主题的各类活动，如衡阳县图书馆举办的"爱国电影展播活动"中精选了 8 部电影进行播放，让读者在视觉感受中获得知识和感悟，参观的学生达到 264 人次；爱国诗词知识竞赛 9 场，有 493 人次参加，"我心中的图书馆"征文比赛有 605 人参加，"少年儿童诗词诵读比赛"有 180 人次参与。2019 年 7 月底，衡阳市南岳区开展了"庆祝新中国成立 70 周年"经典美文诵读比赛，全区 200 多名学生参加，在朗诵中，诵出对祖国的爱国之情。2019 年 7 月，衡阳市少年儿童图书馆在馆内及书画院举办了"庆祝新中国成立 70 周年·书中景色我来画"书画活动。2019 年 8 月，举办"庆祝新中国成立 70 周年"主题新书展览活动，学生们纷纷在图书馆阅读主题红色书籍和连环画。2019 年 8~9 月衡阳市图书馆组织了"阳光少年心向党"剪纸活动和播放"庆祝新中国成立 70 周年"红色电影活动。

本次系列读书活动得到了少年儿童与社会各界的广泛支持，获得了实际效果，社会反响热烈，活动成果丰硕。少年儿童通过参与活动，爱国精神得到了潜移默化的影响和教育，产生了自豪感和爱国主义情思。此次活动还可以陶冶少年儿童的性情，培养他们良好的爱国情操，为今后建设美丽幸福新衡阳发挥其作用。

# 解读爱国诗词　礼敬传统文化

益阳市图书馆

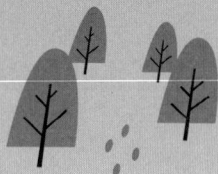

　　根据中共湖南省委宣传部、湖南省文化厅等部门印发的《关于组织开展"书香湖南"第38届全省少年儿童庆祝新中国成立70周年系列读书活动的通知》（湘文旅公共〔2019〕56号），2019年7月益阳市委宣传部、益阳市精神文明建设办公室、益阳市文化体育广电新闻出版局等七部委联合签发了《关于组织开展"书香益阳"第38届全市少年儿童庆祝新中国成立70周年系列读书活动的通知》（益文旅广体发〔2019〕24号）。益阳市图书馆为庆祝中华人民共和国成立70周年，深入推进改革开放，充分发挥少年儿童在推进全民阅读中的作用，2019年6月至9月初认真组织、发动、策划、部署，通过阅读、鉴赏、分享、交流、创作等形式开展了"书香益阳"第38届全市少年儿童庆祝新中国成立70周年系列读书活动，其中，益阳市各县（市、区）组织5000多名中、小学生参加了"爱国诗词阅读暨书中人物景致寻访"研学活动、爱国诗词书写活动、第九届"三湘少年儿童阅读之星"评选等系列读书活动，得到了广大学生、家长、老师的好评，取得了良好的社会效应，现将活动总结如下：

## 一、领导重视，明确责任，确保活动顺利开展

　　2019年6月中旬，益阳市图书馆接到通知后，立刻成立了益阳市读书活动组委会，并制定了活动计划和方案，对活动进行详细分工、明确到人，以确保活动有序开展。读书活动小组首先向中共益阳市委宣传部等七部委相关领导汇报了"书香湖南"第38届全省少年儿童庆祝新中国成立70周年系列读书活动通知的文件精神，然后联合中共益阳市委宣传部等七部委签发了益文旅广体发〔2019〕24号文件。2019年7月，读书活动组委会及时将电子文件和纸质文件发放给益阳市各县（市、区）图书馆，全面部署，把活动开展的情况列入各单

位目标考核之中，以确保此次读书活动顺利进行。

## 二、充分利用馆藏资源，开展中华人民共和国成立70 周年活动

为讴歌伟大祖国的繁荣富强，歌颂勤劳勇敢的中国人民的奋斗历程，增强少年儿童的爱国意识，弘扬爱国情怀，从 2019 年 6 月接到文件通知以来，益阳市图书馆充分利用图书馆网站、微信、QQ、展板、电子屏、讲座等多种渠道大力宣传活动意义，多次在馆内、馆外发动全市少年儿童积极参加活动，吸引他们充分利用图书馆资源，树立服务祖国和人民的坚定信念。

### 1. 设立红色书目专题推荐

益阳市图书馆在馆内综合阅览室、少儿室内设立了红色书目专题推荐书柜，并张贴醒目标志，方便青少年读者查找、借阅图书。活动期间，推荐书籍的借阅册次达到了万余册，借阅人次达到了上千人。益阳市图书馆还借助本馆网站、微信、馆内宣传栏进行相应的书目推荐活动，并对少年儿童进行了爱国主义系列主题书籍阅读辅导，帮助他们撰写阅读笔记交流心得。同学们通过借阅和研读馆藏爱国诗词图书，进一步领略了爱国诗词图书蕴含的高尚情怀和境界。

### 2. 邀请知名专家来馆开展"爱国诗词"专题讲座

自活动开展以来，益阳市图书馆特邀知名专家来馆为本市读者和各县（市、区）馆员进行爱国专题讲座 10 余场，如刘品佳"解读爱国诗词彰显少年爱国情怀"、钱建国"礼敬中华优秀传统文化——家庭教育系列讲座"、邓亚伦"少年强则国强——益阳本土爱国故事"、柳不依"爱国主义诗词解读及书法讲座"等，系列爱国主义诗词讲座的开展提升了益阳市青少年读者的阅读品味，丰富了孩子们的精神文化生活，增强了他们对祖国的热爱之情和民族自豪感，使他们更加懂得珍惜今天来之不易的幸福生活。孩子们纷纷表示一定要坚定正确的理想信念，爱国、爱党、爱社会主义，用英雄们顽强不屈的精神激励自己学好科学文化知识，为实现中华民族的伟大复兴而努力奋斗。

### 3. 开展寓教于乐的爱国诗词诵读、演讲、征文比赛和手工诗词活动

为了引导广大学生深刻认识新中国成立 70 周年，追忆新中国的奋斗历程，

赞美祖国的大好河山，讴歌祖国五千年文明和中华民族自强不息的精神，2019年6月至9月初，益阳市图书馆在全市开展了庆祝中华人民共和国成立70周年主题征文活动，共收论文200余篇。2019年6月21日，益阳市图书馆联合赫山区迎宾小学开展了以"新时代好少年我为祖国点赞"为主题的演讲与朗诵比赛，30多名学生紧紧围绕活动主题，以饱满的热情，昂扬的精神状态，展现了祖国日新月异的变化和祖国母亲的奋斗历程，加深了同学们对祖国的深爱之情。2019年8月28日上午，益阳市图书馆的志愿者老师为益阳市50多对家长开展了《中华人民共和国成立70周年爱国诗词诵读》活动，让家长们领略了爱国诗词的内涵。2019年9月14日上午，益阳市图书馆组织30多对亲子家庭一起开展了中秋节话诗词手工活动，通过对诗词歌赋的诵读、理解以及手工古诗挂件的制作，让在场的亲子家庭感受到了浓浓乡情和诗歌的文化魅力。爱国诗词诵读、演讲、征文比赛和手工诗词活动加深了广大少年儿童对伟大祖国大好河山、历史文物、名人志士的热爱，激励了同学们争做新时代好少年的决心与信念，他们纷纷表示一定努力学习，为实现中华民族伟大复兴的中国梦不懈追求，砥砺前行。

## 三、组织各县（市、区）开展儿童阅读服务特色品牌活动

### 1. "爱国诗词阅读暨书中人物景致寻访"研学活动

为了加强对青少年的爱国主义教育，引导青少年树立正确的人生观和价值观，增强民族自信心和自豪感，2019年7月26~28日，益阳市图书馆组织全市40多名中小学生参加暑期研学夏令营活动。活动内容丰富多彩，开展了阅读推广和红色书目推荐解读讲座、少年强则国强——益阳本土爱国系列故事、爱国主义诗词解读及书法讲座，播放了爱国主义电影《建国大业》，并带大家一起寻访了爱国主义教育基地胡林翼陈列馆和丰堆仑革命旧址。在三天的集中学习期间，同学们互相交流了阅读心得，深入体验了阅读带来的乐趣。此次研学夏令营活动的开展拓展和丰富了本市青少年学习的空间，增加了他们的爱国意识，弘扬了爱国情怀。

### 2. 爱国诗词书写活动

为勉励少年儿童读者精读爱国诗词，研习中国书法，弘扬爱国情怀，2019

年7~8月，益阳市图书馆积极组织本市少年儿童踊跃创作，书写了爱国诗词书法作品百余幅，献礼新中国成立70周年。活动现场，孩子们聚精会神地书写了老一辈革命家以及先烈们的诗句，在一笔一画中，孩子们写出了对先烈们的崇敬和祖国的热爱。此次活动旨在引导少年儿童阅读爱国诗词、弘扬爱国情怀、传承传统文化，了解老一辈革命家和革命先烈们的丰功伟绩，激发少年儿童的爱国心，从小树立热爱祖国和党的坚定信念，为实现伟大的中国梦自强不息。

### 3. 第九届"三湘少年儿童阅读之星"评选活动

为鼓励广大青少年儿童走进图书馆，亲近图书馆，接受图书馆的阅读指导和服务，使图书馆成为益阳市中小学生课外实践活动的重要场所。"三湘少年儿童阅读之星"评选主要从候选人的借阅量、阅读笔记、读书心得体会等方面测评中小学生的阅读能力，从而激发学生们的读书兴趣。益阳市图书馆积极组织益阳市少年儿童参与全省"三湘少年儿童阅读之星"评比活动，通过择优评选，益阳市高新区玉谭学校学生何籽言同学作为益阳少年儿童优秀代表参加全省第九届"三湘少年儿童阅读之星"的评比。

此次庆祝中华人民共和国成立70周年系列读书活动中，益阳市图书馆通过电视、网站、微信公众平台等多种渠道及时对活动的开展进行了报道，营造了良好的活动氛围，进一步提高了益阳市图书馆的公共文化服务能力。益阳市图书馆作为青少年教育的第二课堂，也会充分利用丰富的馆藏资源，以讲座、阅读分享会、展览、征文、演讲等寓教于乐的方式服务、引导和鼓励更多的儿童在新时代新起点上树立服务祖国和人民的坚定信念，为实现美好远大理想而不懈奋斗。

# 共沐书香  悦享好书

岳阳市图书馆

根据中共湖南省委宣传部、湖南省精神文明建设指导委员会办公室等七个部门联合下发的《关于组织开展"书香湖南"第 38 届全省少年儿童庆祝新中国成立 70 周年系列读书活动的通知》文件精神以及岳阳市文化旅游广电局发布的《关于组织开展"书香岳阳"全市少年儿童庆祝新中国成立 70 周年系列读书活动的通知》的要求，岳阳市图书馆在全市迅速启动、统一部署、认真组织，使全市广大少年儿童参与其中，尤其是发动了各级图书馆和中小学校，使该系列读书活动得以全面深入开展，并取得了一定成效，活动情况总结如下：

## 一、庆祝"建国 70 周年"系列活动

### 1. "共沐书香·悦享好书"活动

为庆祝新中国成立 70 周年，岳阳市图书馆特意举办了"共沐书香·悦享好书"活动，包括"红领巾相约中国梦"诗歌朗诵会和绘本故事《吃书的狐狸》《我的祖国》《我和你》分享会等，让读者置身于书本之中，感受阅读的乐趣和魅力。

### 2. 策划"红书"社区巡展

新中国 70 华诞，岳阳市图书馆策划了系列"红书展"，用流动图书车将满载着祖国发展历史的红色主题图书送到多家社区进行巡回展览。在这次活动中，岳阳市图书馆用阅读推广的方式开展爱国主义教育，让市民们充分了解共和国一路走来的艰难与不易，让他们形成只有通过不断努力奋斗才能实现中国梦的强烈意识。

### 3. 开展"祖国颂"主题创作少儿美术作品活动

时值新中国成立 70 周年之际，为积极响应习近平新时代中国特色社会主义思想和党的十九大精神，做好美育工作，为我国未来的综合性人才培养打好夯实的基础，发现培育小画家，提升少儿审美创造力，共同为中国的美术教育事业贡献一份力量，岳阳市图书馆开展了以"祖国颂"为主题的少儿美术作品活动，并联合岳阳市美术馆进行作品展，让小朋友们挥洒画笔，画下心中的祖国。

### 4. "书香岳阳——爱国诗词"书写活动

在迎接祖国生日的热烈氛围中，为勉励少年儿童读者精读爱国诗词、研习中国书法、弘扬爱国情怀、展示新时代发展成就、传播中国理念、弘扬中华民族优秀的传统文化，岳阳市图书馆开展"爱国诗词"书写作品征集活动，以此激励少年儿童的爱国之心，鼓励他们为实现伟大的中国梦自强不息。

### 5. "我和我的祖国"主题读书教育征文活动

为进一步加强对广大学生的爱国主义教育，在庆祝新中国成立 70 周年之际，岳阳市图书馆积极响应相关文件精神，开展"我和我的祖国"主题读书教育征文活动。此次活动共收到作品 692 篇，并组织专家进行评审，评选出一等奖 28 名，二等奖 58 名，三等奖 92 名，优秀奖若干名。通过这次活动来引导广大学生忠于祖国、忠于人民，将爱国意识深深地植入每一位学子的心中，为培养担当民族大任的时代新人献出一份力。

### 6. 《我的祖国》故事会国庆专场

2019 年国庆期间，岳阳市图书馆开展国庆专场活动，在少儿部工作人员及家长们的帮助下，小朋友们动手制作小国旗，并积极参与到主讲老师的故事之中，勇于表达自己的看法。这次活动不但培养了孩子们的思维能力，锻炼了他们的动手能力，达到思维与实践的统一，还将爱国主义精神寓于故事之中，对孩子产生潜移默化的影响。

## 二、创建少年儿童阅读服务特色品牌活动

为满足本市少年儿童的阅读需求，岳阳市图书馆连续六年在周末及节假日开展儿童绘本亲子阅读推广活动，并通过儿童绘本阅读带动家庭亲子阅读，系

统推出"周末绘本故事会""亲子绘本童话剧""亲子教育课堂"以及"亲子手工坊"等亲子阅读系列活动。

## 三、开展"关爱听障儿童诗歌朗诵"公益活动

在习总书记"努力实现残疾人'人人享有康复服务'"的指导下,岳阳市图书馆在 2019 年 3 月 3 日"国际爱耳日"特开展"关爱听障儿童诗歌朗诵"公益活动,活动以听障儿童与小朗诵者同台朗诵诗歌、歌曲采访等形式进行,同时展开爱耳宣传活动,弘扬社会正气,关爱听障儿童,让听障儿童在温暖的社会大家庭里生活。

## 四、"走进图书馆"志愿服务和阅读体验活动

为了培养孩子们的阅读兴趣,岳阳市图书馆联合城区教育机构开展"走进图书馆"系列活动,组织孩子们参观图书馆,并在老师的带领下欣赏绘本故事。此次活动不仅让孩子们对图书借阅过程有了一定的了解,还使孩子们养成了爱惜书本、遵守阅读常规的良好习惯,激发了他们强烈的阅读欲望,得到了社会各界人士的一致好评。

## 五、开展"4·23世界读书日"系列活动

### 1. "新阅读·环城绘本之旅"亲子悦读活动

在"4·23世界读书日",岳阳市图书馆联合城区教育机构开展"新悦读·环城绘本之旅"亲子悦读活动,在城区设立七个场点,模拟全球七大洲,每个场点招募 30 组亲子家庭,以流动图书车、绘本故事、绘本剧、皮影戏相结合的方式,提高孩子的阅读兴趣,传播亲子阅读理念,为亲子阅读营造良好氛围。

### 2. 举办"你眼中的世界"拼贴画创意大赛

在"世界读书日"期间,岳阳市图书馆举办"你眼中的世界"拼贴画创意大赛,鼓励孩子们玩转颜色,尽情发挥他们的想象力和创意力。此次活动为小朋友们带来一场关于阅读的想象盛宴。

## 六、开展"小小志愿者　今天我当班"寒暑假志愿活动

2019 年寒暑假期间，岳阳市图书馆组织开展了"小小志愿者　今天我当班"活动，并发布招募令。通过复核、遴选等环节，共有 40 余名小读者成为岳阳市图书馆的"小小志愿者"。岳阳市图书馆工作人员对他们进行图书馆基础业务培训，让"小小志愿者"们体验图书加工、上架、修补，接待读者借书、还书等工作，提高"小小志愿者"们的服务技能，并对表现优异者给予表彰，让他们对图书管理员的工作有了进一步的体会和认识。

## 七、举办"我们的节日"系列活动

### 1. "我们的节日——春节"经典诵读会

"我们的节日——春节"经典诵读会是由岳阳市文化广电新闻局主办，岳阳市图书馆承办的少儿公益读书活动，自 2019 年 1 月 21 正式启动以来，已成功举办了《三字经》《百家姓》《论语》《诗经》《声律启蒙》《增广贤文》《朱子家训》《弟子规》《中华诗文名句精华》和《爱国主义教育》等多场诵读会。通过参与诵读会，孩子们的阅读能力和语言组织能力有了显著提高，行为习惯和为人处世等方面也受到熏陶和影响。家长们称赞图书馆是让家长放心、孩子开心的文化休闲乐园。

### 2. "我们的节日——欢乐中秋"活动

为弘扬优秀传统文化，使广大读者更多地了解中华民族传统节日的民俗，广泛挖掘与诠释中华传统节日的文化内涵，使读者在活动中感受到中华民族的优良传统，中秋节期间，岳阳市图书馆邀请了岳阳市传统文化研究专家围绕中秋节文化举办了一场"中国古诗词欣赏"专题讲座，吸引了近百名读者参加。岳阳市图书馆还举办了"纪念传统节日　弘扬爱国精神"主题展览，引导广大读者弘扬民族传统文化，弘扬中国精神，凝聚中国力量。

## 八、开展"忠厚传家久　诗书继世长"主题活动

为继承中国重视家教、家训的传统，岳阳市图书馆于 2019 年 9 月 22 日下

午在云峰儿童阅读公园举行"忠厚传家久 诗书继世长"活动，此次活动特意邀请方少文校长进行主讲，向家长们分享阅读所带来的好处以及如何培养孩子的阅读兴趣。在这次活动中，家长们纷纷表示受益匪浅，不虚此行。

## 九、开展"选择坚强 诗话人生"诗歌朗诵交流活动

2019年8月24日，由岳阳市图书馆、岳阳市少儿诗歌书画研究会主办的"选择坚强 诗话人生"诗歌朗诵活动在云峰儿童阅读公园展开，50余名诗歌爱好者参与其中。活动特意邀请励志诗人刘大纶老师为大家传递激昂与奋发的正能量。在活动中，刘大纶老师分享了诗集背景、人生经历以及创作努力的方向。此外，诗歌爱好者在现场诵读了十余首诗歌作品，包括《这辈子等过你》《相信坚强》《与爱同行》等，一首首深情的诗歌直击心灵，勉励人们不断向上。

## 十、组织"少儿读物采购团"采购主题书籍

暑假期间，为了丰富小读者们的暑期生活，让他们走进知识的海洋，体验采购图书的快乐，培养少年儿童社会实践活动能力，岳阳市图书馆于2019年8月6日组织数名优秀少儿读者代表走进新华书店，开启"主题书籍选购"之旅。在图书馆少儿室工作人员的陪同下，共选购最新版的各类书籍百余册，既丰富了少儿室馆藏，又以生动鲜活的形式让青少年养成了爱阅读的好习惯。

## 十一、组织开展第九届"三湘少年儿童阅读之星"推选活动

为了鼓励广大少年儿童走进图书馆、亲近图书馆，接受图书馆专业的阅读指导和服务，在岳阳市图书馆及县（市、区）图书馆少儿读者中和各中小学校开展了"阅读之星"推选活动，并制订详细的推选方案，确保工作的顺利完成。

## 十二、开展"2019 暖心公益行　共建乡村图书室"活动

　　为搭建城乡阅读共享平台，改善乡村儿童阅读环境，岳阳市图书馆云峰儿童阅读空间与湖南民族职业学院附属小学携手开展"2019 暖心公益行　共建乡村图书室"活动，点亮了平江县南江镇昌江小学的阅读灯。同学们都积极响应号召，纷纷将自己的捐赠书籍送往登记处进行登记。此次募捐书籍种类繁多，包括国学、诗词、童话、科幻等多个种类，为平江县南江镇昌江小学的学生们提供了丰富的精神食粮。

　　此外，岳阳市图书馆还举办了"忠厚传家久　诗书继世长"主题讲话活动，"选择坚强　诗话人生"诗歌朗诵交流活动，欢乐中秋"中国古诗词欣赏"活动，"温暖教育和孩子共同成长"及"幸福生活源于快乐心态"亲子教育讲座，开展德育公益课堂、首届教师节感恩活动、家长课堂、优秀拼贴画展览、少儿流动服务等活动。

# 爱国诗词忆来诵  70周年庆华诞

张家界市永定区图书馆

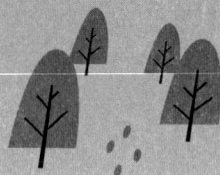

根据中共湖南省委宣传部、湖南省精神文明建设指导委员会办公室、湖南省文化和旅游厅等部门印发的《关于组织开展"书香湖南"第38届全省少年儿童庆祝新中国成立70周年系列读书活动的通知》，为推进第38届全省少年儿童系列读书活动的顺利开展，承办单位湖南省少年儿童图书馆（湖南省少年儿童读书活动办公室）联合协办单位制定了活动的实施方案文件精神，张家界市永定区图书馆深入贯彻落实，倡导少年儿童阅读，在全市形成"多读书、读好书、好读书"的良好风尚。张家界市永定区图书馆联系实际，紧密结合"阅读，从图书馆出发"这一主题，开展了形式多样、内容丰富的少年儿童阅读系列活动。此次活动参与读者达千余人，取得了良好的社会反响和广大市民的一致好评，现将活动情况总结如下：

## 一、广泛宣传，营造氛围

张家界市永定区图书馆高度重视少年儿童系列阅读活动，并按照活动要求，及时制定了《张家界市永定区图书馆2019年少年儿童庆祝新中国成立70周年系列读书活动方案》，明确活动的指导思想、内容以及活动原则，确保活动顺利开展。张家界市永定区图书馆通过向广大市民发出阅读活动倡议，活动标语，公共平台活动预告等方式在全市读者当中大力宣传，动员大家积极参与到活动中来，营造浓厚的活动氛围。

## 二、加强领导，严密组织

为确保阅读系列活动有效、规范、深入、有序地开展，各级领导对此次活动十分重视。由局分管领导亲自抓，张家界市永定区图书馆领导具体抓，专门召开会议安排部署，图书馆全体职工根据活动方案，明确分工，强化责任，保障图书馆各项正常工作互不干扰，互相促进，齐心合力搞好此次活动，确保活动取得圆满成功。

## 三、内容丰富，效果显著

少年儿童阅读系列活动主要包括以下内容：

### 1. "行绝版山水 知大庸古城"——2019 年"书香张家界 全民诵读"全民阅读活动启动暨城区自助图书馆开馆仪式

时间：2019 年 4 月 23 日

地点：步行街

主题：2019"书香张家界 全民诵读"全民阅读活动启动暨城区自助图书馆开馆仪式

### 2. 2019"书香张家界澧水船说"快乐总动员庆"六一"亲子拓展文旅活动

时间：2019 年 5 月 18 日

地点：澧水码头

主题："澧水船说"快乐总动员庆"六一"亲子拓展文旅活动

### 3. 2019"书香张家界'423'"环球绘本之旅进社区系列读书活动

时间：2019 年 4~7 月

地点：张家界市永定区图书馆、渡口社区

主题：环球绘本之旅

### 4. 2019"书香张家界关爱特殊群体"系列读书活动

时间：2019 年 6 月 21 日

地点：张家界市永定区桐花树教育培训学校

主题：关爱智障儿童 阅读助你成长

### 5. 2019 "书香张家界爱国诗词忆大庸" 庆祝新中国成立 70 周年系列活动

时间：2019 年 8 月 1 日
地点：张家界市永定区图书馆
主题一："爱国诗词忆大庸" 庆八一书法展
时间：2019 年 4~9 月
地点：张家界市永定区文联
主题二："爱国诗词忆大庸" 征文活动
时间：2019 年 11 月
地点：张家界广播电视台
主题三："爱国诗词忆大庸" 诵读活动

### 6. 2019 "书香张家界" 暑假关爱留守儿童系列读书活动

时间：2019 年 8 月 9 日
地点：张家界市桑植县红军村
主题一：知恩于心　感恩于行
时间：2019 年 8 月 29 日
地点：张家界市王家坪镇韭菜垭村
主题二：家长如何更好地陪伴留守儿童

### 7. "少年强则国强" 大型爱心公益助学活动

时间：2019 年 9 月 22 日
地点：张家界市永定区枫香岗中学
主题：感恩、孝道、传承

### 8. 2019 书香张家界 "学传统文化　讲张家界故事" 天门讲坛系列活动

第一期：
时间：2019 年 7 月 26 日
地点：张家界市永定区政府礼堂
主题：庆国庆　迎重阳　忆大庸
嘉宾：刘绪义教授，曾国藩研究知名学者，教授、中国社会科学院哲学博士后，出版有《天人视界：先秦诸子发生学研究》（人民出版社出版，"十一五"国家重点图书出版规划项目）、《历史给谁来酿酒：湖湘才子品读曾国藩》、《曾国藩与晚清大变局》（新浪中国好书）、《历史只露半边脸》等著作 10 余部。曾应邀为全国各级党政机关、知名高校和企事业单位讲学 600 多堂，并做客凤凰卫视及内地多家电视台。

第二期：

时间：2019 年 9 月 6 日

地点：张家界市永定区枫香岗中心学校

主题："我和我的祖国"主题读书教育活动

嘉宾：李凯老师，中国传统文化与现代礼仪综合应用训导师、德礼学堂国学礼仪师资认证中心主培训官、中国管理科学研究院国学礼仪培训师资质认证讲师团首席专家。

第三期：

时间：2019 年 9 月 27 日

地点：张家界市永定区政府礼堂

主题：穷索大庸文化　重建中国古史

嘉宾：李书泰老师，中国人民政治协商会议张家界市委员会原副秘书长，原张家界市历史文化基础性研究领导小组办公室主任，原张家界市历史文化研究会会长、张家界市党外知识分子联谊会副会长、张家界市非物质文化遗产专家评审委员会委员。现任中国先秦史学会会员、中国鬼谷子研究会副秘书长、台湾中华鬼谷文化发展委员会会员、中国史记研究会理事、西安古兵学研究会特约研究员和学术顾问、张家界市民族文化交流促进会学术顾问、张家界市崇山文化研究会学术顾问、张家界市云梦鬼谷文化研究会学术顾问。

第四期：

时间：2019 年 10 月 11 日

地点：张家界市永定区新桥镇

主题："亲子关系及孩子健康成长"讲座

嘉宾：周婷丽老师，国家二级心理咨询师，私人执业咨询师，团体关系会议顾问，北京交通大学心理咨询中心兼职团体咨询师，森林疗养师，主管护理师。

## 9. 张家界市永定区少儿图书馆"爱手工"智能双语创造力亲子系列活动

时间：2019 年 8 月 11 日

地点：张家界市永定区少儿图书馆

主题：自画像脸谱

## 10. "我心中的图书馆"第九届"三湘少年儿童阅读之星"推选活动

为了加强图书馆与广大读者的沟通与交流，引导广大读者与书为伴，倡导全民阅读，积极营造"爱读书、多读书、读好书"的良好氛围。张家界市永定区图书馆开展了"我心中的图书馆"主题活动。此次活动受到了广大少年儿童读者的积极响应，收到来自全市中小学生读者的稿件30余份。他们或是记述自己的阅读故事；或是叙述自己读书的感悟及体验；或是表达自己读书后的收获。为了鼓励这些读者，图书馆工作人员成立了评审小组，对每本笔记进行了评审，选出了6名特别突出的"少年儿童阅读之星"，并推送至省里参评。

此次少年儿童阅读活动的组织和实施，在社会上引起了非常多民众的关注，有效地推进了全民阅读社会的创建。

# 诵读诗歌　献礼华诞

怀化市图书馆

2019 年是中华人民共和国成立 70 周年，为深入贯彻落实习近平新时代中国特色社会主义思想和党的十九大精神，唱响礼赞新中国、奋进新时代主旋律，根据中共湖南省委宣传部、湖南省精神文明建设指导委员会办公室、湖南省文化和旅游厅等部门印发的《关于组织开展"书香湖南"第 38 届全省少年儿童庆祝新中国成立 70 周年系列读书活动的通知》要求，结合怀化市实际情况，在怀化市范围内开展"书香怀化"——庆祝新中国成立 70 周年系列读书活动。

## 一、成立读书活动领导小组

组长：张中伟，怀化市委宣传部副部长。
副组长：陈朝辉，怀化市文化旅游广电体育局副局长；曾洁，怀化市文化旅游广电体育局文艺科科长；孙勇，怀化市图书馆馆长。

## 二、活动主题

活动主题为庆祝新中国成立 70 周年。

## 三、开展主题活动内容情况

怀化市图书馆收到活动文件后，主管领导立刻组织召开馆务会议，讨论开展活动事宜，并安排专人负责组织开展活动，发动广大少年儿童及到馆读者积极参与到活动中来，利用电视、网络、微信、QQ 等媒体在本次活动开展前、中、后期进行宣传，扩大读书活动的影响力。

本次系列读书活动的开展分5项进行："爱国诗词诵读"活动、"新中国成立70周年"主题展览活动、爱国诗词书写及评比、第九届"三湘少年儿童阅读之星"评选活动、新时代文明实践——怀化市图书馆志愿服务队成立活动。

此次爱国主题图书专架阅读活动时间跨越30天，每天借阅达百余册，在馆内外开展"新中国成立70周年"主题展览4次。怀化市图书馆联合各中小学校学生近200名参加诵读活动的预决赛，最后毛怡乐、田雨灵等30名同学进入决赛，杨石杰、杨智杰、毛怡乐等10位同学分别获得最佳表现力奖、最美声音奖、最佳情感表达奖。此外，怀化市图书馆在活动开展期间，通过传授阅读方法、辅导写作、好书阅读推荐等方式，大力培养青少年儿童的阅读兴趣。

在本次活动中，怀化市图书馆除了开展好本馆的活动外，还积极组织辅导县（市）级公共图书馆开展少儿读书活动，开展爱国诗词书写，共收集滕菁格等同学的上百幅书法作品，选送张珂等同学的30幅优秀作品送省，收集整理县级图书馆上交的各种活动材料，其中通道侗族自治县图书馆、芷江侗族自治县图书馆等六家图书馆申报了先进集体材料，吴练爱、胡杰等7位同志申报了"优秀阅读推广人"，彭俊霖、王睿姝、张广宇三位同学申报了"阅读之星"。

## 四、宣传报道

为扩大活动的宣传力度，活动领导小组在方案制定后，立即着手在怀化新闻网、掌上怀化、怀化市图书馆微信公众号发布系列读书活动信息，所有比赛环节也在湖南公共数字文化工作网站、电视台、新闻网站、公众号中做了详细的报道，获得广大市民的一致赞誉，极大地扩大了本次读书活动的影响力，充分调动了本市少年儿童爱党爱国的爱国主义情怀，激发了青少年立志成才、报效祖国的崇高情怀，发挥少年儿童阅读在推进全民阅读中的作用，向祖国70周年华诞献礼。

# 我与祖国共同成长　喜迎建国70周年

*湘西土家族苗族自治州少儿图书馆*

根据中共湖南省委宣传部、湖南省精神文明建设指导委员会办公室、湖南省文化和旅游厅等部门印发的《关于组织开展"书香湖南"第38届全省少年儿童庆祝新中国成立70周年系列读书活动的通知》要求，以"为庆祝新中国成立70周年"为主题，激发少年儿童立志成才、报效祖国的崇高情志，增强少年儿童对伟大祖国大好河山、历史文化、仁人志士的热爱，确保全省少年儿童系列读书活动的顺利推进，湘西土家族苗族自治州少儿图书馆作为湘西地区活动主要实施单位，迅速在全州推进此次活动。通过征集、评选、展示、阅读等多种形式和载体组织开展阅读活动，充分发挥少年儿童阅读在推进全民阅读中的作用。

## 一、精心策划，统筹部署

狠抓落实，推开活动。以湘西土家族苗族自治州文化旅游广电局为总抓手，湘西土家族苗族自治州少年儿童图书馆为主要实施单位，迅速在各学校及社会阅读推广机构开展相关活动。

健全机制，强化领导。湘西土家族苗族自治州图书馆组织全馆人员召开专题会议，制定实施方案，明确责任制。成立活动领导小组，车红馆长任组长，王莉萍副馆长任副组长。

细化分工、落实到人。读书活动办公室全部工作人员负责活动推行与具体的执行，细化分工，主题活动任务逐一落实到个人。

## 二、主题突出，活动鲜明

在新中国成立 70 周年之际，湘西土家族苗族自治州少儿图书馆为了培养少年儿童阅读习惯，坚持公益性、均等性和便捷性的发展定位，结合湘西土家族苗族自治州少儿图书馆的实际情况，联合学校及社会培训机构，设立阅读基地。湘西土家族苗族自治州少儿图书馆以读书活动为抓手，逐步开展有影响有效果的读书活动，为创造浓郁的读书环境与氛围，培养学生的阅读兴趣和良好的阅读习惯，组织了以下活动。

### 1. "世界读书日"全民阅读活动

为了弘扬社会主义核心价值观，进一步推进土家族苗族自治州全民阅读活动，培养人们爱读书、读好书、善读书的良好习惯。在第 24 个"世界读书日"，湘西土家族苗族自治州少儿图书馆举办了"读经典学新知　链接美好生活"湘西土家族苗族自治州"世界读书日"全民阅读活动。以小手牵大手，带动书香家庭、书香社会的建设，充分发挥少年儿童阅读在推进全民阅读中的作用，达到"倡导全民阅读，推进学习型社会建设"的目的。此次活动会为湖南省"书香湖南共创共享儿童阅读新时代"——第 37 届全省少年儿童系列读书活动获奖人员颁奖，并为吉首市谷韵民族小学、皇家体能幼稚园、食闻书舍等作为湘西土家族苗族自治州少儿图书馆"少年儿童阅读基地"授牌。

### 2. "手拉手阅读齐步走"——给山区孩子捐赠图书活动

为了让偏僻乡村学校的留守孩子多读书、读好书，享受读书的乐趣，在"六一"儿童节期间，湘西土家族苗族自治州少儿图书馆文化志愿者先后到花垣县花垣镇窝勺村中心完全小学和泸溪县洗溪镇梁家潭村完全小学开展"手拉手阅读齐步走"——给山区孩子捐赠图书活动。此次活动共捐赠图书 2000 余册，并把承载着满满爱心的书籍送到了孩子们的手中。

### 3. 亲子阅读活动

为了培养孩子们从小爱读书的良好习惯，湘西土家族苗族自治州少儿图书馆定期组织开展"春苗故事会——亲子阅读时光"活动。在阅读老师的带领下，小朋友们收获了知识和快乐。此次活动不仅增进了亲子关系，还提高了孩子们的认知能力，提高了他们的阅读量以及思维空间，激发了孩子们的阅读兴趣。活动的开展得到了家长们的赞扬和小朋友的欢迎，得到社会各界的高度好评。

### 4. "我和我的祖国" 少儿读者朗诵作品征集活动

为营造少年儿童阅读氛围，提升数字图书馆有声阅读服务平台，为祖国 70 华诞献上一份青春之礼，湘西土家族苗族自治州少年儿童图书馆举办了 "我和我的祖国" 少儿读者朗诵作品征集活动。该活动在全州各学校迅速推开，多名学生积极参加，最终选出 2 名学生的优秀作品参加中国图书馆学会举办 "我听·我读——2019 年少儿读者" 主题朗诵作品征集活动。

### 5. 暑假文艺活动

2019 年 7 月 4 日，湘西土家族苗族自治州少年儿童图书馆与吉首市部分幼儿园联合举办了 "我与我的祖国同成长　喜迎建国 70 周年" 为主题的少儿文艺汇演，400 余名小演员用歌舞、亲子律动、舞台剧等多种艺术形式，展示了新时代湘西土家族苗族自治州儿童阳光快乐、朝气蓬勃、奋发向上的精神风貌并加强了孩子们对祖国和民族的了解和热爱，激发了孩子们的爱国主义情怀。

湘西土家族苗族自治州少年儿童图书馆联合瀚墨缘书画工作室、和雅书艺，鼓励孩子们研读爱国诗词图书，领略书中蕴含的高尚情怀和境界，书写爱国诗词书法作品，并筛选出 46 副优秀的书画作品为祖国 70 华诞献礼。

### 6. 爱国主义教育进校园活动

为进一步激发学生的爱国主义情怀，以活动为载体，湘西土家族苗族自治州少年儿童图书馆与吉首市第一小学、吉首市马颈坳镇中学联合，以形式多样的教育活动，深入进行爱国主义教育，引导孩子们更好地了解祖国的崛起和奋战发展的光辉历程，弘扬中华民族的伟大精神。湘西土家族苗族自治州少年儿童图书馆组织学生们观看了爱国主义宣传片，开展了 "读书会" "我和我的祖国" 主题演讲比赛及 "国旗下的民族传承" 等活动。

2019 年，湘西土家族苗族自治州少儿图书馆结合实际情况，为推动全民阅读，迎接祖国 70 华诞，以爱国主义教育活动为载体，彰显主题、服务少年儿童，组织在校学生 5000 多人参加，引导少年儿童读红色经典，寻访书中人物，鼓励孩子们刻苦学习、奋发成才，树立正确的理想和信念。

# 庆华诞·我们都是最美阅读追梦人

常德市图书馆

为庆祝中华人民共和国成立 70 周年，讴歌中华民族实现伟大复兴中国梦的奋斗历程，推进"全民阅读，书香常德"建设，2019 年，常德市图书馆紧紧围绕"庆祖国 70 华诞，我们都是最美阅读追梦人"为工作主线，在全市范围内广泛开展了趣味手工课堂、专题讲座、经典诵读、知识展览等形式多样的阅读活动，引导广大读者全面了解中华人民共和国成立 70 年来的光辉历程。活动得到了各级领导高度重视和各社区、学校等合作单位的大力支持，深受广大市民的喜爱，成效显著。

## 一、总体情况

2019 年，常德市图书馆紧紧围绕年初制定的"庆祖国 70 华诞，我们都是最美阅读追梦人"主题，截至 2019 年 10 月初，常德市图书馆组织少儿导读、少儿故事会、少儿手工等不同主题的阅读活动 100 余场，大型少儿知识展览 5 场，累计参与活动人次高达 6000 余人，活动被《常德日报》、《常德晚报》、常德电视台、红网、文明网等各大媒体报道共 45 次，得到了广大市民的喜爱，收获留言点赞量 10000 余条。

## 二、围绕中华人民共和国成立 70 周年，深化主题阅读

2019 年是中华人民共和国成立 70 周年，常德市图书馆少儿阅读活动紧紧围绕庆祝中华人民共和国成立 70 周年的工作主线，积极响应习近平总书记在年初发出的强有力号召"我们都是追梦人"，在各学校、各社区、各街道、各分馆等馆内外广泛开展爱国诗词征集、爱国书写、爱国研学等形式多样的阅读活

动，馆外活动精彩纷呈，馆内活动持续不断，进一步引导着青少年树立强烈的爱国主义情怀，极大地激发了他们参与读书活动的热情。

## 1. 组织开展共读共绘活动

为庆祝中华人民共和国成立70周年，增强少年儿童的爱国意识，弘扬爱国主义情怀，常德市图书馆面向全市中小学生开展了"壮丽70年，颂读新时代——献礼中华人民共和国成立七十周年·少儿共读共绘"活动。活动中小朋友用生动形象的语言共读了《龙的传说》绘本故事，共同大声朗诵《我的祖国》，并在白色的宣纸上绘上自己心中美丽祖国的蓝图，作为中华人民共和国成立70周年的"贺礼"献给祖国妈妈，表达了小朋友们对祖国的深深爱意。活动共收集了上百幅作品，经过筛选，为30幅作品授予了奖项。

## 2. 组织开展爱国诗词书写活动

为弘扬中华传统文化，陶冶青少年书法情操，常德市图书馆开展了"规范字抒爱国情怀"书法公益课及爱国诗词书法原创作品征集活动，活动深受广大中小学生的喜爱，在征集活动中收集了毛笔、硬笔书法作品上百幅，其中不少作品曾在国家级、省级各类大小比赛中获得奖项。优秀作品在图书馆大厅进行了展览，一幅幅遒劲有力的作品展现出的是青少年蓬勃向上的精神面貌和浓浓的爱国之情。

## 3. 举办新中国成立70年"常图视野"图文展览

常德市图书馆开展的"常图视野"活动是以图文并茂的形式向广大读者宣传政治、历史、文化等综合性知识。2019年6~10月以来，"常图视野"先后向来馆读者展览了"阅读精彩瞬间"，"七一"建党节的"光辉历程、与梦同行"，"八一"建军节的"铁血铸军魂"，"十一"国庆节的"壮丽70年、奋斗新时代"等不同主题的图文展。此次展会制作展牌共30块，日均接待读者上千人。图文展加强了广大市民、中小学生的思想道德教育，激励广大读者不忘初心，为实现中华民族伟大复兴的中国梦而奋斗。

## 4. 开展庆祖国华诞传统节日文化宣讲活动

为了弘扬中国传统节日文化底蕴，营造欢乐祥和的节日气氛，共庆中华人民共和国成立70周年，常德市图书馆分别在7个传统节日开展了内容多样、形式新颖的"庆祖国70华诞传统文化知识宣讲——传统民俗亲子乐"公益活动，

300 多组家庭在图书馆内共度佳节，共享快乐时光。在"我们的节日·中秋"中大家一起制作漂亮美丽的花灯，让人们在书香中共享中秋团圆；在"我们的节日·七夕"中大家一起共绘七色彩泥相框，共同聆听牛郎和织女的故事……

### 5. 红色影视展播深受青睐

暑假期间，常德市图书馆面向全市广大读者推出了 20 余部红色电影，包括《鸡毛信》《小兵张嘎》《英雄小八路》……这些 20 世纪七八十年代的红色经典电影带给大家许多美好的记忆，当这些红色电影以动画卡通的形式再现人们视野时，深受小朋友的喜爱，引得他们纷纷等待排座观影。这些红色电影不仅以生动形象的方式向观众朋友们展现了红军革命情怀和不畏牺牲的烈士精神，也让观众深刻感受到了民族的团结和国家的强大。

### 6. 组织开展关爱弱势群体活动

从 2019 年初"墨香书温暖，关爱衣线牵"学雷锋活动启动以来，常德市图书馆一直行走在"爱心献礼祖国 70 华诞，温暖随行"的路上，2019 年 5 月中旬，常德市图书馆文化志愿服务队走进市特殊学校，开展"筑梦之路，你我同行"关爱特殊儿童活动；2019 年 6 月底，文化志愿服务队深入石门县白云乡开展"关爱留守儿童，走进山区寻最美阅读人"活动；2019 年 7 月底，文化志愿服务队联合常德市盲人协会开展"70 年巨变——智能阅读开启盲人新视野"数字阅读推广活动为全市盲人送出 300 多台听书机，解决了他们的阅读障碍。

### 7. 开展爱国诗词研学笔记活动

从古至今，爱国主义情怀一直被伟大的诗人们一代一代所歌颂，其心忧家国、情牵百姓、勇于探索、清正高洁的人格魅力和思想精髓，更为后人所称赞。在青少年儿童中开展爱国诗词研学活动，不仅能陶冶情操、提升文学修养，更能激发他们的爱国主义热潮。为此，常德市图书馆联合各大学校、各社区、各分馆开展了"诗词美祖国强——庆祖国 70 周年爱国诗歌研学寻访"活动，活动吸引了不少读者报名参与，并纷纷前往屈原公园、柳叶湖司马楼刘禹锡雕像等地开展研学活动、撰写寻访笔记，抒发对爱国诗人的敬仰及心中的爱国情怀，回来后还从诗词中摘录名言名句进行背诵。

## 三、品牌阅读活动推广成效显著，提升城市文化素养

全民阅读是实现人民对美好生活向往的民生工程，是推动中华民族伟大复兴的战略工程，2019 年，在中华人民共和国成立 70 周年里，常德市图书馆广泛组织社会各界力量，精心打造"书友讲堂""常悦课堂"等活动品牌，在持续推动书香校园、书香家庭、书香社区等建设中取得了明显成效。

### 1. "颂祖国，赞祖国"——"书友讲堂"系列活动精彩不断

为庆祝新中国成立 70 周年，"书友讲堂"共举办了 9 场不同主题的阅读活动。2019 年 5 月 12 日举办的"挚爱·母恩·礼享亲情"大型朗诵会中，《我的祖国》等爱国诗歌朗诵深深地触动着每个观众的爱国情怀；2019 年 6 月 1 日举办的"庆六一·青春中国少年爱国演说才艺选拔赛"中，200 多名选手用快板、演讲、相声等方式表达了对祖国的赞美，在青少年中掀起了爱国热潮。

### 2. "我在祖国怀里成长"——常悦课堂系列活动欢乐不断

"常悦课堂"系列活动是专门为青少年儿童打造的活动品牌，活动每周定期开展，目前已经举办 62 期。2019 年 4 月初，常德市图书馆面向社会召集了一批有爱心的专业人士，组建了"阅享"领读志愿队——"庆祖国 70 华诞，我们都是追梦人"，在常悦课堂内开展少儿阅读活动，其中"小创客系列""亲子故事会系列""思维开发系列"等栏目活动深受小朋友们的欢迎，报名火爆，参与度高。

## 四、有效宣传、书香氛围浓厚

为使"庆祖国 70 华诞，我们都是最美阅读追梦人"系列读书活动有效、规范、深入有序地开展，针对每场活动常德市图书馆制定了详细的活动方案，同时充分利用常德市电视台、《常德日报》、《常德晚报》等相关媒体，红网、文明网、微信公众号、微博、微信群等相关网络媒介及自媒体，并通过宣传海报、宣传栏等方式对活动进行了形式多样、内容丰富的宣传活动。目前各大媒体报道的活动多达 45 场，全面营造了"全民阅读，书香常德"的良好阅读氛围。

# 第三章

书香湖南 · 共创共享儿童阅读新时代

# 第 37 届全省少年儿童系列读书活动综述

*湖南省少年儿童图书馆*

　　为全面贯彻党的十九大精神和习近平新时代中国特色社会主义思想，认真贯彻落实《中华人民共和国公共文化服务保障法》《中华人民共和国公共图书馆法》，致力于培养担当民族复兴大任的时代新人，积极营造公共图书馆同向发力、社会力量积极参与、少年儿童读者广泛受益的儿童阅读新气象，充分发挥少年儿童阅读在推进全民阅读中的作用，向建设富饶美丽幸福新湖南贡献更多文化力量，中共湖南省委宣传部、湖南省精神文明建设指导委员会办公室、湖南省文化厅（湖南省文化和旅游厅）、湖南省新闻出版局、共青团湖南省委、湖南省妇女联合会、湖南省关心下一代工作委员会共七家单位联合主办了"书香湖南·共创共享儿童阅读新时代"——第 37 届全省少年儿童系列读书活动。该活动由湖南省少年儿童图书馆承办。

## 一、高度重视，周密部署，组织得力

　　中共湖南省委宣传部、湖南省精神文明建设指导委员会办公室、湖南省文化厅（湖南省文化和旅游厅）、湖南省新闻出版局、共青团湖南省委、湖南省妇女联合会、湖南省关心下一代工作委员会七家主办单位高度重视本届活动，对活动进行了周密的部署和安排，对通知及方案进行了认真的讨论和审定，并从政策保障、宣传推广、合作协调等各方面给予活动大力支持。湖南省精神文明建设指导委员会办公室、湖南省新闻出版局等机关单位连续多年在经费方面提供大力支持，为活动的顺利开展提供了重要保障。湖南省文化厅（湖南省文化和旅游厅）作为牵头发文单位，从各方面均给予湖南省少年儿童图书馆极大支持，并督促市（县）各级文化工作部门积极响应活动，为推进第 37 届全省少年儿童系列读书活动的顺利开展做出了极大的贡献。

第 37 届全省少年儿童系列读书活动由湖南省少年儿童图书馆进行承办，湖南省少年儿童图书馆表示会以高度的责任感和使命感认真筹备，积极作为。2018 年 3 月开始策划活动内容，经过 3 个多月的酝酿、讨论和会商，于 2018 年 6 月 12 日向全省各市州下发了《关于组织开展"书香湖南·共创共享儿童阅读新时代"——第 37 届全省少年儿童系列读书活动的通知》（湘文公共〔2018〕62 号），并于 2018 年 7 月 27 日面向全省发放了《"书香湖南·共创共享儿童阅读新时代"——第 37 届全省少年儿童系列读书活动实施方案》。湖南省少年儿童图书馆多次召开馆务会议、部门会议研究商讨活动的组织实施，明确了责任分工，细化了目标任务，及时解决了活动实施过程中遇到的各项困难和问题。同时结合活动的实践不断从多角度思考活动的策划、组织、运营、评选全流程，力求总结功过得失，提炼经验成果。

湖南省各市（州）、县（市、区）的有关党政机关严格按照湘文公共〔2018〕62 号文件的要求，召开了联席工作会议，对活动的组织实施做了统一部署和安排，并从政策、宣传、经费等层面对活动给予有效支持，发挥了重要的组织领导作用。湖南省各市（州）、县（市、区）图书馆、少年儿童图书馆积极落实湘文公共〔2018〕62 号文件的精神，以活动实施方案为蓝本，高效率、高质量地推动第 37 届全省少年儿童系列读书活动在本地区的落地，在当地营造出了图书馆界同向发力、社会力量积极参与、少年儿童读者广泛受益的儿童阅读新气象，得到了少年儿童、家长、老师、政府官员、图书馆馆员、专家学者等社会各界人士的高度肯定和认可。

## 二、形式多样，内容丰富，成效显著

第 37 届全省少儿系列读书活动囊括了少年儿童阅读服务特色品牌活动、少年儿童阅读服务典型案例征集活动、第八届"三湘少年儿童阅读之星"推选活动等形式多样、内容丰富的子活动。

少年儿童阅读服务特色品牌活动又分为 5 个分项活动，由 5 家市（州）级公共图书馆、少年儿童图书馆承办，这是活动组织形式的重大创新，相当于搭建了一个活动展示的省级平台，便于糅合湖南省内各级图书馆在开展阅读服务时获得的宝贵成果，从而充分调动各级图书馆开展活动的积极性。

"阅天下·青苗在旅图"主要采取线下、线上两种参与方式，即小读者凭读者证到开展活动的图书馆领取游学护照和读行笔记，家长通过新浪微博与"阅天下·邂逅图书馆之美"官微进行互动。活动由长沙市图书馆负责承办实施，自开展以来，得到了诸多爱好阅读和旅行的小粉丝的积极关注和参与。长沙市图书馆作为活动主阵地，精心制作了《图书馆的前世今生》宣教片并组织未成年人观看，2018 年暑假期间放映 50 余场，观影人数达 4000 余人，全市共发出游学护照 5000 余本，参与人数达 20000 余人。他们在阅读的同时体验、在旅行的过程中学习、在社会实践中收获，通过读行将人、书、馆、城紧密联系，向社会传播了图书馆的良好形象，扩大了图书馆的社会影响力。

湖南省"少儿故事大王"大奖赛源于已成功举办 4 届的株洲市"少儿故事大王"大奖赛，由株洲市图书馆负责承办实施。赛事分为初赛、复赛和决赛三个阶段，初赛分赛区进行，由各市（州）自主组织初赛的选拔，复赛于 2018 年 11 月 25 日在株洲市图书馆举行，来自株洲、邵阳、常德、益阳、郴州、永州、怀化、娄底、湘西 9 个市（州）的 84 支代表队的选手们在舞台上带来了精彩的故事分享，决出了 14 支代表队进入决赛。决赛于 2018 年 12 月 22 日在株洲传媒大厦演播厅举行，株洲电视台法制民生频道对赛事进行了录播。决赛现场异常精彩，选手的表演情感饱满、绘声绘色，最终 6 个节目荣获金奖、8 个节目荣获银奖。

湖南省少年儿童原创音频大赛围绕"我爱湖南文明新貌"的主题，传承"移风易俗，杜绝赌博和厉行节约，拒绝浪费"的民风，鼓励少儿读者以讲故事、朗诵的形式进行大胆的表达。音频大赛由湘潭市图书馆（少儿馆）负责承办实施，该馆进行了周密细致的组织工作。2018 年 8 月 1 日至 10 月 20 日为作品征集时间，各地小朋友积极响应，共集齐 200 余件特色各异、质量上乘的音频作品，择优评选出幼儿组金奖作品 1 份，银奖作品 3 份；小学组一等奖作品 5 份，二等奖作品 15 份；中学组一等奖作品 3 份，二等奖作品 7 份。

湖南省少年儿童数字阅读知识竞赛旨在帮助少儿提高数字资源检索与查找能力，让少年儿童了解中华文明，引导少年儿童记忆和传承本土历史文化，提升广大少年儿童的文化自信。数字阅读知识竞赛由衡阳市少年儿童图书馆负责承办实施，他们精心编制了竞赛题库，并联合 CNKI 中国知网制作上线了页面精美、响应流畅的网络竞赛答题平台，竞答时段设定为 2018 年 9 月 20 日至 10 月 20 日，短短 1 个月共收到来自全省 14 个市（州）少儿读者填写的 12436 份网络答卷，依据答题成绩评选出特等奖 2 名，一等奖 5 名，二等奖 10 名，三等奖 15 名。

湖南省少年儿童"书中人物化妆表演"活动旨在通过广泛阅读，充分发挥少年儿童的想象力和创造力，利用服装、小饰品、道具以及化装等来扮演和再现动漫、游戏、图书、电影中的人物形象，用想象力告诉世界孩子心灵国度里的真善美。活动由郴州市图书馆负责承办实施，图书馆工作人员精耕细作，展现了图书馆人良好的精神风貌和扎实的业务技能。2018 年 10 月 28 日，活动决赛如期举行，来自全省的 11 支代表队齐聚郴州市第十二完全小学，为大家完美再现了精彩的书中世界，带来了想象力丰富、感染力至深的精彩表演，2 支代表队摘得金奖，4 支代表队摘得银奖，5 支代表队摘得组织奖。

少年儿童阅读服务典型案例征集活动旨在面向湖南省内各级各类图书馆及社会阅读推广机构，征集近年来涌现的优秀少年儿童阅读服务模式、方法及经验，通过评选、展示、交流来宣传优秀服务案例，拓宽服务眼界，启迪服务思维，从而达到切实提高各级各类图书馆、少年儿童图书馆未成年人服务能力与水平的目的。

少年儿童阅读服务典型案例征集活动既是本届少儿系列读书活动的重要组成部分，亦是"2018 全国少年儿童阅读年"系列活动的有机组成部分，活动自 2018 年 5 月启动，于 2018 年 7 月顺利结束。活动得到了全国各类未成年人服务有关单位和组织的积极关注和热切响应，来自全国 20 个省的公共图书馆、少年儿童图书馆、中小学图书馆，以及各地的儿童阅读服务团队、绘本馆、社会阅读推广机构等单位和组织踊跃参与了申报，共收到 74 家单位和组织提交的 105 个少年儿童阅读服务典型案例，共评选出一等奖案例 10 个，二等奖案例 16 个，三等奖案例 21 个。

第八届"三湘少年儿童阅读之星"推选活动进行了形式上的重大创新，主要分为三轮进行，第一轮开展网络答题活动，第二轮开展现场答题活动，第三轮开展终审，通过三轮程序最终敲定"阅读之星"和"阅读优秀个人"名单，同时也通过活动的开展在广大少年儿童中形成崇尚阅读、热爱学习的良好氛围。

第八届"三湘少年儿童阅读之星"推选活动自 2018 年 6 月启动以来，得到了来自全省各市（州）少年儿童的积极响应，活动初选（网络答题）吸引了 6 万余名少年儿童踊跃参加，1600 余名少年儿童入围活动复试（现场笔试），2018 年 10 月 21 日上午 9 时 30 分至 11 时，来自全省 14 个市州的复试入围者携带阅读成长档案及阅读笔记本就近在 36 个市（州）考点参加了推选活动复试，他们精心构思，挥笔写作，交出了一份份闪亮的答卷，也将"三湘少年儿童阅读之星"推选活动推向了一个新的高潮。2018 年 11 月底相关领导和专家进行了"阅读之星"的终审，尽览优质作文答卷，遍赏精美阅读笔记，一致推选出"三湘少年儿童阅读之星"100 名，"三湘少年儿童阅读优秀个人"200 名。

蓦然回首，"书香湖南"——全省少年儿童系列读书活动已走过 37 年芳华，

37 年栉风沐雨，37 年砥砺前行，"书香湖南·共创共享儿童阅读新时代"——第 37 届全省少年儿童系列读书活动已圆满收官，却又预示着一个崭新的开始，在一代又一代湖南图书馆人的努力探索与实践下，"书香湖南"——全省少年儿童系列读书活动必将取得更丰硕的成果，赢得更广泛的赞誉。

# 阅天下·邂逅图书馆之美

长沙市图书馆

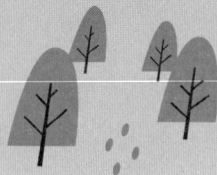

为全面贯彻党的十九大精神，以习近平新时代中国特色社会主义思想为指导，认真贯彻落实《中华人民共和国公共文化服务保障法》《中华人民共和国公共图书馆法》，以培养担当民族复兴大任的时代新人为着力点，长沙市文化广电新闻出版局根据中共湖南省委宣传部、湖南省文化厅（湖南省文化和旅游厅）等部门印发的《关于组织开展"书香湖南·共创共享儿童阅读新时代"——第37届全省少年儿童系列读书活动的通知》（湘文公共〔2018〕62号）文件精神，发动全市少年儿童广泛参与"阅天下·青苗在旅图"图书馆游学活动，鼓励青少年在阅读的同时体验、在旅行的过程中学习、在社会实践中收获。通过读行活动将人、书、馆、城紧密联系，向社会传播图书馆的良好形象，扩大图书馆的社会影响力，充分发挥少年儿童阅读在推进全民阅读中的作用，共同建设富饶美丽幸福新长沙新湖南。现将活动开展情况总结如下：

## 一、精心组织，全面强化保障抓落实

按照上级的部署，长沙市图书馆精心组织活动开展，全方位保障活动顺利实施。一是人员保障。长沙市图书馆馆长亲自主抓，统筹系列读书活动的宣传、组织、推进工作，少儿服务部七位工作人员全力以赴，负责活动的具体执行，明确责任分工，细化目标任务，逐一落实到人，确保责任上肩，其他副馆长及业务部门共同配合，为活动保驾护航。二是经费保障。长沙市文化广电新闻出版局下拨专项经费，专款专用，保障活动顺利实施。三是物资保障。各类宣传物料、游学护照都准备齐全，按时按点供应到相应活动地点。四是宣传保障。长沙市9个区县图书馆各类宣传平台同步启用，广泛宣传动员，市内各大媒体配合宣传，充分发动全市少年儿童积极参与到湖南省系列读书活动中来，掀起了阅览天下、全民阅读的良好风尚。

# 二、青苗游学，开启旅图阅读新模式

2018 年，长沙市图书馆启动"阅天下·邂逅图书馆之美"全民阅读游学打卡活动，鼓励广大市民走进身边的图书馆，感受图书馆的魅力。在全省少年儿童系列读书活动来临实际，长沙市图书馆不失时机地推出了面向广大未成年人的"阅天下·青苗在旅图"活动，以总馆—分馆—中小学校三级联动的方式，发动青少年在旅行中学习，在游学中收获。

## 1. 大力宣传，营造浓厚氛围

长沙市图书馆在馆内各处布置宣传栏，在微信公众号、微博、读者群等多渠道发动少年儿童了解本次活动。长沙市图书馆还精心制作了"图书馆的前世今生"宣教片，将图书馆的发展历史浓缩在 30 分钟的影片当中，结合暑期社会实践活动，组织未成年人观看，暑假期间观看场次达 50 余场，观影人次 4000余人，大大增强了图书馆在青少年心中的印象，加深了他们对图书馆的了解。活动得到了家长的一致认可和支持，"阅天下·青苗在旅图"成为暑假期间少年儿童最乐于参加的特色活动之一，长沙市 9 个区县共发出游学护照 5000 余本，参与人数达 20000 余人，孩子们参与阅读活动的热情高涨。

## 2. 各地打卡，线下参与踊跃

在活动期间，领取了游学护照的孩子们积极前往各地图书馆打卡，每到一个图书馆，工作人员会在游学护照上盖章，孩子们在读行笔记本中记录游学感悟。众多小读者带着游学护照前往全国各地乃至世界各地的图书馆游学打卡，各地图书馆的不同风貌，也展现了湖南省小读者爱阅读、爱图书馆的风采。一方面，长沙图书馆作为"青苗在旅图"活动的发起方，接待了来自全省各地的游学团队。2018 年 7 月 28 日，来自汉寿县图书馆一行 50 余人的游学团队来到长沙市图书馆打卡，小朋友们参观了馆内各处场所，参加了本馆举办的阅读活动，并接受了长沙新闻频道的采访报道。另一方面，长沙图书馆积极"走出去"，于 2018 年 10 月 27 日组织"青苗计划"成员 25 组家庭，共同前往参观望城区雷锋纪念馆，接受伟大人物精神洗礼，并前往湖南省首家"共享"理念的图书馆——"和+"共享图书馆进行游学打卡，举办青苗分享会，进行图书共享仪式，与阅读同行，扣好人生第一粒扣子。

### 3. 网络联动，线上同步推进

家长在新浪微博上将孩子们在游学期间拍摄的照片分享给其他读者，与他人共享阅读体验，还记录了当下的心情、读书心得，推荐喜欢的书目。如有家长在参加了游学"和+"共享图书馆的活动之后，即在微博中写道："阅天下·青苗在旅图，邂逅美丽的图书馆，每一本书都是有温度的，走进图书馆就会被这样的精神理念所感动而投入到阅读中……"微博话题"阅天下·邂逅图书馆之美"达到52.8万阅读量。

### 4. 积极评价，形成良性循环

长沙市图书馆邀请专家和读者代表对参与者活动情况进行评比，根据上交的护照、读行笔记及微博记录对每位读者进行打分，根据获奖积分和评比情况，评选出"游学达人"8名、"优秀读行笔记"10名、"最美图书馆宣传大使"5名。长沙市图书馆还汇总优秀读行笔记及最美图书馆照片和游学微博感悟进行了专题展览，鼓舞了参与本次活动的读者的热情，并为其他读者树立了榜样，促使更多的少年儿童参与到图书馆的活动中来。

## 三、多措并举，展现长沙阅读新风貌

作为活动的主要组织者，长沙市图书馆总分馆、各区（县）文化部门、中心图书馆、各级中小学校、各图书分馆迅速行动起来，大力宣传，广泛发动，结合自身实际，开展了形式多样，精彩纷呈的主题活动。

### 1. 总馆活动推陈出新

2018年"六一"儿童节，长沙市图书馆推出两项重磅福利。上午，长沙市图书馆联合湖南省妇幼保健院、湖南少年儿童出版社共同举办"书香长沙·天使阅读公益行"，向在妇幼保健院的300名新生儿免费赠送了阅读大礼包，正式开启了长沙图书馆0~3岁婴幼儿阅读服务，实现了0~18岁未成年人阅读服务全覆盖。2018年6月1日晚，"青苗计划"两周年庆暨"图书馆奇妙夜"活动在馆内盛大开场，200组家庭共同参与7大分会场的13项主题活动，其中120组家庭在馆内搭帐篷宿营，与书共眠、浸润书香，感受了一把独特的阅读体验。这些活动受到了孩子和家长的大力追捧，"图书馆奇妙夜"活动主微信稿点击量达27821次，文章点赞数1135。为了参加这项活动，读者们纷纷留言集赞，留言数达 446 条，留言点赞数最高达 1331，在朋友圈里掀起了一场参加图书馆奇妙夜的潮流。活动之后，众多家长也在朋友圈里分享了自己参加"图书馆奇妙夜"的独特感受，大大增强了图书馆对广大市民的吸引力。暑假期间，"青苗分享会""青苗国学馆""青苗大课堂""故事城堡绘本之旅""小小管理员"等品牌活动也持续推进，引导不同年龄的少年儿童爱上阅读。

**2. 分馆活动精彩纷呈**

长沙市各区县中心图书馆充分发挥社会职能，在 2018 年的书香湖南系列读书活动中，不仅积极参与"青苗在旅图"游学活动，而且结合自身特点，以独具特色的阅读推广方式为广大少年儿童送去了精神盛宴。如开福区图书馆的"图书遇上 VR，开启阅读新'视界'""1+10"新华书店代购服务模式等为孩子们送去了最方便的阅读新体验；岳麓区图书馆的"小小向日葵营地"系列活动、岳麓公益大课堂为少年儿童带来书法、手工、阅读等各类体验；天心区图书馆指导孩子们进行"彩虹记录式阅读"，做好阅读指导服务；芙蓉区图书馆的"家长加油站""雏鹰计划"大人小孩两手抓；雨花区图书馆的"书香雨花——阅读伴成长快乐度暑假"儿童数字阅读体验扩展儿童阅读方式。这一系列的活动，不仅体现了图书馆的服务职能，也起到了良好的社会示范效应，为倡导全民阅读，建设书香湖南做出了贡献。

# 四、树立典范，榜样力量引领新风尚

为了进一步推动读书活动的开展，树立一批阅读典范，让大家学有榜样、行有楷模，在全市形成良好的阅读氛围，长沙市图书馆开展了"阅读之星"推选活动。一方面，配合湖南省少年儿童图书馆开展第八届"三湘少年儿童阅读之星"推选活动，在全市各分馆、中小学校及广大读者中发起参与答题活动，长沙市参与答题人数 8000 余人，为全省之冠。初试之后，长沙市图书馆作为中学组复试考场，承担了复试组织工作，132 名考生在长沙市图书馆青少年借阅室顺利参加了复试。另一方面，长沙市"星城少年儿童阅读之星"评选工作也在同步推进，按照公平、公正、公开的原则，通过各馆推荐、自主报名等方式，有 100 余名优秀少年儿童参与评选。活动按照阅读量、读书笔记、参与阅读活动等指标进行考核，评选出"星城少年儿童阅读之星"8 名，"星城少年儿童阅读先进个人"10 名。阅读之星评选活动的开展对于更好地引导少年儿童勤读书，读好书起到了积极作用。通过"阅读之星"评选，树立榜样，确立标杆，提高少年儿童阅读兴趣，帮助孩子养成良好的阅读习惯，奠定终身学习能力的基础。

在 2018 年全省系列读书活动中，长沙市主动作为，积极参与，共组织了各种阅读活动 200 余场，参与人数达 20000 人以上，特别是"青苗在旅图"活动在网络上得到广泛关注，微博话题达到 52.8 万阅读量，多项活动得到了《湖南日报》、《长沙晚报》、湖南教育电视台等媒体报道。长沙市图书馆表示在今后的工作中将继续探索创建新的阅读模式，坚持以改革创新为宗旨，"读"出新意、"做"出新招，让更多的少年儿童乃至成年人共享新阅读下的成果，使文化服务真正惠及百姓，使更多的群众热爱读书，让读书成为振兴民族的桥梁和手段，努力培养能够担当民族复兴大任的时代新人。

# 推动开展全民阅读　少年儿童昂扬奋进

株洲市图书馆

　　根据中共湖南省委宣传部、湖南省精神文明建设指导委员会办公室、湖南省文化厅（湖南省文化和旅游厅）、湖南省新闻出版局、共青团湖南省委、湖南省妇女联合会、湖南省关心下一代工作委员会七部门联合组织开展的"书香湖南·共创共享儿童阅读新时代"系列活动的总体安排，为推进株洲市全民阅读活动深入开展，进一步丰富中小学校园文化生活，努力营造积极向上、健康文明的学习氛围，全面提高少年儿童的综合素养，株洲市举办了"共创共享"大型少儿阅读系列活动，活动情况总结如下：

## 一、领导重视

　　自接到"书香湖南·共创共享儿童阅读新时代"通知后，株洲市图书馆领导高度重视，第一时间成立活动小组，加强组织领导，明确任务分工，制定出具体的活动实施方案，积极组织开展各类相关活动。

## 二、精心组织

　　从活动启动伊始，由中共株洲市委宣传部联合株洲市精神文明建设指导委员会办公室、株洲市文化体育广电新闻出版局、株洲市教育局、共青团株洲市委、株洲市妇女联合会六家单位发文，向全市相关单位下发了《关于组织开展全市少年儿童"书香湖南·共创共享儿童阅读新时代"系列读书活动的通知》。株洲市图书馆根据通知要求，积极与各参赛县（市）及湖南省少儿图书馆保持联系，及时上传下达活动的方针、要求、内容，全面把握各地活动开展动态，并对活动中出现的问题和困难统一协调，认真做好株洲地区的活动组织工作，并且通过广播电台、电视台、报纸、网络等媒体对此次读书活动进行了大量的宣传报道。

# 三、活动丰富

从 2018 年 6 月开始，株洲市开展的各类丰富多彩、形式各异的主题活动主要有：

## 1. 少年儿童专题书籍阅读活动

自活动开展以来，株洲市五县（市）依托当地文化体育广电新闻出版局和图书馆，周密部署、精心组织，购置必读书目，用图片展、红色电影展播等形式对活动主题进行宣传推广，通过开展阅读体验、榜样激励等读书形式，帮助全市少年儿童正确认识自己、感知生活，让孩子们有一个健康成长、奋发向上的良好学习环境。

## 2. 少年儿童"读万卷书，行万里路"，"阅天下·邂逅图书馆之美"游学活动

株洲市图书馆组织开展的"阅天下·青苗在旅图"活动让参与其中的少年儿童将阅读、旅行、学习和社会实践相结合，鼓励他们在阅读的同时去体验旅途的快乐、在旅行的过程中学习和旅途中相关的各类知识、在社会实践中收获与小伙伴相互学习、相互帮助的快乐。让阅读走出书本的框架，让孩子们收获诗和远方的真实体验，通过读行将人、书、馆、城紧密联系，向社会树立图书馆做好阅读推广工作的良好形象，扩大了图书馆的社会影响力。

## 3. "少儿故事大王"大赛活动

株洲市图书馆主动承接全省"少儿故事大王"大奖赛，为湖南省各地市（州）选送的少儿故事大王提供了一个展示才艺表演的机会，展现了各地少年儿童活泼好学的精神风貌和表演天赋，孩子们讲故事的主题内容健康向上，吸引了大量少儿参与观摩。

## 4. 少年儿童数字阅读知识竞赛活动

该赛事旨在帮助少年儿童提高数字资源检索与查找能力，让少年儿童了解中华文明，引导少年儿童记忆和传承本土历史文化，提升本地区少年儿童的民

族自信。其中，参与这次竞赛的茶陵县虎踞中学李荟珍同学获得一等奖的殊荣。

### 5. 第八届"三湘少年儿童阅读之星"推选活动

株洲市有 200 余名学生参与第八届"三湘少年儿童阅读之星"推选活动，经过挑选株洲地区 44 名学生参与了第二轮笔试角逐。

## 四、活动意义

"书香湖南·共创共享儿童阅读新时代"读书活动不仅是株洲市为"建设学习型社会，推进全民阅读"开展工作的重要组成部分，也是株洲市少儿阅读推广工作的一次成功实践，加快了图书馆服务形式与文化内容的深度融合。活动展现了株洲市少年儿童昂扬奋进的姿态，传播了社会健康文明的新风尚。株洲市开展的各类少儿读书活动将引领三湘大地新气象，如春风细雨浸润少年儿童的心灵，将知识的火种播撒在少年儿童的心田，让知识的星火伴随着三湘经济发展的脉搏永远绵延。

# 统一部署　推出特色读书活动

湘潭市图书馆

2018 年，是湘潭市评选为全国文明城市的开局之年，是《中华人民共和国公共图书馆法》实施的第一年，是少年儿童阅读推广事业不断向好的一年。按照《关于组织开展"书香湖南·共创共享儿童阅读新时代"——第 37 届全省少年儿童系列读书活动的通知》的文件精神，湘潭市图书馆（少儿馆）大力弘扬湖湘文化和爱我家乡的思想，传承"移风易俗，杜绝赌博；厉行节约，拒绝浪费"的优良民风，砥砺奋进，开拓进取，认真地组织开展了全市少年儿童系列读书活动。

## 一、高度重视，周密部署

活动伊始，湘潭市图书馆立即召开了全市少年儿童系列读书活动专题会议，湘潭市文化体育广电新闻出版局副局长娄向前，湘潭市文化体育广电新闻出版文艺科科长胡湛，湘潭市教育局刘剑，各县（市、区）文体局主管局长、各县（市、区）图书馆馆长及读书活动的相关负责人参加了会议。会议上，大家按照读书活动的宗旨、要求、内容及湘潭市图书馆（少儿馆）承办的"湖南省少年儿童原创音频大赛"进行了深入的研究和热烈的讨论，敲定了 2018 年湘潭市少年儿童读书活动实施方案。会议上还对 2018 年的全市少年儿童读书活动做了整体部署和详细安排。随后，中共湘潭市委宣传部、湘潭市精神文明建设指导委员会办公室、湘潭市文化体育广电新闻出版局等七部门联合下发了潭文体广新字〔2018〕14 号文件《关于组织开展"书香湘潭·共创共享儿童阅读新时代"——2018 年全市少年儿童系列读书活动的通知》。各级领导对少年儿童读书活动的重视，凸显了少年儿童读书活动在书香湘潭建设中起着重要的作用。活动中，各级领导高度重视，多次去基层督查活动的开展情况并精心策划、组织；各县（市）区广泛发动，协调配合；图书馆、少儿馆、文化馆（站）、媒体等宣传阵地全程宣传造势；志愿者、企业及相关机构等社会资源积极支持、参与活动，为读书活动注入新的活力；各市、县（区）教育局，与各学校联系沟通、加强协作，让少儿主题读书活动没有盲区。在整个活动过程中，湘潭市图书馆及时解决活动推进过程中出现的问题，为活动的开展提供了有力的组织保障、打下了坚实的基础。活动结束后，湘潭市图书馆对开展的各项活动进行总结归纳，评选、推荐了一批优秀组织单位和个人，充分发挥先进典范在读书活动中的示范和引领作用，给广大少年儿童营造了浓厚的读书氛围。

## 二、精心组织、亮点纷呈

此次"书香湘潭·共创共享儿童阅读新时代"——2018 年全市少年儿童系列读书活动包含四大主题活动：一是少年儿童阅读服务特色品牌活动之湖南省少年儿童原创音频大赛；二是第八届"三湘少年儿童阅读之星"评选活动；三是少年儿童主题阅读推广活动；四是全市少年儿童系列读书活动表彰与展示。

### 1. 少年儿童阅读服务特色品牌活动之湖南省少年儿童原创音频大赛

2018 年全省少年儿童阅读服务特色品牌活动之湖南省少年儿童原创音频大赛由湘潭市图书馆（少儿馆）承办。2018 年 4 月湘潭市图书馆就开始制定初步方案，随后，通过调研、撰稿、修改，制定下了具体实施方案，并得到了省里的肯定，入选"书香湖南·共创共享儿童阅读新时代"少年儿童阅读服务特色品牌活动。2019 年 6 月，湘潭市图书馆以网站、微信公众号、QQ、微信等方式面向全省各级图书馆发布和动员。为更好地开展此项活动，2018 年 7 月 28 日，湘潭市图书馆邀请了小学高级教师孙亮英老师来馆做专题写作培训，以举例的形式详细讲解了扩展思维广度和写作的技巧。2018 年 7 月 29 日，湘潭市图书馆邀请胡宁老师来馆做专题语言艺术培训，以《长沙礼赞》的例子讲述了朗诵时发声的方法和技巧以及怎样通过语言传递感受，如何层层递进感情等。因为是第一次承接全省的音频大赛，为了能成功地举办好这次比赛，湘潭市图书馆还专门组织了"声声抒情"和"我听·我读"等音频比赛来积淀经验。

2018 年 11 月 19 日，湘潭市图书馆邀请湘潭市演讲协会会长、原湘潭报社总编辑陈植源等七名评委对湘潭地区的 105 件小学组作品进行评选。最后评出小学组一等奖 5 名，二等奖 15 名，三等奖 32 名，优秀奖 53 名，其中获得一等奖和二等奖的作品代表湘潭地区参加湖南省的原创音频大赛。

本次原创音频大赛也得到了其他兄弟图书馆的积极响应和参与，先后收到了邵阳市、永州市、冷水江市、怀化市、常德市、湘潭市等地区 32 所学校送来的参赛作品 224 件。这些作品有的来自繁华都市，有的来自边远瑶乡；有的以诗歌的形式抒发自己对家乡的热爱，有的用散文的形式展现了家乡移风易俗的新风貌，有的用记叙文的方式讴歌了优良的家风和传统美德；朗诵者既有嗲声稚气的 5 岁幼童，也有鹤发童颜的老奶奶，有的更是一家老小齐上阵，将我们"以少儿阅读带动全民阅读"的宗旨体现得淋漓尽致。

2018 年 12 月 7 日，活动领导小组办公室邀请了省、市的五位专家评委对全省的 148 件作品进行了评选。此次比赛评出幼儿组金奖 1 名，银奖 3 名；小学组一等奖 5 名，二等奖 15 名，三等奖 23 名；中学组一等奖 3 名，二等奖 7 名，三等奖 13 名。那些获得幼儿组金奖，小学、中学组一、二等奖的作品会陆续在湘潭市图书馆的微信公众号上展播，优秀的原创作品也会整理编辑成作品集（付费光盘）进行展示。

## 2. "三湘少年儿童阅读之星" 评选活动

2018 年的 "三湘少年儿童阅读之星" 评选和湘潭市的 "阅读之星" 评选是同时进行的。"三湘少年儿童阅读之星" 评选分为三个环节：网上答题、现场笔试、阅读笔记本打分。收到 "三湘少年儿童阅读之星" 推选方案后，湘潭市图书馆制定了适合本地区的 "湘潭市少年儿童阅读之星" 评选方案，并把参与方式发布在本馆官方网站和微信号上，各县（市、区）图书馆转发参赛信息，广泛动员读者参与。2018 年 10 月 21 日上午 9 时 30 分至 11 时，第八届 "三湘少年儿童阅读之星" 推选活动的复试在湘潭市图书馆和韶山市图书馆考点同时开考。通过这次复试，10 名选手被评为了湘潭市 "少年儿童阅读之星"，并参与角逐第八届 "三湘少年儿童阅读之星" 的荣誉称号。此次参赛的选手涵盖了湘潭市雨湖区、岳塘区、湘潭县、湘乡市、韶山市等 26 所学校的中小学生。来自湘潭市特殊学校的刘子良同学是名聋哑选手，但因热爱阅读脱颖而出，获得复试资格。虽然上帝为他关上了一扇窗，但图书馆为他敞开了一扇门，为他通往知识的殿堂，插上梦想的翅膀。

## 3. 主题阅读推广活动

（1）绘本馆主题活动

青青绘本馆为培养少年儿童关注中国文化，感受传统文化的魅力，推出了以二十四节气为主题的相关活动，让 70 后耳熟能详的二十四节气歌重回 00 后和 10 后的口中。活动为小朋友们讲述二十四节气的由来，推荐和节气相关的绘本，如讲述春天的节气，清明节的习俗，端午节的故事等。亲子故事会、DIY创意小头脑、儿童小话剧也是青青绘本馆的常规活动，在这里我们讲述绘本里的好故事，发现绘本里的小游戏，挖掘绘本里的好剧本，让小读者在活动中成为讲故事小达人，DIY 小达人，表演小达人，从小养成阅读习惯。

（2）暑期阅读活动

暑假期间是少儿图书馆最热闹的时候，湘潭市图书馆举行了丰富多彩的系列活动来丰富小读者们的假期生活，拓展他们的社会体验，增添了"书香湘潭"的底色。

（3）"小小图书管理员"活动

来自湘潭市第二中学、湘潭市第十六中学、湘乡市先锋学校、湘乡市育才小学、经开区砂子塘潭州小学、湘钢一中、雨湖区风车坪小学、雨湖区和平小学、雨湖区益智中学、雨湖区韶西逸夫小学、岳塘区大桥小学、湘潭县江声实验学校、湘潭县江麓学校等 10 余所中小学的 200 余名学生参加了"小小图书馆管理员"活动。他们每天按预约的顺序，分批来到图书馆引导借还书、整理书架、维持秩序和协助活动。通过这些体验孩子们更深入地了解并爱上了图书馆，丰富了他们的假期生活和社会阅历。

（4）多彩暑假剪纸培训班活动

2018 年暑假的两期剪纸培训班场场爆满。擅长儿童画、水粉画、剪纸教学的孟金琰老师用一张彩纸和一把剪刀，活灵活现地表现出千变万化的自然形态，随心所欲地表达内心世界的美感。湖南省剪纸工艺大师刘月玲老师现场授课，让孩子们深深地体验到了我国博大精深的传统文化。

（5）特色主题活动

2018 年 1 月 1 日上午，湘潭市少年儿童图书馆五楼多媒体厅举办"元旦喜洋洋，亲子人文秀"活动。《雨湖春记》浮雕作者邓宏老师给大家分享了大美湘潭中《雨湖春记》的故事。皮影剧《喜羊羊过新年》的表演更是惹得大家忍俊不禁。看好书、做春联、赏皮影，感受大美湘潭，体味传统文化，这些都是湘潭市图书馆送给市民朋友的元旦礼物。

2018 年 3 月 3 日下午 3 点，一场知识的对决在湘潭市图书馆（少儿馆）五楼活动厅里开启了。"我们的节日——闹元宵猜成语"活动以抢答赛的形式进行。元宵队和快乐队每轮每队 3 组家庭上场抢答，一轮结束后由特邀嘉宾宾咏荷进行成语点评。近 300 名市民到现场参加，活动全程由网易直播，31313 人参与直播讨论。这种独特的活动方式让充满书香，具有文化底蕴的图书馆走进了更多人的视野，活动反响热烈。

6·1 系列活动更是让孩子们忙得不亦乐乎，"我爱湘潭·手绘传统""青青故事会""来少图·做创客 3D 打印共享单车""儿童电影放映"等一系列主题活动让孩子们在图书馆度过了一个快乐、健康、有意义的儿童节。

（6）数字阅读活动

2018 年 8 月 12 日上午，智慧空间内，举行了"欢乐童年，放飞梦想"智慧互动体验活动。在 VR 消防科普体验中，小朋友现场体验 VR 火灾逃生、VR消防演习，这种将平面上的火灾安全教育科普安全教育转换为立体的体验方式，让小朋友身临其境参与到火灾科普安全自救的现场。而在互动体感教育中，小朋友在具体的虚拟场景中通过模拟操作，体验特定的安全情境，自然就形成安全意识的动力定型。小朋友不仅可以"穿上"潜水服畅游神奇的海底世界，与海豚、海龟、鲸鱼互动，还可以"扮成"宇航员探索外太空。

每周六的"佳片有约""书影共读""重温经典"等专题电影播放更是粉丝无数，他们自发地建起了观影交流群，在群里面交流观影心得和体会。

### 4. 全市少年儿童系列读书活动的表彰与展示

"书香湘潭·共创共享儿童阅读新时代"——2018 年全市少年儿童系列读书活动的表彰会于 1 月 29 日召开，对在这次系列活动中取得优异成绩的选手和指导老师进行表彰鼓励，并对积极参与和精心组织的单位授予"阅读活动奖"和"优秀组织奖"的荣誉称号。

# 三、广泛宣传，氛围浓厚

第 37 届全省少年儿童系列读书活动在领导的重视和大家的共同努力下，取得了不错的成绩。活动范围铺展广泛且深入基层，推广到了广大农村地区及偏远的少数民族地区。湘潭各县（市、区）图书馆都紧紧围绕"共创共享儿童阅读新时代"读书活动主题，统一部署、周密安排了丰富多彩、形式多样的特色读书活动。在农村学校建分馆，开展读书活动，让阅读来丰富孩子们的课余文化生活，让农村孩子与城市孩子一样同享优质阅读资源，推动读书活动的深入开展。本次系列活动除在传统媒体进行宣传外，还充分发挥新兴媒体的特色，多管齐下进行宣传报道。通过移动互联网（QQ、微信、微信公众号、朋友圈）、网站（红网、湘潭在线）、纸质媒体（《湘潭晚报》、《湘潭日报》）、电视媒体（新闻频道、都市频道）多个渠道的多种方式进行全面的宣传推广，使得活动影响力进一步扩大，得到了上级领导和社会各界对活动的支持，取得了较好的效果。活动的开展还对建设未成年人思想道德、引导少年儿童树立正确的价值观起到了积极的作用，产生了良好的社会效益。

2018 年是湘潭市图书馆首次承办全省的原创音频大赛，得到了各级单位的参与和支持，让他们信心倍增。同时湘潭市图书馆也积累了丰富的经验，相信将来的特色品牌活动可以做得更大、更好。

# 精彩角逐　争当"阅读之星"

湘西土家族苗族自治州少儿图书馆

　　根据中共湖南省委宣传部、湖南省精神文明建设指导委员会办公室、湖南省文化厅（湖南省文化和旅游厅）等部门印发的《关于组织开展"书香湖南·共创共享儿童阅读新时代"——第37届全省少年儿童系列读书活动的通知》（湘文公共〔2018〕62号），为推进全省少年儿童系列读书活动的顺利开展，由中共湘西土家族苗族自治州委宣传部、湘西土家族苗族自治州精神文明建设指导委员会办公室、湘西土家族苗族自治州文化广电新闻出版局、共青团湘西土家族苗族自治州委、湘西土家族苗族自治州妇女联合会、湘西土家族苗族自治州关心下一代工作委员会联合签发关于开展"书香湖南·共创共享儿童阅读新时代"——全州少年儿童系列读书活动的通知（州文广新发〔2018〕32号）。2018年7月，湘西土家族苗族自治州少儿图书馆迅速在全州推进此次活动的开展，以"共创共享儿童阅读新时代"为主题，通过征集、评选、展示、阅读等多种形式组织开展阅读活动，充分发挥少年儿童阅读在推进全民阅读中的作用，活动开展情况总结如下：

## 一、精心策划，统筹部署

　　狠抓活动落实。以湘西土家族苗族自治州文化广电新闻出版局为总抓手，湘西土家族苗族自治州少儿图书馆为组织单位，各县（市）馆为具体实施单位，迅速在湘西土家族苗族自治州各县（市）学校开展了"阅读之星"和"故事大王"主题活动。

　　强化组织领导。根据文件通知要求，湘西土家族苗族自治州少儿图书馆调整领导班子分工，馆长车红为责任领导，负责整个活动的统筹、组织、督促工作，副馆长王莉萍协调各个活动的具体实施细节。

配强基层人员。业务部全部工作人员负责活动推行与具体的执行，细化分工，主题活动任务逐一落实到个人。

## 二、系列活动开展情况

湘西土家族苗族自治州各县（市）图书馆积极推行活动开展，特别是吉首市、龙山县、永顺县、泸溪县，先后组织 8000 名在校学生参与，以海选、初赛、决赛的方式层层筛选，通过本馆终审的会上报优秀节目。此次活动发挥了图书馆的社会服务功能和少年儿童阅读引领作用。

2018 年 9 月中下旬，在吉首市民族少年儿童图书馆的配合下，吉首市民族谷韵学校积极组织 311 名高年级学生参加了湖南省"三湘读书月"网上答题活动，学生们对活动的兴趣极浓，利用中秋节假日在家答题，参与率达 60% 以上。2018 年 10 月上旬，该学校有 20 名学生从网上答题中脱颖而出，参加了"三湘少年儿童阅读之星"推选活动的决赛。决赛考场设在吉首市民族谷韵学校，考试形式为笔试答题。2018 年 10 月 21 日，选手们冒着绵绵秋雨到达考场，在州（市）图书馆工作人员及老师的周密组织下，用心思考，精心答题，在通往全省"阅读之星"的道路上迈开了坚实的一步。为了使读书活动长期有效地开展下去，最大限度地放大"阅读之星"的示范、引领作用，此次活动致力于扩大阅读之星在学生中的影响力，在全校营造出人人争当"阅读之星"、人人爱好读书的学习氛围，让"阅读之星"闪亮校园。

2018 年 10 月 21 日，永顺县灵溪镇第三完全小学的 382 名师生积极参与阅读之星比赛活动。活动初赛为网上报名，网络做题，网络题型多样，考察范围广，对学生阅读面的要求很高。在经历了初赛的选拔之后，有 60 名表现优异的学生进入了复赛。这 60 名选手在经过认真准备之后，利用所学的知识，所阅读的书籍，在考场上稳定发挥，交出了一份自己满意的答卷。在这次阅读之星活动的复赛中学生们见识了新的命题形式，虽然对于学生来讲有一定的难度，但是通过这一次的活动让他们养成了自觉积累语文知识，自觉扩大阅读面的好习惯。学生们也明白了海量的阅读是掌握更多知识的前提。阅读需要学生们学会积累知识，做好阅读笔记，写好读后感，只有这样才能够学有所得，读有所获。经过笔试和阅读评分筛选，湘西土家族苗族自治州推选了魏淇米、潭新玥、彭铂林、罗震云等 13 名同学代表湘西土家族苗族自治州参加湖南省"三湘少年儿童阅读之星"最终的角逐。

2018 年 10 月以来，"书香校园·共创共享儿童阅读新时代"少年儿童系列读书竞赛活动系列之"故事大王"活动在湘西土家族苗族自治州少年儿童图书馆积极组织下全面推开。

2018年11月1日上午,龙山县"故事大王"初赛在龙山县第三小学多媒体教室隆重举行。伴随着主持人致辞,少年儿童故事大王初赛拉开帷幕。各年级各班共有8个节目参赛,孩子们跟随着音乐,用清晰的语言,洪亮的声音,将作品演绎得生动形象、惟妙惟肖。其中,《文明奶奶》《怪小余不见了》《大力叔叔》《拾金不昧的邱奶奶》《民运会访谈记》《谢谢你,陌生人》《我身边的"诺比"》《妈妈和麻将》等节目在选手们的表演下各具风格,令人感动。

2018年11月9日中午,吉首市谷韵民族小学故事大王初赛现场在一阵热烈的掌声中拉开了帷幕,全校有90多名小选手通过了第一轮的年级海选,筛选出了18个优秀作品,进入吉首赛区的初赛。此次比赛中低年级组和高年级组同时举行,小选手们用生动的语言和形象的肢体动作,绘声绘色地讲述了《最美母亲》《外婆家的"豪宅"》《活了一百万次的猫》《斑马线上的风景》等身边的新风尚故事,赢得了在场同学、老师及家长们的热烈掌声。比赛经过激烈的角逐,评选出6个金奖,12个银奖,2个最佳风采奖和2个最佳语言奖。

此次故事大王初赛,湘西土家族苗族自治州推选了石俊宇、康明洋、魏淇米、游钧琳、张升阳5名小选手参加了湖南省故事大王复赛,在与85个选手的激烈角逐下,吉大师院附小的张升阳同学以原创题材《麻汝十八洞》获得全省故事大王决赛资格。

湘西土家族苗族自治州少儿图书馆此次活动的开展为全州少年儿童提供了一个展示自我的平台,激发了少年儿童对读书的兴趣,对少年儿童综合发展起到了良好的促进作用,营造出了热爱阅读·书香校园的良好氛围。

# 相约经典　相伴阅读

常德市图书馆

为推动全省少年儿童系列读书活动顺利开展，根据中共湖南省委宣传部、湖南省文化厅（湖南省文化和旅游厅）等部门印发的《关于组织开展"书香湖南·共创共享儿童阅读新时代"——第37届全省少年儿童系列读书活动的通知》文件精神，常德市图书馆紧紧围绕"书香湖南·共创共享儿童阅读新时代"主题，在全市范围内开展了丰富多彩的系列读书活动，本次活动得到了县（市、区）广大少年儿童及家长们的大力支持，使阅读推广活动形式多样、内容丰富、精彩纷呈，活动情况总结如下：

## 一、高度重视，统筹策划与组织

为确保"书香湖南·共创共享儿童阅读新时代"活动有效地开展推进，常德市图书馆以红头文件的形式，向各县（市、区）图书馆下发了"书香湖南·共创共享儿童阅读新时代"——2018年全省少年儿童系列读书活动常德地区相关工作通知及实施方案。常德市图书馆由分馆副馆长郑芹领导，组织各县（市、区）图书馆，以常德市图书馆为主阵地，将"书香湖南·共创共享儿童阅读新时代"活动进一步深入开展。

## 二、深入宣传，营造活动氛围

为使"书香湖南·共创共享儿童阅读新时代"系列活动有效、规范、深入有序地开展，常德市图书馆制定了详细的系列读书活动方案，利用图书馆门户网站、微信公众号等宣传媒介，通过电子显示屏、展牌、现场有奖答题等活动，全面营造共创共享阅读空间的良好氛围，鼓励更多的父母带孩子共同参与阅读。

## 三、精心组织，积极参与，活动效果显著

常德市图书馆精心组织了"书香湖南·共创共享儿童阅读新时代"——第37届全省少年儿童系列读书活动之主旨活动，包括"三湘少年儿童阅读之星评选""少儿故事大王""少年儿童数字阅读知识竞赛""少年儿童原创音频大赛活动"等。此次活动学习效果好，社会反响大，取得了良好的社会效益。

### 1. 第八届"三湘少年儿童阅读之星"评选活动

2018年6月初至9月30日，"阅读之星"初选活动以网络答题的形式在湖南省14个市（州）进行。根据活动组委会后台统计数据，常德市共完成初赛网络答卷831份，复赛入围选手53名。

2018年10月21日上午9点30分，第八届"三湘少年儿童阅读之星"推选活动常德地区复试在常德市图书馆二楼主考场和汉寿县、津市市、石门县三个分考场顺利举行，来自常德市中小学校的39名选手分别参加了小学组和中学组的复赛。复赛采用现场笔试的形式，由活动组委会按年龄段统一制卷，密封后按地区邮寄，考前当众拆封，考后当场密封并寄回组委会集中阅卷，做到条理分明，公开公平。活动组委会根据每一位考生的试卷分数并结合本人的阅读笔记评分，最终确定考生的复试成绩。

### 2. "少儿故事大王大奖赛"活动

故事阅读在小孩的成长中有着不可或缺的作用，一个好的故事甚至可以影响人的一生。"少儿故事大王大奖赛"活动开启后，常德市（区、县）的一大批少年儿童踊跃报名了活动初赛。经过激烈角逐，21名选手脱颖而出，成功晋级。10月27日上午9时30分至12时30分，来自常德市区、常德市鼎城区、澧县、津市市、安乡县、临澧县、汉寿县的21名晋级选手，在常德市图书馆"书友讲堂"参加了"少儿故事大王"大奖赛（常德地区）选拔暨首届"常图故事之星"大赛。

此次"少儿故事大王大奖赛"节目生动有趣，积极向上，结构合理，主题鲜明，突出亮点，提高了孩子们的语言表达能力和表演技能。

### 3. "少儿音频大赛"活动

由常德市鼎城区图书馆、安乡县图书馆举办，鼎城区花船庙小学、安乡县

深柳镇围庵小学协办的"书香湖南·共创共享儿童阅读新时代"故事大王比赛中，小朋友们以优美的故事，给大家带来了精彩的朗读表演。经过激烈角逐，比赛最终评选出一、二、三等奖数名。李一鸣同学表演的《大海》、蔡岱霖同学表演的《勤俭节约，树立文明新风尚》、潘海彬同学表演的《我家节约用水的故事》荣获一等奖。

### 4. "湖南省少年儿童数字阅读知识竞赛"活动

为了帮助少年儿童提高数字资源检索与查找能力，引导少年儿童记忆和传承本土历史文化，提升少年儿童的民族自信。2018年9月中下旬，常德市图书馆启动了由衡阳市少年儿童图书馆承办的"弘扬湖湘历史文化——湖南少年儿童数字阅读知识竞赛"活动。常德市图书馆通过官方网站、微信公众平台、现场宣传牌发布活动链接，印制发放活动参与资料，发动全市少年儿童积极参与活动。

## 四、多方结合，促读书活动向纵深发展

常德市图书馆将"书香湖南"与"少儿悦读"读书活动有机结合起来，从2018年6~9月，常德市图书馆开展了多样化的少儿读书活动，搭建了学习知识与快乐成长的公益平台，丰富了少年儿童的课外生活。

"常悦课堂"和"书友讲堂"吸引孩子走进图书馆。常德市图书馆坚持每月举办一次绘本欣赏及手工制作活动，不定期举办各种家庭教育类讲座，深受孩子和爸爸妈妈们欢迎。2018年，常德市图书馆先后举办了少儿英语Party、儿童礼仪亲子公开课、"欢度中秋，喜迎国庆"主题灯笼亲子手工制作活动，让孩子们在快乐阅读中喜欢上绘本故事、在快乐创意手工制作中得到成长进步。常德市图书馆还不定期组织开展少儿经典诵读活动，与经典相伴，与朗读相约，让孩子们展示自我，收获自信，学会感恩。

通过"书香湖南·共创共享儿童阅读新时代"——第37届全省少年儿童系列读书活动，常德市公共图书馆已成为当地少年儿童及亲子家庭的重要文化交流展示平台。孩子们从优秀的书籍中汲取精神养料，在特色活动中感受到了更多阅读的乐趣。同时，活动潜移默化地帮助孩子们提高思想道德素养和科学文化素质，培育和践行社会主义核心价值观，传承中华优秀传统文化。

# 我的书屋我的梦　传承经典共成长

邵阳市少年儿童图书馆

邵阳市少年儿童图书馆全面贯彻党的十九大精神，以习近平新时代中国特色社会主义思想为指导，认真贯彻落实《中华人民共和国公共文化服务保障法》《中华人民共和国公共图书馆法》，以培养担当民族复兴大任的新时代新人为着力点，以"共创共享儿童阅读新时代"为主题，通过一系列的形式组织并开展阅读活动，努力在全市形成"多读书、读好书"的良好氛围，为创建"书香湖南"发挥积极作用。

## 一、领导重视，组织精心，统一部署，准备充分

邵阳市少年儿童图书馆按照湘文公共〔2018〕62号活动通知部署，对邵阳市少年儿童图书系列活动进行了精心策划，全面安排，认真落实。邵阳市少年儿童图书馆领导对"书香湖南·共创共享儿童新时代"少年儿童系列读书活动高度重视，并逐级对邵阳市文化广电新闻局、邵阳市财政局、中共邵阳市委宣传部的分管领导作了专题汇报，把"培育和践行社会主义核心价值观，加强少年儿童思想道德建设和精神文明建设"与"书香湖南·共创共享儿童新时代"儿童系列活动紧密结合，作为工作的重中之重并做了周密的安排部署，制定了"书香湖南·共创共享儿童阅读新时代——邵阳市少年儿童图书馆2018年系列读书活动工作计划"。邵阳市少年儿童图书馆把这项工作列入重要议事日程，成立了相应的领导小组。邵阳市少年儿童图书馆馆长亲自负责、组织、协调、指导系列活动，支部书记、副馆长具体抓落实，共同为系列读书活动提供了强有力的组织保证。

## 二、宣传广泛，营造氛围，推动活动，助力实施

领导小组发动各县（市、区）图书馆，各社区、学校图书馆在馆舍内外张贴或悬挂大幅标语，并通过报社、电视台、交通频道、红网等媒体协助，大力宣传"书香湖南·共创共享儿童新时代"活动。

## 三、围绕主题，精心策划，活动丰富，效果显著

### 1. 奉献爱心，共同成长

少年是祖国的花朵，是祖国未来的建设者，是中国特色社会主义接班人。在城镇化进程的建设中，农村出现了一大批父母在外地的留守儿童，他们由于没有父母的陪伴，缺失了父母的关爱，因此更需要政府各单位和社会各阶层人士的帮助和温暖。邵阳市少年儿童图书馆的文化志愿者尽微薄之力施以关怀，给予温暖，希望留守儿童多读书，读好书，爱读书，通过读书净化心灵，让阅读成为他们心灵的港湾，让阅读带给他们快乐。同时，也希望通过各种活动能够促进他们勤奋学习，刻苦钻研，把社会各界的关爱转化为学习的动力，以乐观向上的精神迎接学习、生活中的各种困难和挑战，用学习充实自我、用知识成就人生、用行动回报社会。2018年邵阳市少年儿童图书馆一共为留守儿童捐赠了20000多册新书和价值10000多元的物品。

### 2. 诵读经典，传承美德

在党的十九大报告中习近平总书记指出"坚定文化自信，推动社会主义文化繁荣兴盛"，"文化是一个国家，一个民族的灵魂"，在此次读书活动中，邵阳市少年儿童图书馆坚持大力弘扬中华优秀传统文化，继承革命文化，发展社会主义先进文化，培育和践行社会主义核心价值观的新要求，按照上级发布的《关于组织开展"书香湖南·共创共享儿童新时代"——第37届全省少年儿童系列读书活动的通知》工作部署，结合邵阳市实际情况及邵阳市少年儿童图书馆业务工作的现实特点，紧扣"书香湖南·共创共享儿童阅读新时代"主题，精心组织，开展了诵读经典传承美德系列读书活动。

### 3. 一路有你，用爱助学

（1）七月流萤，骄阳似火。邵阳市少年儿童图书馆和壹心慈善志愿者协会

共同举办了以"壹路上心中有你"为主题的助学夏令营活动。2018年7月14日早上，邵阳市少年儿童图书馆和壹心慈善志愿者协会组织的60名来自邵阳边远山区的贫困学生在瑾熙教育培训学校参加助学夏令营启程仪式。此次活动为期两天，目的地长沙，活动内容：①参观李自健大师的画展中心，进行小黑鱼互动活动；②到酷贝拉欢乐城，体验各种职业，进行超级梦想秀活动；③到万达影城观看励志电影。此次活动共计100人，由邵阳市少年儿童图书馆活动部主任简兰和壹心慈善协会副会长沈娟带队，40名文化志愿者前往陪伴。这次活动旨在锻炼学生的坚强意志，培养学生的独立生活能力和团队合作精神，领略艺术大师的魅力，拓展学生的生活视野，既提升了学生的科学素养，又增强了学生对社会的民族责任感。

（2）携手传递温暖，用爱点燃希望。2018年7月28日，由邵阳市少年儿童图书馆携手多家单位共同主办的"践行社会主义核心价值观·创建全国文明城市——2018年延续爱与梦想助学公益行"活动在邵阳市少年儿童图书馆内正式启动。活动在邵阳市少年儿童图书馆室外大厅的36名中小学生的欢声笑语中拉开序幕，活动主办方为36名家庭困难的少年儿童捐助了30000元图书、书包、文具、牛奶等。活动中，邵阳市少年儿童图书馆的文化志愿者与同学们深入交谈，了解他们的生活和学习情况，认真观看了孩子们自编的节目，鼓励他们好好学习，早日成长成才，并带领孩子们玩起了培养团队精神的互动游戏。

2018年以来，邵阳市少年儿童图书馆在全市组织"践行社会主义核心价值观·创建全国文明城市行动"中，以帮助农村贫困青少年成长发展为目标，充分发挥少年儿童图书馆的优势，大力实施关爱青少年扶贫行动，广泛动员社会各界人士参与扶贫工作，让全市更多弱势青少年都感受到社会的温暖与关心。

## 4. 案例评选，助力活动

为贯彻落实《公共图书馆法》，推广本馆的服务特色，响应中国图书馆学会的号召，2018年6月邵阳市少年儿童图书馆以《关爱留守儿童，传递书香温情》为题目，参加了全国组织的未成年人服务案例征集评选活动。

## 5. 主题绘画，充分想象

为深入贯彻落实习近平新时代中国特色社会主义思想和党的十九大精神，加强农家书屋维护使用，推进其提质增效，大力推动全民阅读，丰富少年儿童的文化生活，2018年6月20日，邵阳市少年儿童图书馆举办了"我的书屋·我的梦"绘画活动。

活动现场，孩子们拿着绘画工具认真作画，他们像"小画家"一样，充分发挥自己的想象力，用稚嫩的小手挥动手中的画笔，新奇构思、大胆作画，把自己心目中美丽的书屋用画笔描绘出来。

通过此次活动，既激发孩子们的绘画能力、表现能力、创造能力及欣赏能力，也提高了孩子们感受美、表现美、创造美的能力，更展示了孩子们积极向上追求美好生活时代的精神。

## 6. 国粹传承，为爱而行

党的十九大提出，要深入挖掘中华优秀传统文化蕴含的思想观念、人文精神、道德规范，结合时代要求继承创新，推动中华优秀传统文化创造性转化、创新性发展，让中华文化展现出永久魅力和时代风采。

2018 年 8 月 10 日，由邵阳市大祥区妇女联合会、共青团邵阳市大祥区委主办，邵阳市少年儿童图书馆和壹心慈善协会共同承办以"践行社会主义核心价值观·创建全国文明城市——2018 年幸福家庭"为主题的亲子夏令营活动，开营仪式在邵阳市少年儿童图书馆举行。此次亲子活动共有 160 名家长、学生参加，夏令营活动地点在大祥区板桥乡龙头村，邀请了宝庆经典国学馆范红兵校长等进行授课，开设了国学诵读、开笔礼、经典解读、文明礼仪、德育讲座等课程。

在夏令营中，开笔礼使孩子们通过诵读经典、朱砂启智、击鼓明志开启了传统文化体验之旅；画国画、学剪纸、做编程、品茶香、中国结编织，则让孩子们现场感受中国传统文化和民间艺术的魅力。为期 5 天的夏令营活动让孩子们在轻松愉快的氛围中亲近国学、培育善根、增长智慧、感悟生命，受到了家长的一致好评。

此次活动旨在播种信念，让学生与家长通过国学课堂进行多种体验、互动，让孩子们懂得感恩、责任、爱国、孝行，引导学生健康成长。

## 7. 系列活动，丰富多彩

（1）第八届"三湘少年儿童阅读之星"评选活动。2018 年 10 月 21 日上午 9 点 30 分，邵阳市少年儿童图书馆组织邵阳市九县三区的 40 名中小学生参加了第八届"三湘少年儿童阅读之星"邵阳市推选活动的现场复试，参加复试的 40 名中小学生是从全市初试的 120 名中小学生中脱颖而出的，他们将现场竞技角逐"阅读之星"荣誉称号。

（2）湖南省首届少年儿童"书中人物化妆表演"活动。2018 年 10 月 28

日，在郴州举办了首届湖南省少年儿童"书中人物化妆表演"活动比赛，邵阳市少年儿童图书馆以经典童话《小马过河》为原型，让孩子们把沉睡在童话中的童话角色塑造成一个个活灵活现、生动形象的现实人物，参加这次活动，不仅使孩子们融入故事，走进角色，获得故事体验，还给孩子们提供一个提升艺术形象，展现表演能力的平台，让他们能享受故事表演所带来的快乐。

（3）湖南省首届少年儿童"故事大王"比赛。邵阳市少年儿童图书馆经过各个培训机构和学校筛选，选出 5 名选手参加 2018 年 11 月 25 日的全省首届少年儿童"故事大王"比赛。

# 紧扣主题　推进全民阅读

衡阳市少年儿童图书馆

为全面贯彻党的十九大精神，以习近平新时代中国特色社会主义思想为指导，认真贯彻落实《中华人民共和国公共文化服务保障法》《中华人民共和国公共图书馆法》，以培养担当民族复兴大任的时代新人为着力点，湖南省各级公共图书馆积极营造公共图书馆同向发力、社会力量积极参与、少年儿童读者广泛受益的儿童阅读新气象，充分发挥少年儿童阅读在推进全民阅读中的作用。根据中共湖南省委宣传部、湖南省精神文明建设指导委员会办公室、湖南省文化厅（湖南省文化和旅游厅）等部门印发的《关于组织开展"书香湖南·共创共享儿童阅读新时代"——第 37 届全省少年儿童系列读书活动的通知》精神，衡阳市少年儿童图书馆制定了《"书香湖南·共创共享儿童阅读新时代"——2018 年衡阳市少年儿童系列读书活动实施方案》，并认真组织本地区少年儿童开展了系列读书活动，取得了显著的社会效益。

## 一、领导重视，组织明确，部署有效

儿童系列读书活动得到相关各级各部门领导重视，成立了各级读书活动办公室，为本次活动奠定了良好的组织基础。2018 年 7 月，衡阳市少年儿童图书馆接到省里文件后，立即上报衡阳市文化体育广电新闻出版局并组织召开了活动专题研究会议，成立了由衡阳市文化体育广电新闻出版局局长蒋勋伟为组长，衡阳市文化体育广电新闻出版局副局长李新祥为副组长，公共服务科科长廖亚楼、衡阳市少年儿童图书馆馆长李赛虹、衡阳市图书馆馆长刘忠平、党支部书记申国亮为成员的活动领导小组，下设活动办公室具体负责活动开展。该会议决定将本次活动纳入衡阳市"全民读书月"活动，由市少儿图书馆负责全市活动的具体实施。

为本次活动在全市各地区有效开展，衡阳市少年儿童图书馆根据湖南省读书活动通知精神立即制定了本地区活动实施方案，根据本地区实际情况，承办了全省少年儿童阅读特色品牌活动中的数字阅读知识竞赛，并在全省活动的"阅读之星"评选等规定动作基础上，还结合本地区的阅读活动进行了阅读延伸和拓展。2018年7月市文化体育广电新闻局组织全市七县五区公共图书馆召开了活动专题会议，衡阳市少年儿童图书馆对活动进行了统一部署和安排。通过会议各公共图书馆统一思想，达成了共识。会议上明确了七县五区的活动由各县（市、区）图书馆具体负责，明确了活动的内容，并对活动的宣传发动、组织落实等具体工作提出了要求，以保障活动部署得到层层落实。

各县（市、区）图书馆对活动非常重视，相继成立活动领导小组并进行了相关部署。如常宁市图书馆成立了活动领导小组，中共常宁市委宣传部牵头召开了常宁市精神文明建设指导委员会办公室、常宁市文化体育广电新闻出版局、常宁市教育局等部门联席会议。常宁市文化体育广电新闻出版局和常宁市教育局联合召开了以参加系列活动为核心的中小学校长会议。同时抽派精干力量组成四个工作组：主题阅读活动组、"我的书屋·我的梦"组、"阅读之星"评选组、后勤保障组。各组有明确的责任，并到各学校进行辅导和督促活动的开展。

衡阳县成立了少年儿童"书香湖南·共创共享儿童阅读新时代"系列读书活动领导小组，领导小组下设衡阳县少年儿童读书活动办公室（设县图书馆）。衡阳县文化旅游广电体育局罗士夫局长组织召开了县"书香湖南·共创共享儿童阅读新时代"系列读书活动领导小组会议，部署和安排了少年儿童读书工作，要求对荣获衡阳县"少儿阅读之星"的同学进行大力宣传报道，营造浓厚的阅读氛围。中共南岳区委宣传部、教育局、文化广电新闻出版局对此次活动非常重视，在全区各中小学校下达了专文，多次召开了专题会议、部署此次活动。一是要求各学校要切实加强领导，统筹安排，将该活动纳入"三湘读书月"活动。二是要求图书馆、学校要开展形式多样的活动，积极引导少年儿童培养良好的阅读习惯和高尚的爱国主义情操。

## 二、紧抓主题，效果显著，成绩突出

衡阳市少年儿童图书馆及各县（市、区）图书馆紧紧围绕"共创共享儿童阅读新时代"主题，通过征集、评选、展示、数字阅读等多种形式和载体开展了第八届"三湘少年儿童阅读之星"推选活动、弘扬湖湘历史文化——湖南省少年儿童数字阅读知识竞赛活动、主题读书活动以及先进典型推荐活动。系列活动在衡阳市各县（市、区）有声有色地开展，历时4个多月，近200所学校参与，50000中小学生参加，100多次媒体报道，各项评比成绩喜人，取得了很好的社会效益。

## 1. 开展第八届"三湘少年儿童阅读之星"推选活动

在"三湘少年儿童阅读之星"推选活动中，衡阳市参与学生达9333名，位居全市参赛总人数的第二名。

活动从2018年7月开始宣传推广，通过网站、微信及媒体的大力宣传，全市中小学踊跃参与，并经过初选、复赛、终审阶段。初赛选拔阶段结束后，共有200名选手入围复赛。复赛相关工作由衡阳市少年儿童图书馆负责具体筹备实施。为保障复赛的顺利进行，衡阳市少年儿童图书馆首先组织召开专题会议，将复赛具体工作安排到人，分工到人，责任到人。其次成立了巡考组、考务组、监考组、安保组等，使复赛得以安全顺利有序地完成。2018年10月21日上午，复赛在衡阳市雁峰区环城南路小学同步进行，来自七县五区的150多名入围选手进行了现场笔试。笔试现场井然有序，活动得到湖南省少年儿童图书馆及衡阳市各级领导的高度重视，湖南省少年儿童图书馆薛天副馆长与衡阳市文化体育广电新闻局李新祥副局长亲临现场进行指导。《衡阳日报》《衡阳晚报》等主流媒体进行了活动相关的新闻报道，同时，湖南省少年儿童图书馆派出摄制组到复赛现场进行宣传片拍摄及采访。省、市领导充分肯定并称赞衡阳市少年儿童图书馆在复赛中的组织工作十分得力。

通过活动，参与的少年儿童加深了阅读活动对自己成长的意义，收获了阅读的快乐。衡阳市少年儿童图书馆对参赛的150名学生进行了表彰奖励，王玥珈、帅静丽等同学荣获衡阳市"阅读优秀个人"称号。复赛后衡阳市少年儿童图书馆组织专家进行阅读笔记的评审工作，评审工作公开透明，客观公正。通过复赛选拔，全市共38名学生获得角逐"三湘少年儿童阅读之星"及"三湘少年儿童阅读优秀个人"的入围资格。

活动中各县（市、区）积极响应，根据各馆实际开展了活动。如祁东县图书馆，深入全县近50所学校发动中小学生参与"三湘少年儿童阅读之星"网络答题活动。经过初选，16名小学生、13名中学生获取衡阳市赛区复赛资格，最终有24名中小学生荣获"优秀阅读个人"荣誉称号。常宁市图书馆积极联系学校，参加活动的学校对此次推选活动工作十分重视，学校校长严格把关，安排老师专门负责，把活动内容宣传和推广到各家长和学生，由家长协助孩子用手机或电脑扫二维码完成答卷。经过一个多月的宣传和推广，常宁市参赛人数达到 3000 多人，位列衡阳市第二。通过初选答题，常宁市有 17 名学生荣幸入围，进入复赛。

## 2. 开展弘扬湖湘历史文化——湖南省少年儿童数字阅读知识竞赛

全省少年儿童数字阅读知识竞赛是衡阳市少年儿童图书馆承办的第 37 届全省少年儿童系列活动的主旨活动之一。在该竞赛中，全省共有 12436 名中小学生参加，其中衡阳市参与竞赛的中小学生为 9100 名。全省共有 103 名学生获奖，其中衡阳市获奖人数为 89 名。衡阳市在数字阅读知识竞赛中收获了可喜成绩。本次竞赛在湖南省少年儿童中掀起了了解湖湘历史文化的高潮，帮助少儿提高数字资源检索与查找能力，提升本地区少年儿童数字阅读素养，对中小学生了解和传承湖湘历史文化知识起到极大的作用。

历时两个月的此项知识竞赛活动由湖南省各级公共图书馆、少年儿童图书馆参与，由同方知网（北京）技术有限公司湖南分公司大力协办，以弘扬湖湘历史文化为主题，内容涵盖了湖南的历史文化、时事政治、地理美食等方面的知识，吸引了全省 1.24 万余名中小学生通过网上答题的形式参加竞赛。其中，衡阳市共有 9100 余名学生参加。在此次活动中，全省共有 103 名学生获奖，其中衡阳市共有 89 名学生获得荣誉。103 名获奖的学生中分别评出特等奖 2 名，一等奖 5 名，二等奖 10 名，三等奖 15 名，优秀奖 71 名。如衡阳市衡阳县光华实验中学彭一峰、常德市津市市第一小学陈彦霖荣获特等奖；衡阳市衡阳县西渡镇春晖小学万建声、滨江小学万超、株洲市茶陵县虎踞镇中学李荟珍、衡阳市石鼓区人民路小学谭惠文、衡阳市蒸湘区船山实验中学常果荣获一等奖等。

各县（市、区）图书馆认真部署并积极开展竞赛活动，如祁东县图书馆在全县各中小学进行广泛宣传，发动广大中小学生进行网络答题。本次竞赛共有 537 名中小学生参与答题，衡阳师范学院祁东附属中学的刘坤鹏和黎垚泉获得优秀奖。常宁市图书馆指定专人积极配合各学校负责人开展工作。该活动宣传到位，反响很大，参赛人数达到 1402 人，此次网络答卷题目难度大、涉及范围广，常宁市宜阳小学吕瑶同学从众多选手中脱颖而出，获得湖南省少年儿童数字阅读知识竞赛优秀奖。

此次竞赛活动在衡阳市少年儿童图书馆的网站及微信公众号上进行了广泛宣传和转发，大大提高了网站及微信公众号的点击率和利用率，扩大了衡阳各级公共图书馆网站的知名度。

## 三、开展丰富的阅读活动

为丰富主题内涵，充分发挥少年儿童阅读在推进全民阅读中的作用，衡阳市少年儿童图书馆及各县（市、区）图书馆开展了相关的各类阅读活动，拓展了系列活动的广度与深度。衡阳市少年儿童图书馆为丰富此次系列活动，开展了各具特色且形式内容丰富的阅读活动，例如：①童书推荐专栏。衡阳市少年儿童图书馆邀请社会知名阅读推广人推荐一本读物并撰写阅读心得，在《衡阳晚报》成长读书专刊进行发表，从而启发和引导孩子阅读。②阅读体验创客活动。读者家庭参与共读欣赏绘本故事，并利用先进 3D 技术，进行了创客体验。③读书分享会。通过 PPT 上一个个栩栩如生的图片和老师生动活泼的讲述，让小读者进行深层次阅读，感受阅读的快乐。另外，还有阅读手工制作、手抄报、湖湘文化猜谜、书海拾珍、小小馆员培训等阅读活动，吸引了更多的读者热爱阅读。

各县（市、区）图书馆也积极开展各类丰富多彩且围绕主题的系列活动。如衡阳县图书馆举办的"小小讲解员"演讲赛活动，内容为讲述文物故事、吟诵经典诗词、演绎历史故事。南岳区图书馆以"共创共享儿童阅读新时代"为主题，开展了专题书籍展览、利用文化共享资源的优秀影视展播活动、邀请知名阅读推广人专题授课等多样形式的培训活动。

衡阳市少年儿童图书馆及各县（市、区）图书馆开展多彩的阅读活动，既丰富了本次系列活动的主题内涵，又促进了少儿阅读服务能力的提升。

## 四、开展先进典型推荐评选

### 1. 开展"阅读之星及阅读优秀个人"评选

衡阳市活动领导小组评审组根据各县（市、区）图书馆初赛、复赛学生的成绩及阅读成长档案、阅读笔记质量，在衡阳市少年儿童图书馆组织开展了评选工作。衡阳市少年儿童图书馆为保障读书活动领导小组评选的公平公正、质量精准，组织图书馆工作人员对近 200 份入围市复赛的选手阅读笔记进行初评，按照学生不同年级及年龄段，横向进行逐篇打分，综合评定。初评评出高、中、低三个等级，并交由活动领导小组成员组成的专家组，进行复评并进行逐一评分，保证了评选的公平与质量。经衡阳市读书活动领导小组评定，王玥珈、帅静丽等 150 多名候选人获得"衡阳市阅读优秀个人"称号，根据省级入围名单，共评选出 38 名小读者参与省"阅读之星"的评比。

## 2. 开展先进典型推荐及评选

2018 年 11 月 26 日衡阳市少年儿童图书馆组织了此次活动的全市先进典型评选工作，市读书活动领导小组成员根据各县（市、区）上报的材料，认真组织评选。衡阳市少年儿童图书馆、常宁市图书馆、南岳区图书馆、珠晖区图书馆、祁东县图书馆、石鼓区图书馆、衡阳县图书馆七个单位被推荐送省参加组织奖和阅读活动奖评选。吴红波、颜弟花、阳华等 12 名老师被推荐到省参加优秀指导奖评选。

第 37 届全省少年儿童系列读书活动得到了少年儿童与社会各界的支持和积极参与，取得了预期效果，社会反响热烈，少年儿童读者感受到儿童阅读新气象，并从中受益。活动让更多的三湘少年儿童喜爱阅读，提高了少年儿童的阅读素养，充分发挥少年儿童阅读在推进全民阅读中的作用，为建设富饶、美丽、幸福新湖南贡献更多的文化力量。

# 设立主题　让讲座与分享会并行

益阳市图书馆

根据中共湖南省委宣传部、湖南省文化厅（湖南省文化和旅游厅）等部门印发的《关于组织开展"书香湖南·共创共享儿童阅读新时代"——第 37 届全省少年儿童系列读书活动的通知》（湘文公共〔2018〕62 号），2018 年 6 月中共益阳市委宣传部、益阳市精神文明建设指导委员会办公室、益阳市文化体育广电新闻出版局等六部委联合签发了《关于组织开展"书香益阳·共创共享儿童阅读新时代"——2018 年全市少年儿童系列读书活动的通知》（益文体广新发〔2018〕35 号）。益阳市图书馆为营造儿童阅读新气象，充分发挥少年儿童阅读在推进全民阅读中的作用，2018 年 6~9 月认真组织、发动、策划、部署，通过征集、评选、展示、数字阅读等多种形式和载体组织开展了"书香湖南·共创共享儿童阅读新时代"系列读书活动，各县（市、区）4000 多名学生参加了此次读书活动，得到了学生、家长、老师的一致好评，取得了良好的社会效应。

## 一、领导重视，明确责任，确保活动顺利开展

2018 年 6 月中旬，益阳市图书馆接到通知后，立刻成立了益阳市读书活动组委会，并制定了活动计划、方案，对活动进行分工、明确到个人，以确保活动有序开展。首先，读书活动组委会向中共益阳市委宣传部等六部委相关领导汇报了"关于组织开展书香湖南·共创共享儿童阅读新时代"系列读书活动的通知的文件精神。其次，联合六部委签发了益文体广新发〔2018〕35 号文件。再次，6 月组织各县（市、区）图书馆馆长及负责人在会议室召开了"2018 年益阳市少年儿童读书活动工作会议"，胡勇馆长传达《关于组织开展"书香益阳·创共享儿童阅读新时代"——2018 年全市少年儿童系列读书活动》的通知和实施

方案。最后，黄赛军主任就少年儿童系列读书活动的实施方案进行了详细解读，并及时将电子文件和纸质文件发放给益阳市各县（市、区）图书馆，全面部署，把活动开展的情况列入各单位目标考核之中，以确保"红读"活动顺利进行。

## 二、开展儿童阅读服务特色品牌活动

### 1. 第八届"三湘少年儿童阅读之星"评选

2018年6~9月，益阳市及各县（市、区）少年儿童积极参与由湖南省少年儿童图书馆承办的"三湘少年儿童阅读之星"网络答题比赛。益阳地区共收到537份有效试题，通过网络答题，不但提高了少年儿童阅读兴趣，让他们养成良好的阅读习惯，而且检测了学生的阅读广度和深度。2018年10月21日，益阳市共有48名同学参加了全省"三湘少年儿童阅读之星"的复试，经过省专家评选，益阳市选出了李佳莉、陈宇轩、王雅诗等16名同学为省"阅读之星"候选人，将参加全省少年儿童"阅读之星"的评比。

### 2. "少儿故事大王"大奖赛

为了展现当代少年儿童奋发进取、积极向上的精神风貌，进一步推动"书香益阳·共创共享儿童阅读新时代"深入持久地开展，益阳市图书馆按照省"少儿故事大王"大奖赛要求，全面发动、筹备、部署。2018年11月3日上午选拔了30名同学在益阳市图书馆三楼的多媒体演示厅参加讲故事初赛，他们用生动的语言、形象的动作、丰富的表情向在场的同学讲述了一个个精彩的故事。以《校园抖音风波》《没用的中年妇女》《一个平凡的人》等6个原创故事参加益阳地区"少儿故事大王"大奖赛的选拔赛。2018年11月10日来自各区（市）30多名同学在益阳市图书馆参加了益阳地区"少儿故事大王"大奖赛选拔赛，通过激烈的角逐，安化县的王露涵、王伊语，南县的陈卓尔，益阳市的李珉宸、陈芷君、李林翰、刘佳宜同学将代表益阳到株洲参加"少儿故事大王"大奖赛的复赛。此次讲故事大赛为孩子们提供了展示自我、锻炼自我的机会，也进一步促进了少年儿童良好的阅读风尚的建立。

### 3. 少年儿童数字阅读知识竞赛

为帮助益阳市少年儿童提高数字资源检索与查找能力，让少年儿童了解中华文化，引导少年儿童记忆和传承本土历史文化，提升少年儿童的民族自信。

益阳市图书馆在 2018 年 9 月 20 日启动"少年儿童数字阅读知识竞赛",自竞赛活动启动以来,读者积极参与网络答题。本次活动的开展使更多的少年儿童掌握了数字阅读的技巧和方法,进一步增强了对家乡的文化认同,并在这个过程中充分学习了湖南的历史文化知识。

# 三、开展阅读推广活动

为让广大家长及少年儿童感受阅读魅力,滋养阅读品性,提升阅读素养,自 2018 年 6 月以来,益阳市图书馆充分利用图书馆网站、微信、QQ、展板、电子屏、讲座等多种渠道大力宣传活动的意义,多次在馆内、馆外发动全市少年儿童积极参加本次活动,不仅吸引他们充分利用图书馆资源,而且拓展了图书馆阅读服务范围。

### 1. 设立专题书目推荐

益阳市图书馆在少儿室内设立了"新书推荐"及"经典书籍"为专题的推荐书柜,张贴醒目标志,方便青少年查找、借阅图书。借助本馆网站、微信、馆内宣传栏进行相应的书目推荐。活动期间,推荐书籍的借阅册次达万余册,借阅人次达上千余人。

### 2. 开展阅读专题讲座

自活动开展以来,益阳市图书馆特邀知名专家来馆为本市读者、各县(市、区)馆员、学生进行了专题授课 10 余场,如 2018 年 5 月 5 日水运宪的《我的阅读与写作》、8 月 26 日王跃文的《向上向美的文学》、9 月 8 日陶用舒的《湖湘第一人才陶澍的传奇人生》、10 月 14 日卓列兵的《与少年朋友谈立志》、10 月 27 日谢宗玉的《数字时代的阅读与写作》等,通过系列讲座,让学员们知道了阅读和写作的重要性。专题讲座的开展不但提升了益阳市阅读品位,而且推动了书香益阳的文化建设。

### 3. 开展绘本导读及阅读分享会

为了促进益阳市儿童阅读服务能力的提升,鼓励中小学生在阅读实践中培养阅读兴趣、提高写作能力,2018 年 6~10 月益阳市图书馆还邀请阅读推广人为家长、孩子开展了大量的阅读推广活动。如 2018 年 6 月 2 日与 10 月 6 日的好书互换活动、6 月 15 日的端午节绘本节故事、6 月 17 日左小青老师的"以爱之名陪你阅读"绘本课、6月25日谢可老师的"绘本阅读分享会"、7月4~5日中央戏剧学院的唐鹏老师为大家开展的"戏剧名篇朗诵"、8月2日益阳电视台播音员刘昕老师的"爱的陪伴读书会"、9月30日的"亲子绘本课"、10月27日的"以书为侣阅读分享会"。通过好书互换、绘本导读,绘本表演、名篇朗诵、阅读分享活动的开展,激发了孩子们的阅读兴趣,也让更多的家庭走进图书馆,营造益阳市全民阅读的风尚。

### 4. 开展文化扶贫阅读活动

为增强山区孩子们的文化自信,益阳市图书馆开展了一系列精准文化扶贫工作。2018年6月11日下午开展的"以书为伴与爱同行"阅读帮扶活动,既让孩子们享受到了读书的乐趣,也让特殊群体感受到了社会的关爱,阅读的美好。2018年8月10日,开展的"关爱山区儿童 国学礼仪讲座",让槎溪村40多名孩子感受到了图书馆深厚的文化氛围和浓浓的精神关爱。2018年8月13日在安化县东坪镇槎溪村开展的"书香湖南·阅行者"暨"我的书屋·我的梦"暑期少儿阅读实践活动,虽然只有短短的半天,却让槎溪村的孩子们对不同形式的阅读活动充满了兴趣,感受到了阅读的巨大魅力。益阳市图书馆通过送文化、送图书的方式,培养并引导山区儿童的阅读兴趣和文化素质,助力山区孩子实现梦想。

## 四、开展少年儿童阅读服务典型案例征集

阅读对于少年儿童成长起着重要的作用,为倡导"多读书读好书",益阳市图书馆联合益阳市赫山区龙洲小学开展了"书香龙洲"小龙人读书系列活动,以"共阅一书同享快乐;畅谈经典濡养心灵"、"畅游书海"黑板报宣传评比活动、"同读一本书"思维导图手抄报设计比赛、"小龙人"写话、习作竞赛、"最美班级图书角"评比、"好书共分享"主题班会、"相约作家畅游童话"、"一城一书万家共读"漂书等系列活动的开展,让孩子们养成了良好的阅读习惯,形成了高尚的、正确的道德观,也让孩子们感受到了阅读的美好。

此次系列读书活动的开展,进一步提高了益阳市图书馆的公共文化服务能力,该馆作为青少年教育的第二课堂,利用丰富的馆藏资源,以讲座、阅读分享会、讲故事、展览、征文、演讲等寓教于乐的方式引导、帮助、服务更多的儿童走进图书馆,爱上阅读。

# 培育良好阅读风尚　营造浓厚阅读氛围

张家界市永定区图书馆

根据中共湖南省委宣传部、湖南省精神文明建设指导委员会办公室、湖南省文化厅（湖南省文化和旅游厅）等部门印发的《关于组织开展"书香湖南·共创共享儿童阅读新时代"——第 37 届全省少年儿童系列读书活动的通知》（湘文公共〔2018〕62 号），为推进本届全省少年儿童系列读书活动的顺利开展，承办单位湖南省少年儿童图书馆（湖南省少年儿童读书活动办公室）联合协办单位特制定本次活动的实施方案文件精神，张家界市永定区图书馆深入贯彻落实该精神，倡导少年儿童阅读，在全市形成"多读书、读好书、好读书"的良好风尚，张家界市永定区图书馆结合实际，围绕"阅读，从图书馆出发"这一主题，开展了形式多样、内容丰富的少年儿童阅读系列活动，千余名读者参与，取得了良好的社会反响和广大市民的一致好评。

## 一、大力宣传，营造氛围

张家界市永定区图书馆高度重视本届少年儿童系列阅读活动，按照上级指示以及活动要求，制定了少年儿童系列阅读的活动方案，不仅按照活动指导思想、活动内容以及活动原则，安排部署，确保活动顺利开展，还通过悬挂横幅以及标语呼吁少年儿童参与活动。

## 二、加强领导，精心组织

依照活动规划，各级领导部门主"抓"各自负责的区域，确保阅读系列活动有效、有序地开展。分管部门多次召开专门会议，安排部署。张家界市永定区图书馆全体职工依据活动方案，明确分工，责任到人，保证各项工作互不干扰，互相促进，齐心协力服务此次活动，使此次阅读活动取得圆满成功。

## 三、内容丰富，效果显著

### 1. "书香张家界"关注特殊群体公益阅读计划

主题："坐上火车去花海"关爱星星的孩子

2018 年 4 月 2 日上午，张家界市永定区图书馆，市知行全民阅读推广中心及各爱心组织、爱心人士等在慈利县琵琶洲生态园举行"坐上火车去花海"关爱"星星的孩子"主题活动。

### 2. "我的父亲是军人"——致敬最可爱的人庆"八一"特别活动

2018 年 8 月 1 日上午，为庆祝中国人民解放军建军 91 周年，张家界市永定区图书馆主办，张家界市知行全民阅读推广中心联合举办的"我的父亲是军人——致敬最可爱的人"活动在张家界市永定区图书馆成功举办。来自张家界的 60 组家庭参加了活动，活动分为两部分：

（1）"军人故事"主题讲座

由何于班教授讲述他父亲向进（原名何武坦）在革命年代的故事。何于班教授是国务院特殊津贴专家、解放军总参谋部大气环境研究所（正军级）教授、吉首大学（原）外聘教授。

（2）"我是小军人"亲子活动

军人叔叔教全场小朋友行军礼、站军姿、唱军歌。共青团张家界市委领导说："军人，是这个世界上最可爱的人，是你们为我们创造了今天幸福的生活。"张家界永定区图书馆赵国兵馆长说："感谢各级领导的关心和大力支持，是你们为本次活动架起了桥梁，促成了本次活动顺利举行。祝参加今天活动的小朋友学习进步，健康成长。"此次活动中小朋友们都收获满满，不仅学习了革命英雄事迹，还接受了一次生动的爱国主义教育。

### 3. "书香湖南·阅行者"暨"我的书屋·我的梦"农村少年儿童阅读实践活动

暑假期间，针对农村中小学生开展"农家书屋"阅读实践活动，让农村少年儿童学习做人、学习立志、学习创造，培养好思想、好品行、好习惯，传承中华优秀传统文化，大力培育和践行社会主义核心价值观，促进青少年全面发展和健康成长，引导全社会关心、关爱农村少年儿童尤其是留守儿童的学习成长，让"农家书屋"成为农村少年儿童的精神乐园和第二课堂。张家界市永定区图书馆精心组织、周密安排，联合有关部门提前制定了详细的活动方案，认真开展了"书香湖南阅行者"系列活动，受到了广大市民和基层单位的一致好评。在此次活动中，该馆充分发挥自身优势，在基层及农村"农家书屋"开展系列活动，为提高儿童及亲子阅读水平、提升市民整体文化素质等方面积极提供服务。

此次少年儿童阅读活动的组织和实施，在社会上引起了很多民众的关注，有效推动了全民阅读的进展。

# 打造特色品牌　开启全城阅读接力

岳阳市图书馆

根据中共湖南省委宣传部、湖南省精神文明建设指导委员会办公室等七个部门联合下发的《关于组织开展"书香湖南·共创共享儿童阅读新时代"——第37届全省少年儿童系列读书活动的通知》文件精神以及岳阳市六部门联合发布的《关于组织开展"书香岳阳·共创共享儿童阅读新时代"——2018年全市少年儿童系列读书活动的通知》（岳文广发〔2018〕28号）的要求，岳阳市图书馆从2018年6月开始在全市迅速启动、统一部署、认真组织系列读书活动，使全市广大少年儿童参与其中，尤其是发动了各级图书馆、中小学校，使该系列读书活动得以全面深入开展，取得满意成果，为活动的纵深发展积累了宝贵的经验。

## 一、创建少年儿童阅读服务特色品牌活动

为满足岳阳市少年儿童的阅读需求，岳阳市图书馆连续五年在周末及节假日开展以"我与孩子共成长"为主题的周末绘本亲子阅读推广活动，通过儿童绘本阅读带动家庭亲子阅读，融入文化志愿服务精神，系统推出"周末绘本故事会""亲子绘本童话剧""亲子教育课堂"以及"亲子手工坊"等亲子阅读系列活动。通过精心策划组织，"周末绘本故事会"等系列活动已举办240余场次，吸引了近20000名小朋友及其家长参与，2018年岳阳市图书馆荣获首批"全国家庭亲子阅读体验基地"称号，并被湖南省文化和旅游厅评为2018年基层文化志愿服务示范项目。

## 二、开展"悦读点亮巴陵"世界读书日领读者全城接力活动

在世界读书日期间，岳阳市图书馆积极对接全市各中小学校图书馆及县（市、区）公共图书馆，以"世界读书日"为契机，充分利用联结全民阅读"七进单位"的渠道资源及馆藏文献等相关资源，通过图书展示、齐诵经典、读书会、爱心手工等公益活动形式开展以"悦读点亮巴陵"为主题的全城阅读活动。10个会场错时开展全城阅读接力活动，并启动2018"书香岳阳"全民阅读相关活动，如主题阅读、阅读打卡、图书捐赠、流动服务等。

## 三、开展第五届少年儿童"美妙阅读·书香童年"故事达人比赛

为庆祝第69个"六一"国际儿童节，岳阳市图书馆通过组织策划、招募发布、预选赛遴选，在岳阳市图书馆多功能厅成功举办了第五届"美妙阅读·书香童年"少年儿童故事达人大奖赛，进入决赛的11名选手给评委带来了《谁最聪明》《小兔子找太阳》《蜘蛛开店》等充满童真的故事，评出一等奖1名，二等奖3名，优秀奖若干名。这次比赛给选手们营造了一个想说、敢说、会说的氛围，既提供了一个展示自我的舞台，同时也促进了少年儿童在语言表达、思维、想象、表现等综合能力的发展，得到了广大市民的一致肯定和支持。

## 四、开展"今天我当班　小小志愿者"寒暑假志愿活动

寒暑假期间，岳阳市图书馆组织开展了"今天我当班　小小志愿者"活动，发布招募令。通过复核、遴选等环节，共有40名小读者成为岳阳市图书馆的"小小志愿者"。馆内负责人对小志愿者们进行图书馆基础业务培训，从而提高他们的服务技能，协助少儿室工作人员做好志愿服务工作，最终对表现优异的小志愿者给予表彰。此项活动被岳阳电视台做了"我是小小志愿者"专题报道，收到一定的社会反响。

## 五、组织"少儿读物采购团"采购主题书籍

暑假期间，为了更好契合少年儿童阅读需求，让小读者们走进知识的海洋，体验采购图书的快乐，培养少年儿童社会实践活动能力。岳阳市图书馆在 2018 年 8 月 2 日组织 10 位优秀少儿读者代表，走进新华书店，开启"主题书籍选购"之旅。结合新时代少年儿童的阅读需求，特别增加了互动益智类、体验启发类等相关书籍及物品的采购，既丰富了少儿室馆藏又以生动鲜活的内容让青少年养成爱阅读的好习惯。

## 六、开展"寻找家庭故事大王"亲子原创故事分享会

"亲子原创故事分享会"活动应用互联网+的模式，岳阳市图书馆通过利用微信公众平台等网络途径广泛征集优秀的、有创意的亲子原创故事音频，分为学前、小学低龄、小学高龄三个组别，累计共收到作品 100 余份，通过层层推选，共上报 10 份作品参与全国评选评比。

## 七、开展第八届"三湘少年儿童阅读之星"推选活动

为了进一步挖掘出爱阅读的少年儿童，在岳阳市图书馆及县（市、区）馆对少儿读者、各中小学校开展"阅读之星"推选活动，本届阅读之星的评比主要分两轮进行，此项活动是岳阳市图书馆少儿活动的中心工作，通过积极联系对接各个县（市、区）参与学校，参考省级方案制作活动参与链接，在第一时间发布到各自主平台，传阅量及第一轮网络答题参与量达到数千人次，涉及五个县（市、区），涵盖数十所学校，形成倡导阅读、增长阅读知识及广泛参与的局面。因为参与人数众多，在第二轮现场答题活动中，共设置了 3 个考点，12 个考场，共计 350 余名考生参与复试。通过初复试成绩、阅读档案、阅读笔记等资料的综合衡量，共上报 44 名选手到省级参评。此项评比活动因为涉及范围广、类别多，考点和考场的安排、参赛人员的对接以及相关资料的收集过审，都需要岳阳市图书馆人员亲力亲为地对接告知发放收集，以期更大范围地挖掘出典型的阅读之星。

此外岳阳市图书馆还举办了"德育公益"系列课堂、"最浪漫的教养——如何让孩子爱上阅读"专题讲座、"元宵喜乐会"传统节庆活动、优秀图片展

览、优秀影视展播、爱心送书等活动。

　　岳阳市图书馆通过开展"书香岳阳·共创共享儿童阅读新时代"——2018 年全市少年儿童系列读书活动，更好地从多个角度培养能够担当民族复兴大任的时代新人，更大限度地发挥少年儿童阅读在推进全民阅读中的作用。随着时间的推移，岳阳市图书馆少年儿童读书活动将会进一步向广度和深度开展并取得喜人成果。

# 培育读书兴趣　丰富阅读活动

麻阳苗族自治县图书馆

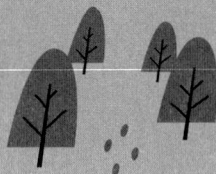

为认真贯彻落实党和政府倡导的全民阅读、建设书香社会有关指示精神，加快推进"文化强县"建设，根据中共湖南省委宣传部、湖南省精神文明建设指导委员会办公室、湖南省文化厅（湖南省文化和旅游厅）等部门印发的《关于组织开展"书香湖南·共创共享儿童阅读新时代"——第37届全省少年儿童系列读书活动的通知》，麻阳苗族自治县图书馆组织开展了2018年"书香麻阳"少儿读书活动。

## 一、"少儿故事大王"大奖赛

为了提高学生对语言的感受能力、表达能力，丰富学生的课余生活，2018年9月麻阳苗族自治县图书馆举办了小学生讲故事比赛。旨在以活动促阅读，以阅读促活动，增强学生课外阅读的兴趣，学习课内阅读和课外阅读相结合的读书方法，体验读书的乐趣。比赛的故事题材不限，故事内容应积极向上、健康活泼、富有儿童情趣，充分体现积极进取的精神风貌。在学生讲故事过程中可适当插入音乐、表演等内容。该比赛有100多名学生参加初赛，30名优秀选手进入决赛。最后评选出一等奖1名；二等奖2名；三等奖3名；优胜奖24名。

## 二、数字阅读知识竞赛

2018年暑假，麻阳苗族自治县第一届"我爱阅读"少儿数字阅读知识竞赛决赛在麻阳苗族自治县图书馆举行。经过一个上午的激烈角逐，来自高村镇锦江小学五年级的黄珊珊以88秒答对50题的成绩从60名参赛选手中脱颖而出，获得本次竞赛的第一名。本次数字阅读知识竞赛由麻阳苗族自治县精神文明建设指导委员会办公室主办，麻阳苗族自治县图书馆承办，以"我爱阅读"为主题，自启动以来，共吸引了 1000 名学生参与。本次比赛分为初赛、复赛、决赛三个阶段。初赛为网络知识竞赛，复赛和决赛则要求选手在 30 分钟内通过电脑终端完成 50 道随机生成的数字阅读知识竞赛试题。本次比赛旨在引导少年儿童在数字阅读的过程中，了解湖南省的文化和历史，增强对湖南省的文化认同。

## 三、少儿阅读服务典型案例推广活动

2018 年以来，麻阳苗族自治县图书馆坚持打造与推广"甜橙树"阅读营活动。"甜橙树"每年经费投入 10 万元以上，已连续开展 4 年。通过 4 年的活动实施，为少年儿童提供形式多样的阅读平台，深受少儿读者喜爱，进一步宣传了图书馆免费开放工作。自从开展"甜橙树"阅读活动以来，大批亲子携手共同参与，使更多的人愿意走进图书馆看书阅报，让麻阳县阅读蔚然成风。仅 2018 年暑假，图书馆互联网关注量达 50 多万人次，引导 10000 多人次走进图书馆参与阅读，新增借阅卡 1217 张。"甜橙树"活动在社会各界已经引起强烈反响，已在《中国新闻出版报》《湖南日报》《边城晚报》《湖南文化》等多个报纸杂志进行过专题报道。

## 四、阅读之星评选活动

为培养少年儿童良好的阅读习惯和较深厚的阅读兴趣，每年麻阳苗族自治县图书馆都开展"阅读之星"评选活动，每次活动至少评选出 10 个"阅读之星"。参赛学生积极参加学校与麻阳苗族自治县图书馆组织的阅读活动，认真阅读图书馆推荐的书籍。在认真组织日常读书活动的基础上，麻阳苗族自治县图书馆进行了读书小报、读书卡片、好书推荐、读后感等形式的初评，形成了浓郁的阅读氛围，凸显出优秀的"阅读之星"。随着活动的开展，阅读兴趣广泛的"阅读之星"能在班级发挥"课外阅读"的模范带头作用；他们勤读善思，积极参加各种阅读活动，能撰写较为具体生动的读后感；他们读经诵典，广闻博览，乐于动笔，效果显著。在全省的"阅读之星"初赛网络答题活动中，麻阳苗族自治县有 50 多名学生进入了怀化市复赛，在复赛活动中，张桢瑞、曾洪鑫 2 位同学进入了全省的"阅读之星"的评选活动。

## 五、特色读书活动

麻阳苗族自治县图书馆开展了春节广场文化活动。该主题活动内容包括赠书 500 册，灯谜 500 个，新书展览、优质期刊推广，流动图书车服务，共有 10000 多人次参与。"甜橙树"阅读营活动开展"亲子成语大会"等活动 10 期，3000 多人次参与，荣获第一批"书香怀化"全民阅读品牌示范项目。"点睛讲堂"活动共开展 6 期讲座，1000 多人次参与。另外还有"我爱阅读"美文网络评选活动。活动持续 15 天，共计 50000 多人次参与，评选出 122 篇少儿美文。图书漂流活动，"漂流"图书 209 册，101 个家庭参与暑假亲子阅读活动。历时 2 个月，累计 20023 人次入馆参加"西晃山、品书香、阅天下"读书活动，37 对亲子家庭参与。79 名志愿者参与尧市镇高洲坪小学举办的"关爱留守儿童·送书千里行"活动，并与留守儿童开展"秋意浓——我与秋天的回忆"读书会，102 名读者参与其中。另外，麻阳苗族自治县图书馆还举办了"怀念朱自清"读书活动，共有 263 名读者参与。

# 开展公益阅读　建造春苗书屋

郴州市图书馆

为全面贯彻党的十九大精神，推动郴州市少儿阅读推广工作，郴州市图书馆以习近平新时代中国特色社会主义思想为指导，以中共湖南省委宣传部、湖南省精神文明建设指导委员会办公室、湖南省文化厅（湖南省文化和旅游厅）等单位关于开展"书香湖南·共创共享儿童阅读新时代"——第37届全省少年儿童系列读书活动的通知精神，认真贯彻落实《中华人民共和国公共文化服务保障法》《中华人民共和国公共图书馆法》，以培养担当民族复兴大任的时代新人为着力点，以"共创共享儿童阅读新时代"为主题，组织开展并参与了形式多样、丰富多彩的读书活动，活动取得实效。

## 一、高度重视，积极筹备，精心组织

郴州市图书馆在2018年初就将第37届读书活动作为年初工作任务进行了安排和布置。郴州市图书馆在接到省里文件通知后立即与相关部门协调，将活动内容及要求传达下去。相关工作人员通过建立工作群，及时准确地发布信息，指导活动开展。各县（市、区）图书馆精心组织安排，成立专门工作小组，克服活动中遇到的困难，通过创新的形式，有计划且有步骤地全面开展读书活动。

## 二、主题鲜明、内容丰富、形式多样

### 1. 成功承办湖南省少年儿童"书中人物化妆表演"（角色扮演）读书竞赛活动

经过三个多月的积极筹备，2018年10月28日，活动在郴州市第十二完全小学隆重举行并取得圆满成功，来自全省的 11 支代表队参加角逐，永州市和郴州市安仁县代表队荣获金奖。此项活动既是少年儿童阅读服务特色品牌活动之一，也是"书香湖南·共创共享儿童阅读新时代"——第 37 届全省少年儿童系列读书活动的重要组成部分，能在郴州市举行，代表了省主办方对郴州市少儿阅读推广工作的充分肯定。作为承办方，郴州市图书馆做了大量的工作确保活动取得实效。首先，通过广泛的宣传发动，在全省各地市图书馆选拔优秀队伍参加比赛。其次，通过精心挑选，把郴州市第十二完全小学作为比赛场地。该场地的选择不但契合少年儿童读书活动精神主旨，而且有助于校园阅读推广工作的开展，既营造了良好的校园阅读氛围，又能直接影响孩子们的阅读行为。最后，邀请湖南省诗歌学会会员、湖南省民间文艺家协会会员、郴州市广播电视台活动部总导演聂桐胜，《中国新闻周刊》专栏作家、著有《快刀文章可下酒》一书的邝海炎等大咖级评委助阵活动现场，并给出专业点评，让孩子们受益匪浅。此次活动受到了极大的关注，郴州新闻联播频道对活动进行了全程跟拍及采访，扩大了活动的社会影响力。

## 2. 认真做好第八届"三湘少年儿童阅读之星"推选活动初选及复试工作

郴州市图书馆活动负责人通过进校园广泛宣传发动，郴州市共有 2780 名少年儿童参加初选，来自郴州市七个县（市、区）的 104 名少年儿童最后入围复试。在郴州市形成了爱读书、读好书、会读书的良好氛围。为做好现场复试工作，郴州市图书馆根据选手分布状况，采取就近原则，在郴州市设立苏仙区、安仁县、临武县、汝城县、桂东县五个考点，严格按照省活动小组要求认真做好现场复试工作。

## 3. 积极参加其他市图书馆承办的特色品牌活动

郴州市积极行动，共有 284 名学生参加了由衡阳市少年儿童图书馆承办的湖南省少年儿童数字阅读知识竞赛。优选 5 支代表队参加由株洲市图书馆承办的湖南省"少儿故事大王"大奖赛的复赛。

## 4. 举办形式多样主题阅读活动

（1）举办第五届"儿童阅读节"。2018 年 4 月 21 日，郴州市第五届"儿童阅读节"在城南新区五岭广场隆重举行，这是一场"阅读、互动、体验、展演"为一体的阅读嘉年华活动。活动包括听写大赛、主题故事屋、科普及创意阅读、奇幻立体书展、经典诵读展演等系列阅读活动。开幕式上，郴州市文化体育广电新闻出版局党组书记、局长李书坤发表了热情洋溢的讲话，郴州市人民代表大会常务委员会副主任欧阳建华宣布活动开始。全市近 6000 个家庭参加了活动。此次儿童阅读节的举办，一方面，不仅加强了郴州市少年儿童的阅读体验，还使他们真切地感受到了阅读带来的快乐。另一方面，让"爱读书、读好书"的阅读理念走进每一个家庭，每一个学校，为共同提升福城郴州的人文素养助力。

（2）启动"春苗书屋"校园图书馆项目，开展阅读推广进校园行动。为进一步营造良好校园阅读氛围，让校园内处处充满书卷气，让书香浸润校园，从而培养孩子们爱读书、好读书、读好书的良好习惯，拓展知识面，提高素养，郴州市图书馆"春苗书屋"项目组精选城区的第四十完全小学、第二幼儿园、第四十一完全小学、第三完全小学、第二十完全小学五个学校建设校园图书馆。

（3）开展 2018 年"红孩子"游学营。暑期，为了让革命老区的孩子了解外面的世界，近距离认识城市文化，感受林邑新貌，给孩子们一个舞台，一个梦想，一份希望，同时促进城乡孩子之间的交往与联系，郴州市图书馆"春苗书屋"项目携手桂东县东洛乡中心小学、桂东县流源乡中心小学倾情打造第三期"红孩子游学营"。

（4）春苗故事会。为了让阅读陪伴孩子快乐成长，节日系列、亲情系列、感恩系列、生活习惯系列、生活认知系列、安全系列、友情师生情系列等主题亲子读书会，在东风路公益儿童图书馆、高山背巷苏仙区图书馆、香花路乐学堂公益儿童图书馆、郴州市图书馆每周开展，深受家长和小朋友的喜爱。

## 三、扎实推进，成效显著，影响深远

寒暑假是集聚全市公共图书馆以及社会各界人士共同关心少年儿童阅读的好时机，郴州市图书馆及时抓住机遇，组织开展适合各年龄阶段的少儿参与的公益阅读活动，搭建少儿阅读推广的专业化平台。此外，《郴州新报》和春苗书屋联合推出"书香郴州"栏目，通过新闻媒体推动郴州市少儿阅读推广工作。此次系列读书活动不仅让广大家长及少年儿童感受阅读魅力，还为建设富饶美丽幸福新郴州贡献更多文化力量并且影响深远。

# 强化组织职能　有序开展活动

永州市图书馆

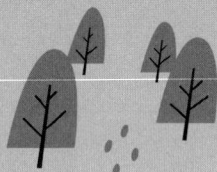

根据中共湖南省委宣传部等七部委《关于组织开展"书香湖南·共创共享儿童阅读新时代"——第 37 届全省少年儿童系列读书活动的通知》精神和要求，永州市认真组织开展了"书香永州·共创共享儿童阅读新时代"——第 37 届全市少年儿童系列读书活动。此次活动由中共永州市委宣传部、永州市文化体育广电新闻出版局等部办委局联合主办，永州市图书馆具体承办，历时五个多月，影响人数达数万人次，取得了良好的社会效益。

## 一、加强领导，积极宣传

永州市文化体育广电新闻出版局和县文化体育广电新闻出版局非常重视此次读书活动，成立了专门的活动领导小组与办公室，按照活动文件的要求统筹规划，严密组织，确保活动按期顺利开展。各个图书馆通过线上和线下的多种平台宣传第 37 届读书活动，利用节假日到政府机关单位、学校、书屋等地，组织广大少年儿童参加系列读书活动。

## 二、积极参与，卓有成效

在少年儿童阅读服务特色品牌活动中，永州市参加了湖南省"少儿故事大王"大奖赛、湖南省少年儿童原创音频大赛、湖南省少年儿童数字阅读知识竞赛、湖南省少年儿童"书中人物化妆表演"活动，其中永州市冷水滩区梅湾小学参赛队在"书中人物化妆表演"中荣获全省比赛一等奖。在第八届"三湘少年儿童阅读之星"推选活动中，永州市大约有 2000 名学生参加了网络答题，其中 150 名学生参加现场复试，最终 34 名学生入选第八届"三湘少年儿童阅读之星"候选人。在整个活动中，冷水滩区图书馆、宁远县图书馆、新田县图书馆、双牌县图书馆、东安县图书馆、道县图书馆表现突出，他们组织得力，参与范围广，材料规范。

永州市图书馆特邀各主办单位的专家评委对"书香永州·共创共享儿童阅读新时代"——第 37 届全市少年儿童系列读书活动的比赛项目和先进典型进行评选，共评选出"书中人物化妆表演"一等奖 1 名、二等奖 2 名、三等奖 3 名；"少儿故事大王"大奖赛一等奖 5 名、二等奖 6 名、三等奖 10；"三湘少年儿童阅读之星"（市级）5 人、"阅读优秀个人"（市级）6 人；儿童阅读推广示范项目 6 个、组织奖 5 个、阅读活动奖 8 个、优秀指导奖若干。整个活动在市（县）电视台、省（市、县）文化网、市（县）新闻网等新闻媒体进行多次报道。

## 三、培养习惯，扩大影响力

培育少儿良好的阅读习惯。系列读书活动的开展不仅极大地丰富了少儿们的文化生活，激发了阅读兴趣，还帮助他们养成了良好的阅读习惯。少儿们不但在活动中体验了读书的乐趣，而且进一步提高了思想觉悟和文化底蕴，营造了浓厚的书香氛围。

扩大图书馆的影响力。通过读书活动的开展，能让学生、家长和社会公众更加了解图书馆，走进图书馆，让图书馆真正发挥其价值，为培育少儿文化素养贡献出自己的力量，体现其公益性，扩大了影响力。

# 组织答题竞赛　各界广泛参与

涟源市图书馆

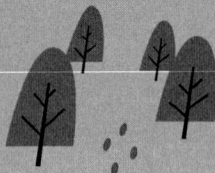

"书香湖南·共创共享儿童阅读新时代"——第37届全省少年儿童系列读书活动，是中共湖南省委宣传部等七部委联合主办的系列读书活动。自活动相关文件通知下达后，涟源市图书馆在第一时间进行了专题会议研究，并将活动的实施方案向涟源市文化体育广电新闻出版局做了专题汇报。活动得到了各级领导的高度重视和上级各部门的大力支持。活动从2018年6月开始，具有时间长、参加人数多、受益面广的特点，在历时数月的活动中，涟源市图书馆高度重视，认真组织。

## 一、高度重视，广泛宣传

涟源市图书馆高度重视读书活动，及时召开班子会，成立领导小组，层层落实责任。通过标语、横幅、传单等多种渠道广泛宣传，涟源市图书馆的读书活动贴近广大群众，融入学生生活，形成了学以增智、学以立德、学以怡情、学以致用的全民读书氛围。

## 二、加强领导，严密组织

为确保读书活动有效、规范、深入、有序地开展，涟源市图书馆根据活动方案，将有关活动向涟源市文化体育广电新闻出版局作了专题汇报。争取政府相关部门大力支持，确保了读书活动的顺利实施。

## 三、内容丰富，形式多样

本次读书活动的主题是共创共享儿童阅读新时代，涟源市图书馆着眼于创新，开展了一系列丰富多彩、灵活多样的读书活动，收到了良好的效果。

### 1. 结合"图书馆宣传服务周"走进校园

2018年6~9月，涟源市图书馆结合"图书馆宣传服务周"走进涟源市第二小学，开展了主题为"绿书签活动"暨"我的书屋，我的梦——农村少年儿童阅读实践活动"。本次活动教育引导中小学生绿色阅读，文明上网，拒绝有害出版物及信息。通过宣读倡议书，现场宣誓、签名，发放绿书签等活动，传递尊重知识、尊重创造，热爱阅读，同心协力营造绿色文化社会环境，全校共有1000多名老师和学生参与了此次活动。

涟源市图书馆将流动图书车开进了校园，车上的书籍深受孩子们的喜欢，还联合涟源市第二小学进一步开展阅读实践活动，让孩子们享受到阅读的乐趣。涟源市图书馆领导还给24位留守儿童赠送了书包、文具等礼品。

### 2. "图绘新意"少儿主题画展

结合"书香湖南·共创共享儿童阅读新时代"主题，涟源市图书馆举办"图绘新意"少儿主题画展。画展一共展出了100余位孩子的精美画作，主题多样，内容丰富。画作是孩子们结合自己的阅读感受所创作出来的，前来参观画展的孩子和家长及社会各界人士达2000余人。活动获得了各界的好评并取得了良好的效果。

### 3. 主题阅读活动

涟源市图书馆开展暑期阅读活动，并且通过阅读推荐书目，开展主题阅读活动。涟源市图书馆通过主题文献展示、展览参观、阅读推广讲座、阅读笔记、作品赏析等形式的推广阅读活动将读书活动逐步推广。涟源市图书馆将蓝田中学535班作为试点班级，在班级开展阅读指导活动，指导孩子如何阅读，教孩子们做好阅读笔记，扩大他们的阅读深度和广度，全班72名孩子均参加了"我的书屋我的梦"征文活动。

### 4. "家庭图书馆"暨"小馆长"阅读活动

该活动的初衷是，以培养青少年"小馆长"为出发点，力求通过少儿家庭阅读、让亲子阅读的"种子"播撒进每个家庭,走进社会,推出一批亲子阅读推广人,让读者成为全民阅读推广的重要力量,共同营造全社会爱阅读的良好氛围,建立形式多样的"家庭图书馆"。

涟源市图书馆在全市征集并挑选出 6 名热爱阅读的小朋友及其家长,以家庭为单位,建立家庭图书馆。图书馆的相关负责人深入到小朋友家里去,了解他们的阅读兴趣,跟他们一起挑选合适的图书,从而建立起"家庭图书馆",固定时间开展"故事时间"与"阅读时间"。邀请身边的父母带孩子一起到家里来参加活动,在阅读一本书的同时进行讨论,开展相关游戏活动,让每本书充分发挥无限大的潜力。

"小馆长"们主动地深入班级,在老师的指导下,开展"共读一本书"等阅读活动,带动了自己周围的同学更好地深入阅读。

### 5. 关爱留守儿童

涟源市图书馆深入基层小学及农家书屋:涟源市第三小学、白马镇桐柏村等地,开展"我的书屋我的梦"阅读指导及征文活动,并给 50 位孩子送去了书包、文具、书籍等。

### 6. 湖南省第八届"三湘少年儿童阅读之星"网络答题初选的评选活动

网络答题由湖南省少年儿童读书活动办公室负责命题并提供答题网址,题型为选择题,题目涉及知识较广泛,侧重检测学生的阅读广度和深度。

通过活动初步评选,涟源市选出 24 名学生参加复赛。该复赛于 2018 年 10 月 21 日在涟源市图书馆多媒体厅进行。复赛题目由湖南省少年儿童读书活动办公室负责命题,侧重检测学生的阅读速度、阅读理解及阅读写作能力。该试卷分为小学低年级组、小学高年级组、初中组及高中组共 4 个类型。

比赛前,涟源市图书馆按要求认真组织:负责与考场对接,确认考场的教室、考务室的可容纳人数,确立好考场的工作人员。涟源市图书馆认真做好了以下工作准备:

(1)负责组织好考场教室的安排,包括门贴、座位号的张贴、考场横幅和指示牌的安排。

(2)协调好考场门前的交通、安全等事宜。

(3)组织好监考人员的培训,落实好现场人员的准确对接。

(4)组织好考试试卷的抵达,做好安全保密工作;组织好试卷的回收(密封)。

（5）收集好阅读笔记并保管好，对阅读笔记进行评分（评分标准见附件）。评选结果出来后为最终评审提供入选阅读之星的成长档案和阅读笔记。

（6）对考场监考人员做好人员分工。

（7）负责考试全过程的安全有序进行。

（8）负责摸清考场周边的交通地铁、公交等信息。

（9）在考场门口设置咨询台，开展考务咨询。

试卷统一快递，收到后由涟源市图书馆专人负责保密存放，考试当场拆封，考试完成后，试卷当天寄往长沙由专家进行评选。涟源市图书馆对每项工作认真落实，保证了复赛的正常顺利完成。

经过专家评审，涟源市图书馆共有5名学生进入"阅读之星候选人"名单，其相关资料寄往长沙参加最终评审。

## 7. 湖南省"少儿故事大王"大赛推选活动

推选涟源市一名优秀选手参加系列读书活动——湖南省"少儿故事大王"大赛，比赛于2018年11月25日在株洲市完成复赛。

此次"书香湖南·共创共享儿童阅读新时代"——第37届全省少年儿童系列读书活动受到了广大少年儿童、家长和社会各界的广泛关注，吸引了涟源市广大少年儿童的积极参与。本次活动在涟源市广播电视台及"涟源在线"公众号等媒体进行了相关跟踪报道，活动取得了良好的社会效益，充分发挥了图书馆的社会职能和积极带动作用。

# 激发阅读热情　创建读书活动

冷水江市图书馆

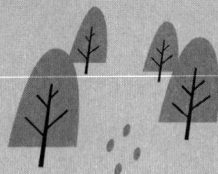

为了贯彻落实习近平新时代中国特色社会主义思想和党的十九大精神，扎实推动新时代全民阅读工作。根据《关于组织开展"书香湖南·共创共享儿童阅读新时代"——第 37 届全省少年儿童系列读书活动的通知》（湘文公共〔2018〕62 号）精神，冷水江市图书馆紧紧围绕"共创共享儿童阅读新时代"这一主题，精心策划，开展了形式多样、内容丰富的读书活动，努力营造一种有利于少年儿童健康发展的文化氛围，取得了较好的社会效益。

## 一、加强领导，各界重视

冷水江市委以及各个领导部门对系列读书活动给予高度重视并加强领导，将读书活动列入重要议事日程，通过周密地安排与部署，大力开展，组织实施，全面推进，确保活动成效。

## 二、读书活动，精彩纷呈

### 1. 少年儿童阅读服务特色品牌活动·月月精彩纷呈

（1）1 月——寒假阅读活动

2018 年 1 月 12 日上午，《公共图书馆法》解读专题讲座现场直播活动吸引了 60 余人参加。2018 年 1 月 20~26 日，冷水江市图书馆开展亲近母语亲子阅读活动，导读和交流分享的书籍有《一年级大个子二年级小个子》《小王子》《窗边的小豆豆》等。通过名师的导读和交流分享，让孩子们从小养成好读书，多读书，读好书的良好习惯。2018 年 1 月 26~31 日，《公共图书馆法》图片展宣传活动吸引了许多读者驻足观看。

（2）2月——我们的节日——春节惠民活动

2018年1月30日、2月4日，冷水江市图书馆相继举办了"锑都道德讲堂——春节礼仪"道德讲座和中华德育故事讲座。讲座由志愿者讲师胡兰云主讲，胡老师从历史故事、民间故事、神话传说等各个方面介绍了春节的习俗和礼仪，并就如何将礼仪融入生活的方方面面进行了深入阐述，现场有160余名读者聆听。2018年2月5日上午，图书馆举办"春节护苗·网络安全课"，播放了动画视频公益宣传片，60余名学生和家长观看。

截至2018年2月21日，迎新春文化惠民活动吸引了1000余名大学生、中学生及市民参与相关主题活动。

（3）3月——我们的节日——元宵暨学雷锋志愿活动

2018年3月2日上午，冷水江市图书馆与市童趣社联合举办2018年"喜乐元宵欢聚童趣"元宵喜乐会活动，通过猜灯谜、"我是小小攀爬手"、制作元宵、袋鼠跳等方式进一步让孩子们了解传统节日。活动之余，图书馆还捐赠图书200余册。2018年3月10日组织文化志愿者开展了"我是雷锋家乡人　湖湘文化送春风——阅读分享会"，60余名学生参与其中。2018年3月11日，图书馆举办"道德讲堂——如何做一个有道德的人"讲座。讲座共分为五个环节：唱歌曲《公民道德歌》；学模范，介绍最美"孝心少年"吴林香、王秀琴、邵帅等的先进事迹；诵《弟子规》入则孝篇；发善心，分享内心道德感悟；做承诺。该讲座吸引了60余名学生和文化志愿者参加。2018年3月12日，党员志愿者到中连乡中心小学向留守儿童捐赠图书400余册，送去了党和政府的关怀和温暖。2018年3月19日，文化志愿者何艳、熊再华、李小红、曹艳、易谷池为冷水江市第二中学、冷水江市金星中学、冷水江市中连乡中心小学、冷水江市明礼实验中学图书室整理图书，手把手教图书室的负责人如何加强图书管理，如何引导学生多读书，读好书。此次图书整理完成图书分类编目60000余册。

（4）4月——"4·23"世界读书日系列读书活动

2018年4月21日举行"4·23"世界读书日——母语精典阅读分享会，由李慧红老师主讲，分享了《没头脑和不高兴》《狼王梦》两本经典作品，吸引了120余名读者参与。

（5）5~6月——图书馆服务宣传周暨"六一"儿童节系列读书活动

2018年5月26~27日上午，冷水江市沙塘湾街道办事处中心小学的李慧红老师在冷水江图书馆多媒体演示厅进行了《腰门》《5月35日》阅读交流分享活动，20 多位同学参与该活动。2018 年 5 月 31 日至 6 月 1 日，图书馆开展了"文明小读者图书悦读行"系列活动。小读者们参观和体验了阅览室等服务窗口，观看了《公共图书馆法》图片展，播放了《夏洛特的网》《龙猫》《奇迹男孩》等几部既有趣又有教育意义的影片。展播电影 4 场次，有 300 余人观看了影片。

（6）7~8 月——暑假系列读书活动

2018 年 7 月 6 日，图书馆开展了《锑都道德讲堂——城市文明家风家训》讲座，旨在通过讲座让孩子们在一个良好的家风家训的道德环境下快乐成长。讲座特邀中国家庭教育专家邓大民教授主讲，有 200 余人参加。

2018 年 7 月 14 日举办的《查理和巧克力工厂》阅读分享会，引导孩子和查理一样做一个有爱心的人，20 余名学生参加。2018 年 8 月 26 日由王跃文主讲的《向上向美的文学》视频讲座，从文学主题、文学真实、文学形象和文学语言这 4 个方面畅谈向上向美的文学，让听众深深体会文学的向上之美。

（7）9 月——入学季送书进社区活动

2018 年 9 月 13 日冷水江图书馆向冷钢社区、冷金社区、涟溪桥社区，东站社区、集中社区赠送图书 1000 余册，价值 30000 余元，为引导社区居民、留守儿童形成"爱读书、读好书、善读书"的良好阅读习惯创造了条件。

（8）10 月——"农家书屋"管理员实务暨读书活动推广专题培训

2018 年 10 月 25 日，"农家书屋"管理员暨"扫黄打非"信息员培训班开班，特邀湖南省图书馆馆员王昕晗主讲《"农家书屋"管理实务》。王老师详细阐述了"农家书屋"的图书配置、图书分类、图书上架、借阅制度、活动开展等。冷水江市各乡、镇、街道的文化站站长、"农家书屋"管理员共 153 人参加了培训。

## 2. "三湘少年儿童阅读之星"推选活动

2018 年 7 月 3 日正式启动第八届"三湘少年儿童阅读之星"活动。本次评选分初选、复选、终审三个环节，所有环节免费参与。中小学生只需登录题库网址即可参与答题，随时随地通过测试了解自己的阅读广度和深度。初选于2018 年 6 月 20 日开始报名测试，组委会通过答题正确率及答题速度测评出优秀选手进入 9 月举行的复选，通过测评的优秀选手进入 10 月的终审，终审由专家进行评审，评选出第八届"三湘少年儿童阅读之星"及"阅读优秀个人"。截至 2018 年 9 月 30 日，冷水江市近 10 所学校近 1000 名学生通过微信报名参与了此次活动。

2018 年 10 月 14 日举行了书香湖南·共创共享儿童阅读新时代"故事大王"选拔赛，200 多名中小学生参与，分三批进行。从中选出五名"故事大王"，参加省里 11 月、12 月举行的初赛、复赛和决赛。

2018 年 10 月 21 日，第八届"三湘少年儿童阅读之星"推选活动冷水江推选赛区正式启动，来自冷水江市各学校推选的参赛中小学生共 31 人参加了湖南省统一的闭卷作文复选考试，作文试卷分小学低年级、中年级、高年级和中学组四种类型。

各项活动的开展激发了少年儿童的阅读热情和道德素养，减少了城乡孩子们的阅读差别，丰富多彩的阅读活动受到老师和家长的一致好评。

# 第四章

书香湖南·红星闪闪耀童心

# 第 36 届全省少年儿童系列读书活动综述

*湖南省少年儿童图书馆*

为庆祝中国人民解放军建军 90 周年，喜迎党的十九大，增强少年儿童爱国拥军意识，弘扬革命传统和优秀文化，中共湖南省委宣传部、湖南省精神文明建设指导委员会办公室等八家单位联合主办的"书香湖南·红星闪闪耀童心"——2017 年全省少年儿童系列读书活动由湖南省少年儿童图书馆承办。活动开展以来，全省少年儿童通过阅读、活动、交流等形式，利用公共图书馆、学校、家庭以及互联网平台讴歌人民军队艰苦卓绝的奋斗历程，培养少年儿童健康向上的人生观和价值观，取得了良好的社会效果。

## 一、加强领导、精心组织，活动开展保障有力

中共湖南省委宣传部、湖南省精神文明建设指导委员会办公室、湖南省文化厅、湖南省教育厅、湖南省新闻出版局、共青团湖南省委、湖南省妇女联合会、湖南省关心下一代工作委员会八个主办单位高度重视此次活动，2017 年初就召开专题工作会议，对活动通知及具体实施方案进行讨论和审定。湖南省精神文明建设指导委员会办公室、湖南省新闻出版局等厅局在政策、经费等方面大力支持，连续多年拨付专款，为活动的顺利开展提供基本保障。湖南省文化厅将各市（州）图书馆读书活动开展情况纳入目标责任管理之中，湖南省文化厅公共文化处从政策、办文等方面对湖南省少年儿童图书馆承办活动给予了大力支持。湖南省文化馆等单位对湖南省少年儿童图书馆承办全省活动成果表彰展示活动给予了有力支持。

湖南省少年儿童图书馆作为承办单位，积极准备，精心组织并实施 2017 年全省少年儿童读书活动。明确责任分工，细化目标任务，多次召开馆务会、馆

长办公会，对活动的进度、存在的困难等相关情况及时研究，逐项解决。全馆同志积极参与手绘明信片、阅读笔记的筛选评奖工作。各市（州）、县（市、区）统一思想，积极协作，成立专门读书活动办公室（组），不断完善活动组织、策划、运作的各项工作机制，确保读书活动高效、有序进行。

## 二、内容丰富、形式多样，读书活动成效显著

2017 年读书活动旨在增强少年儿童爱国拥军意识，培养健康向上的人生观和价值观，主题鲜明，内容丰富，与社会教育、学校教育、家庭教育紧密结合，各地精心组织，广泛宣传，得到了学校的大力配合，也得到了社会各界人士的关注和家长的鼎力支持，呈现以点带面、辐射全省的好局面。全省 14 个市（州）120 多个县（市、区）共有百余万少年儿童参与了此次活动，开展各种形式的读书活动 3400 余场。

### 1. 主题阅读活动有序开展

各地公共图书馆利用馆藏文献及相关资源，通过图书展示、读书会、阅读笔记等公益活动形式开展主题图书借阅及分享活动。长沙、湘潭、常德、怀化等地均开设了"红星闪闪耀童心"主题阅读书籍专架。长沙市开展了"少年知行社"阅读时间活动，开设通识历史课；常德市举办了"少儿悦读节""常悦课堂""书友讲堂"；郴州市举办了"儿童阅读节"，开展了经典诵读展演、"奇奇怪怪"书展、听写大赛、主题故事屋、创意阅读体验馆和"为爱阅读"21 天亲子共读等活动；湘潭市开展了童悦"陶乐绘——用小手阅读经典"、图书馆体验日等活动；株洲市开展了"21 天阅读"挑战活动，让孩子们培养阅读的习惯。

### 2. 手绘明信片活动特色突出

在全省市、县图书馆广泛发动下，广大中小学生读者踊跃参与手绘明信片献给最可爱的人活动。小读者们通过阅读相关书籍，参观中国人民解放军军史展览，查询相关资讯等方式学习、了解中国人民解放军创造的英雄业绩和崇高精神。原创手绘明信片被献给解放军叔叔，用于致敬最可爱的人，庆贺中国人民解放军建军 90 周年。活动共收到选送作品 1100 余件，评选出一等奖 114 件，二等奖 180 件。作品主题健康、格调鲜明，从少年儿童独有的视角，积极地反映了广大少年儿童对解放军的敬仰之情；题材丰富、风格各异，体现了三湘少

年儿童特有的文化艺术素养；立意高远、构图新颖，集合了少年儿童阅读、创作的丰硕成果。

### 3. 暑期阅读活动精彩纷呈

2017 年暑假期间，各图书馆集聚各界力量，倾力关心少年儿童阅读，组织开展适应不同年龄阶段少年儿童身心的公益阅读活动，搭建少儿阅读推广的专业化平台，通过自荐主题图书、阅读推广讲座、书籍推送及展示、阅读笔记赏析等形式各异的导读活动，开展暑期阅读活动。通过收集和推荐优质阅读笔记本的形式，评选出具有亮点、特色的阅读笔记本的创作者，授予"阅读笔记达人"的称号。张家界市在暑假期间开展"我是小小阅读推广人"活动，开设专业课堂，引导小读者学习深度阅读，学写阅读笔记；郴州市暑期举办各式各样的亲子读书会活动共计 128 场次，参与人数达 7680 人次；衡阳市利用暑期开展《刘胡兰》故事分享会、《狼牙山五壮士》故事会等 15 场；益阳市开展"红色夏令营"社会实践活动，让小学员们通过阅读、参观、交流、进军营等社会实践，培养健康向上的人生观、价值观和社会实践的能力。全省广大青少年读者通过参加各类读书活动，撰写心得体会、心得感悟、活动评论等，广泛提升了阅读兴趣和能力，全省共收到阅读笔记本 527 份，评选出 146 名"阅读笔记达人"。

### 4. 中国人民解放军军史连环画展览影响深远

全省 14 个市（州）均开展了光辉历程——中国人民解放军军史连环画展览，展览集知识性、艺术性、趣味性于一体，介绍中国人民解放军的光辉军史，讴歌人民军队艰苦卓绝的奋斗历程，线上、线下同时进行，网站、微信同步开展。长沙将展品由流动大巴车送至其他分馆、企业、学校进行巡回展览；湘西土家族苗族自治州在超星歌德读书机上制作专题联系展示；张家界市培养专题讲解员讲解人民解放军光辉历程。通过观展，广大少年儿童铭记人民军队 90 年砥砺奋进的历程、学习英雄事迹，在新的起点上把革命前辈开创的伟大事业不断推向前进。

## 三、抓"结合"，扩影响，"小读者、大队伍"

全民阅读的可持续发展离不开图书馆与学校、家庭紧密结合。全省少年儿童读书活动是"书香湖南"的重要组成部分，是引导少儿阅读的指路明灯。

2017 年的读书活动更为注重多方结合，促进读书活动纵深发展，扩大公共图书馆事业的社会影响力和凝聚力。

### 1. 与建军 90 周年相结合，增强了少年儿童爱国拥军意识

为庆祝建军 90 周年，湖南省少年儿童图书馆提出了"书香湖南·红星闪闪耀童心"的活动主题。活动环节"光辉历程——中国人民解放军连环画展览""解放军叔叔，你好——手绘明信片献给最可爱的人"更是通过阅读宣传中国人民解放军的光辉军史，弘扬了革命传统和优秀文化，倡导了报效祖国、服务人民的高尚情操。各地在"八一"建军节纷纷开展了丰富多彩的主题阅读活动，湖南省少年儿童图书馆由本馆馆员自创自绘，以"百战将星、人民英模、大英雄、小壮士"为主题内容的"中国人民解放军建军 90 周年英雄画谱"进行了为期两个月的展览，激发少年儿童对建军历史和军人故事的更大兴趣。常德市开展《建党伟业》《开国大典》《闪闪的红星》《百团大战》等多部红色影片的展播，接待少年儿童 3000 多人次；长沙市开展红色主题故事会，为孩子们讲述朱德、刘伯承、叶剑英等开国元勋的英雄事迹。

### 2. 与"上山下乡"相结合，拓展服务范围，关爱弱势群体

《公共文化服务保障法》和《十三五图书馆事业发展规划》均对公共文化服务的均等化、特殊群体的服务等提出了更为明确的要求。2017 年读书活动也努力让更多的人享受到无差别的服务，通过分馆、流通点以及送书上门等服务方式，关爱农村儿童、贫苦儿童及特殊儿童。湖南省少年儿童图书馆在岳阳市湘阴县高岭学校开展了"科技强国，创新圆梦"湖南科技活动周系列活动，通过召开"敬畏生命，聆听环保行动者的故事"知识讲座、赠送图书等多种形式让山区孩子爱上阅读、爱上科学。长沙开展"精准助扶贫·龙山公益行"活动，走进湘西土家族苗族自治州龙山县，捐赠爱心书籍，送上精神食粮。邀请100 余名农民工子弟来到图书馆，学习知识，掌握技能；邵阳市在隆回县、洞口县、邵东市等地的乡镇先后建立了 3 个留守儿童示范基地，赠送近万册图书给留守儿童，并进行阅读指导；湘潭市先后向流动服务点、儿童福利院、特殊学校赠送图书 5000 余册；岳阳市组织"快乐暑假，放飞童年"为主题的贫困学子平江研学活动，带领贫困学子参观平江县南江镇露江山抗日英雄纪念园，给孩子们上了一堂深刻的爱国教育课；张家界市针对自闭症儿童开展"爱上星星的孩子"专题活动。

**3. 与重点工作相结合，与学校、家庭相结合，促进公共图书馆服务事业全面深入发展**

2017 年是县级以上公共图书馆的评估定级年，评估细则对阅读指导和阅读推广提出了更高的要求，更侧重于分级、面向不同年龄段的阅读指导服务，考察阅读推广的形式多样与品牌效应。2017 年全省少年儿童读书活动以此作为重要参照标准，有针对性地制定了活动方案和内容，以评促建、以评促效、以评促用，不断创新服务方式，提升服务效能。各地在活动开展过程中更是针对不同的群体开展活动，针对幼儿园、小学、中学不同年龄阶段的读者开展形式各异的活动，丰富其阅读生活。与学校、文化阵地、培训结构相结合，促进活动顺利开展。长沙市与指印美术、番茄田等教育机构联合开展 20 余期主题手工制作活动，让少儿读者以手中的画笔向解放军叔叔致敬；岳麓区图书馆与社区文化中心相结合，免费开设剪纸、书法、趣味英语、创意手工等丰富多彩的课程，引导少年儿童全面健康成长。

2017 年全省少年儿童系列读书活动共 30 名"三湘少年儿童阅读之星"，58 名阅读优秀个人；28 个组织奖获奖单位，21 个阅读活动奖获奖单位，60 名优秀指导奖获奖个人。借助举办全省颁奖典礼和阅读成果展示活动的机会，湖南省少年儿童图书馆和全省公共图书馆、少年儿童图书馆、中小学等社会合作单位一起，认真总结经验，巩固成果，改进不足，使"书香湖南"读书活动不仅与阅读推广服务相结合，还与图书馆业务工作相结合，更与中小学生素质教育相结合，建立长效机制，促进少儿读书活动常态化，为建设"书香湖南"做出新的贡献。

# 红星耀童心　推广传精神

长沙市图书馆

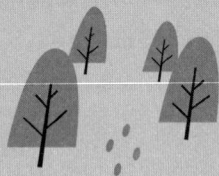

　　为庆祝中国人民解放军建军 90 周年，喜迎党的十九大，长沙市图书馆在长沙市文化广电新闻出版局的领导下，根据中共湖南省委宣传部、湖南省文化厅等部门印发的《关于组织开展"书香湖南·红星闪闪耀童心"——2017 年全省少年儿童系列读书活动的通知》（湘文公共〔2017〕65 号）文件精神，长沙市图书馆组织全市少年儿童通过阅读、活动、交流等形式，利用公共图书馆、学校、家庭以及互联网平台讴歌人民军队艰苦卓绝的奋斗历程，学习英雄事迹，增强少年儿童爱国拥军意识，弘扬革命传统和优秀文化，培养健康向上的人生观与价值观，倡导报效祖国、服务人民的高尚情操。

## 一、周密组织强化保障，各项工作有序开展

　　按照上级领导的部署，长沙市图书馆精心组织活动开展。一是成立专门队伍，由长沙市图书馆馆长和业务副馆长任主要领导，负责服务宣传活动的统筹、组织、督促工作；少儿服务部六位工作人员负责活动的具体执行；其他副馆长及业务部门共同配合，为活动保驾护航。二是明确责任分工，细化目标任务，逐一落实到人，确保责任上肩。三是强化宣传发动，充分发动全市九个区县图书馆共同配合，广泛宣传动员，使全市少年儿童积极参与到"书香湖南·红星闪闪耀童心"——2017 年全省少年儿童系列读书活动中来，掀起浓厚的学军史、颂军魂的良好风尚。

## 二、品牌活动特色鲜明，阅读推广传承精神

　　长沙市图书馆一直以来积极开展少年儿童阅读推广活动，此次将该馆的品

牌活动与"红星闪闪耀童心"主题相结合，开展了丰富多样的系列活动，让广大少年儿童铭记光辉历史，传承人民军队的红色基因。

（1）发挥资源优势，开展主题活动。为满足孩子们的阅读需求，长沙市图书馆开展了以下几个主题活动：一是开设"红星闪闪耀童心"主题书籍专架，采购了一批与红色主题、人民军队有关的书籍，迅速编目上架，供读者借阅。二是发掘优质读物，线上与线下共同推荐读者阅读优质读物，让他们从书中获取知识，增强爱国拥军意识。三是展播经典电影，精选红色少儿电影，让"小英雄"们讲述那个年代的故事。四是开展"少年知行社"阅读实践活动，组织孩子开展为期5天的阅读实践活动，学习写作技能，开拓阅读视野，培养阅读习惯。五是开设通识历史课，特邀教育机构专业讲师，引进通识教学模式，以轻松有趣的方法讲述建国、建军历史，让孩子们进行角色扮演，激发孩子们的阅读兴趣。六是开展暑期实践"小小管理员"活动，创新实践方式，以学习图书馆实用技能为主，结合阅读主题讲座，培养孩子们的阅读习惯，提升阅读能力，2017年暑假期间共接待少年儿童10000余人。

（2）开展专题展览，铭记光辉历史。长沙市图书馆精心印制了展览作品，开展了"红星闪闪耀童心"——中国人民解放军军史连环画展览。2017年的"八一"建军节期间，该展览在长沙图书馆二楼展览两周，吸引了众多读者驻足观赏，之后又将展品由流动大巴车送至其他分馆、企业、学校进行巡回展览，将红色基因传至长沙各处。同时配套开展红色主题故事会，由志愿者老师给孩子们讲述朱德、刘伯承、叶剑英、贺龙等开国元勋的英勇事迹。

（3）手绘主题作品，致敬伟大军人。为增强孩子们对军人、对军队的热爱，长沙图书馆联合指印美术、蕃茄田等教育机构于暑期开展了共23期的主题手工制作活动，内容包括手绘明信片、手制工艺品等，以少年儿童的视角和手中的画笔向解放军叔叔致敬，激发了少年儿童对建军历史和解放军人故事的阅读兴趣，进一步培育和践行了社会主义核心价值观。

（4）拓展服务范围，关爱弱势群体。公共文化服务应努力让更多的人享受到无差别的服务，特别是弱势群体更应该受到重视。2017年6月16日，长沙市图书馆联合长沙青基会，开展了"精准助扶贫·龙山公益行"活动，走进湘西土家族苗族自治州龙山县，向当地的贫困学校捐赠了20000元的爱心书籍，为他们送上了丰盛的精神食粮。2017年暑假，长沙市图书馆"流动大巴车"满载着军史连环画、主题书籍和美丽的老师故事穿梭在各个流动点，为社区里的留守儿童送去了温暖。2017年9月23日，长沙市图书馆邀请100余名农民工子弟来到图书馆，观看了入馆教育视频，学习了图书馆的使用技能，借阅了"红星"主题书籍，听老师讲述了过去的历史，增强了他们对军队、对军人的向往之情和爱戴之心。

## 三、区（县）分馆各级联动，闪闪红星照耀童心

长沙市各区（县）文化部门、教育部门、中心图书馆、各级中小学校、各图书分馆迅速行动起来，大力宣传，广泛发动，结合自身实际，开展了形式多样，精彩纷呈的主题活动。如岳麓区图书馆的"小小向日葵营地"，2017年7~8月利用岳麓区图书馆、岳麓区文化馆、洋湖街道白庙子社区文化中心3个文化阵地，免费开设了剪纸、书法、趣味英语、创意手工、思维美术、绘画、美术、正面管教儿童情商课、阅读指导课等15个课程，共计156个课时，共有320余名小朋友报名参加，帮助低收入家庭子女、留守儿童全面健康成长。开福区图书馆的"学党史，颂党恩！"的亲子讲座活动，通过放映党史和国史视频，既增加了父母与孩子的感情，也让大家对党史国史更加了解。宁乡县图书馆"我的书屋，我的梦"少年儿童征文活动，鼓励中小学生在参加"农家书屋"阅读和社会实践活动的基础上，以"我的书屋，我的梦"为主题，用自己生动质朴的语言书写在"农家书屋"读书、实践的收获和感受。

自活动开展以来，长沙市图书馆共开展活动场次160余场，吸引近20000人市民读者参与。精彩纷呈的活动不仅给广大少年儿童带来了知识和乐趣，也得到了湖南日报、长沙晚报等媒体的宣传报道。长沙图书馆还面向全市发起了优秀阅读笔记、优秀手绘明信片的征集活动，各中小学校、图书馆积极鼓励孩子们"以手写我心、以手绘我意"，积极创作，踊跃参与，共征集到阅读笔记300余份，手绘明信片500余份，并邀请学校老师、图书馆员、专业人士对作品进行评选一、二、三等奖予以表彰并提交参与省级评选。通过活动的开展，长沙市图书馆从中发现了一些表现优秀、有良好阅读习惯和兴趣，且能积极影响和带动他人的少年儿童，通过评选，表彰了一批"阅读之星""阅读达人"，为广大未成年人树立了榜样，确立了标杆，激发了少年儿童阅读兴趣，帮助孩子养成良好的阅读习惯，奠定终身学习能力的基础，起到了良好的社会示范效应。

此次活动的组织和传播起到了广泛的社会教育作用，宣传了中国人民解放军历史知识，引导少年儿童阅读了大量的红色经典优秀读物，开阔了眼界，陶冶了情操，为引导青少年树立正确的世界观、人生观和价值观起到了积极作用。

# 铭记光辉历史　走进主题阅读课堂

株洲市图书馆

为了庆祝中国人民解放军建军 90 周年，喜迎十九大，开展丰富多彩的读书活动，中共株洲市委宣传部、株洲市精神文明建设指导委员会办公室、株洲市文化体育广电新闻出版局、株洲市教育局、共青团株洲市委、株洲市妇女联合会、株洲市关心下一代工作委员会联合下达《关于组织开展"书香株洲·红星闪闪耀童心"——2017 年全市少年儿童系列读书活动的通知》文件。各级公共图书馆及承办单位成立少年儿童读书活动办公室，制定活动方案，贯彻落实"通知"精神，积极组织发动，通过阅读、活动、交流等形式组织开展了一系列少年儿童活动，让少年儿童学习英雄事迹，增强了爱国拥军意识，弘扬革命传统和优秀文化，培养健康向上的人生观与价值观。活动内容精彩纷呈、形式多样，富有意义。

## 一、主题读书活动

未成年人是祖国的未来和希望，他们的健康成长需要优秀文化的滋养哺育。为了培养和激发少年儿童的阅读兴趣，提高少年儿童的阅读品位，株洲市图书馆利用丰富的馆藏资源举办了经典图书漂流活动。2017 年暑假，株洲市图书馆精心挑选的 200 本优秀经典童书如同"漂流瓶"一般供读者阅读，读者免费领取一本，借阅完后就可以传给下一位读者。另外，图书馆还举办了"21 天阅读"挑战活动。每日晒书签到，坚持 21 天以上，即可成为"阅读达人"。科学证明，每个良好的行为坚持 21 天，就会习惯成自然。

高效阅读课堂让小朋友和爸爸妈妈一起学到了如何用快速的方法去阅读和记忆文章，提高学生的阅读速度和效果。帮助学生形成良好的阅读习惯，做到多读书、读好书。

一系列绘本故事活动：①英语绘本故事课以英语为表述语言的图画故事书为载体，引领儿童开展的阅读活动即为英文绘本阅读，是"一种融合视觉与语言艺术的阅读活动"，不仅锻炼了孩子们的动手能力，更让孩子们在玩中学英语，劲头十足。②"小豌豆"公益故事，妈妈为小朋友讲述精彩的绘本故事，通过听故事、玩游戏、做手工，领略不一样的绘本世界。③"一带一路·家门连世界""小荷花"系列主题的绘本故事会活动。老师绘声绘色地讲述故事，与小读者进行老师与学生角色的互换，充分调动了孩子们的积极性，让他们更好地了解历史、了解大自然。

诵读经典亲子活动通过将现代亲子教育与经典诵读结合，让家长与孩子共同参与学习，汲取中华传统经典中的精华。最大的特点便是家长必须全程陪同孩子共读经典。老师和家长都是小朋友们学习知识过程中的引导者，而问题的答案应由孩子们自己去找寻。接受文化经典的洗礼，由孩子为起点，以潜移默化的影响力改善社会的风气，让人心重返自然，懂得敦厚纯朴的道理。

株洲读书系列活动影响深远。株洲市图书馆开展了一系列丰富多彩的读书活动，营造"倡导全民阅读，建设书香株洲"良好社会学习氛围。活动得到了市民的积极拥护和广泛参与，也受到了社会各大媒体的关注。通过活动的开展，图书馆的社会影响力进一步扩大。

## 二、连环画展览

为庆祝中国人民解放军建军 90 周年，喜迎党的十九大，株洲市图书馆积极组织策划和承接了几场公益性主题展览，其中"以家为馆，兵心依旧"走进株洲人刘泽湘的军事博物馆展览，展现了很多历史画面与当时的情景，让小朋友们深刻体会当年发生的故事。小朋友们看着一幕幕精心的画作，可想当年红军战士为祖国"抛头颅，洒热血"的精神，正是因此才有今日繁荣富强的祖国。

# 讴歌人民解放军　举办主题研学活动

岳阳市图书馆

　　根据中共湖南省委宣传部、湖南省精神文明建设指导委员会办公室等八部门联合下发的《关于组织开展"书香湖南·红星闪闪耀童心"——2017年全省少年儿童系列读书活动的通知》文件精神以及岳阳市七部门联合发文的《关于组织开展"书香岳阳·红星闪闪耀童心"——2017年全市少年儿童系列读书活动的通知》（岳文广发〔2017〕33号）的要求，岳阳市图书馆从6月底开始在全市迅速启动、统一部署、认真组织系列读书活动，使全市广大少年儿童参与其中，尤其是发动了各级图书馆、中小学校，使该系列读书活动得以全面深入开展，取得满意成效，为活动的纵深发展积累了宝贵的经验。

## 一、举办"红星闪闪耀童心——庆祝中国人民解放军建军90周年"军史连环画图片展

　　为庆祝中国人民解放军建军90周年，讴歌中国人民解放军光辉历史，弘扬不怕牺牲、前赴后继、舍生忘我、英勇无畏的伟大爱国主义精神，岳阳市图书馆于2017年8月1日起在图书馆一楼大厅举办为期一个月的"红星闪闪耀童心——庆祝中国人民解放军建军90周年"军史连环画图片展。本次展览以中国人民解放军的光辉历程为主题，以时间为经，以人民军队大事件为纬，通过连环画讲述了人民军队南昌起义后的土地革命，"七七事变"后的全面抗战，重庆谈判后的解放战争等各时期的重大历史事件，以及介绍人民军队的开国领袖、开国大将等历史人物。展览充分发挥连环画的教育启蒙作用，对青少年读者弘扬革命精神，树立社会主义核心价值观起到了良好的推动作用。

## 二、组织了以"快乐暑假，放飞童年"为主题的贫困学子平江研学活动

2017 年 8 月 3~4 日，岳阳市图书馆组织以"快乐暑假，放飞童年"为主题的贫困学子平江研学活动。来自临湘市、岳阳楼区和岳阳经济技术开发区的 27 名贫困学子参观了平江县南江镇露江山抗日英雄纪念园。在这里，孩子们上了一堂深刻的爱国教育课，收获多多，升华了精神世界，真切地感受到革命先烈的英雄气概，深切体验到今天生活的来之不易。

## 三、举办优秀图片展览和红色影视展播

活动期间，岳阳市图书馆精心制作了一系列以党史和国史教育为主题的展板在图书馆的少年儿童图书馆展出，组织青少年学生观看，并请专人讲解，让青少年铭记了这段艰苦抗战的峥嵘岁月，教育学生要了解党史，热爱中国共产党，热爱祖国，使小读者们接受党史和国史的知识教育。为庆祝中国共产党成立 96 周年，铭记党的光辉历史，弘扬党的优良传统，岳阳市图书馆组织开展"观经典、学党史"红色电影展播周活动。期间，《建党伟业》《勿忘国耻》《邓小平》《百团大战》等 10 部红色经典电影作为展播影片放映，并组织学生观看，通过观影活动与观影心得体会的书写激发孩子们的爱国热情。

## 四、组织"少儿读物采购团"采购主题书籍

为了引导青少年继承和弘扬湖湘文化精髓，培育爱党、爱国、爱市、爱家的现代家国情怀，同时让小读者们走进知识的海洋，体验采购图书的快乐，培养少年儿童社会实践活动能力。2017 年 7 月 21 日上午岳阳市图书馆举办第三届"少儿读物采购团"活动。岳阳市图书馆少儿部从大批少儿读者中挑选出 7 位优秀少儿读者代表，走进新华书店，开启"主题书籍购书"之旅。此次采购书籍特别涵盖了党史、国史、中国人民解放军军史等类别，以期让少年儿童全面了解和深入理解党的历史、国家的历史，用生动鲜活的党史国史内容让青少年树立坚定的理想信念。

## 五、举办建军 90 周年手绘明信片活动

为了纪念建军 90 周年，岳阳市图书馆在全市范围内特举办以"解放军叔叔，您好"为主题的手绘明信片活动，通过阅读相关书籍、观看影视作品等途径来感受军史、国史、党史的坚苦历程和繁荣发展，以手绘的形式来表达敬仰之情。通过认真组织、多方发动，全市各中小学校积极参与其中，共收到作品212 幅，精选出优秀作品 50 幅推送至省级参赛。

## 六、开展主题教育活动进社区进学校活动

社区和学校作为教育活动的场地，为了把红色主题教育活动受众更扩大化，岳阳市图书馆积极对接各社区和学校，开展"爱心故事亭""班级读书会""主题手抄报"等活动。由退休教师、企业退休政工人员、离退休干部等组成"爱心故事亭"。每周五下午通过小故事向青少年传授大智慧、深道理，主要讲述党史、国史和英雄名人事迹，鼓励青少年勤奋学习，学到做人做事的哲理，为青少年"铸魂""补钙"。2017 年共开展 35 场活动，接受教育的青少年达 400 余人次。湖南民族职业学院附属小学、岳阳经济技术开发区东城小学、岳阳楼区金鹗小学、八字门小学等"班级读书会"组织阅读党史、国史、军史书籍，分享阅读心得体会。

## 七、开展第七届"岳阳市少年儿童阅读之星"推选活动

为了进一步挖掘出爱阅读的少年儿童，在岳阳市图书馆及县（市、区）馆少儿读者、各中小学校开展"阅读之星"推选活动，主要针对有良好的阅读习惯和兴趣，有较大的阅读量，能积极影响和带动周围阅读的少年儿童进行推选。先经过各推选单位对个人阅读情况进行初评，优秀者上报市级，优中选优，最终参与省级评比。此次共收到推荐优秀市级"阅读之星"候选人 27 名，经过评选，推选其中 6 名学生送省参评第七届"三湘少年儿童阅读之星"。

## 八、开展爱心送书下乡活动

岳阳市图书馆为贫困儿童、留守儿童、特殊儿童开展爱心送书服务，开展

爱心送书活动 3 次，共计送出爱心主题书籍 800 余册。这些儿童通过书籍阅读感受国家的繁荣昌盛，在阅读中快乐成长。

岳阳市图书馆通过开展"红星闪闪耀童心——庆祝中国人民解放军建军 90 周年"主题系列活动，进一步增强了广大青少年对中国共产党的热爱。通过了解和掌握有关解放军的历史、人民军队艰苦卓绝的奋斗历程，学习英雄事迹，弘扬革命传统和优秀文化，增强了少年儿童爱国拥军意识。随着时间的推移，岳阳市图书馆少年儿童读书活动进一步向广度和深度开展并取得喜人成果。

# 坚守读书阵地　培育高尚情操

永州市图书馆

　　根据中共湖南省委宣传部、湖南省文化厅等八部委联合下发的《"书香湖南·红星闪闪耀童心"——2017年全省少年儿童系列读书活动的通知》文件精神，永州市认真组织开展了"书香永州·红星闪闪耀童心"——2017年全市少年儿童系列读书活动。此次活动由中共永州市委宣传部、永州市文化体育广电新闻出版局等七个部门联合主办、永州市图书馆具体承办，历时4个多月，影响人数达数万人次，取得了良好的社会效益。

## 一、上级部署，下级联动

　　各县（市、区）领导部门通过开展一系列专题会议，成立专门领导小组，制定规划，周密部署。各县（市、区）图书馆依据文件精神和要求，积极响应，发动宣传，通过网站、微博、微信、横幅等多种途径进行宣传，吸引更多少年儿童参与活动。

## 二、组织开展系列读书活动

　　永州市各县（市、区）图书馆根据活动文件要求，积极组织开展了一系列读书活动，包括主题阅读活动、光辉历程——中国人民解放军军史连环画展览活动、"解放军叔叔，你好！"——手绘明信片献给最可爱的人活动、暑期阅读活动、第七届"三湘少年儿童阅读之星"推选活动。开展活动达108场次；参加活动人数达55700余人次；共收到手绘明信片1973幅，从中评选出207幅优秀作品到市参评，永州市评选出100幅作品到省里参评；共收阅读笔记350余本，评选出39本到省参评。整个活动在市（县）电视台、省（市、县）文化网、市（县）新闻网等新闻媒体报道了十多次。

## 三、组织系列读书活动比赛项目的评选

2017 年 9 月 29 日下午，特邀中共永州市委宣传部、永州市教育局、永州市文化体育广电新闻出版局和永州职业技术学院的专家评委对"书香永州·红星闪闪耀童心"——2017 年全市少年儿童系列读书活动比赛项目进行评选，共评选出阅读笔记达人 10 名，手绘明信片一等奖 20 幅、二等奖 30 幅、三等奖 50 幅，"三湘少年儿童阅读之星"（市级）5 人，"阅读优秀个人"（市级）4 人，组织奖 4 个，阅读活动奖 4 个，优秀指导奖 6 个，并按要求上报省里参评。

## 四、开展读书活动的成效和影响

（1）培养少年儿童热爱祖国、热爱军人的高尚情操。通过活动的开展，增强了少年儿童爱国拥军意识，弘扬了革命传统和优秀文化，培养了健康向上的人生观与价值观，积极倡导了报效祖国、服务人民的高尚情操。

（2）提升少年儿童文化素养。少年儿童参加读书活动不仅更加了解了丰富的知识，而且有利于养成爱读书、读好书的习惯，提升自身的文化素养，培育高尚的情操。

（3）促进政府对图书馆事业的投入。永州市图书馆通过开展系列读书活动，彰显了自身价值的同时也在抢抓机遇，利用读书活动争取更多的经费支持，近年来，政府对图书馆事业的投入呈现稳定增长的态势。

# 举办军史画展　弘扬爱国精神

益阳市图书馆

　　根据中共湖南省委宣传部、湖南省文化厅等部门印发的《关于组织开展"书香湖南·红星闪闪耀童心"——2017年全省少年儿童系列读书活动的通知》（湘文公共〔2017〕65号），2017年6月中旬中共益阳市委宣传部、益阳市精神文明建设指导委员会办公室、益阳市教育局、益阳市文化体育广电新闻出版局、共青团益阳市委、益阳市妇女联合会、益阳市关心下一代工作委员会七部委联合签发了《关于组织开展"书香益阳·红星闪闪耀童心"——2017年全市少年儿童系列读书活动的通知》（益文体广新发〔2017〕35号），益阳市图书馆于2017年6~9月认真组织、发动、开展了"2017年全省少年儿童'书香湖南·红星闪闪耀童心'"系列读书活动。活动分为：主题阅读活动，中国人民解放军军史连环画展览，"解放军叔叔，你好！"——手绘明信片献给最可爱的人，暑期阅读活动，第七届"三湘少年儿童阅读之星"推选活动，开展的系列活动中，各县（市、区）近5000名学生参加了此次读书活动，得到了广大学生、家长、老师的好评，取得了良好的社会效应。

## 一、领导重视，明确责任，确保活动顺利开展

　　2017年6月16日，益阳市图书馆业务副馆长张亮、辅导部主任罗赛峰到湖南省少年儿童图书馆参加全省少年儿童系列读书活动会议，回馆后第二天立刻成立了读书活动小组。其中袁宁波为组长，张亮为副组长，罗赛峰、黄赛军、张劲松为组员，共同制定了活动计划、方案，对活动进行分工、明确到人，以确保活动开展有序。首先，读书活动小组向中共益阳市委宣传部、益阳市精神文明建设指导委员会办公室、益阳市教育局、益阳市文化体育广电新闻出版局、共青团益阳市委、益阳市妇女联合会、益阳市关心下一代工作委员会七部委的

相关领导汇报了关于组织开展"书香湖南·红星闪闪耀童心"系列读书活动通知的文件精神；其次，联合七部委签发了益文体广新发〔2017〕35 号文件；最后，2017 年 6 月 30 日上午组织各县（市、区）的 16 名图书馆馆长及业务骨干在多媒体演示厅召开了"2017 年益阳市少年儿童读书活动工作会议"。益阳市图书馆袁宁波馆长传达《关于组织开展"书香益阳·红星闪闪耀童心"——2017 年全市少年儿童系列读书活动的通知》和实施方案。副馆长张亮就"书香益阳·红星闪闪耀童心"少年儿童系列读书活动的实施方案进行了详细解读。由辅导部及时把电子文件和纸质文件发放给益阳市各县（市、区）图书馆，全面部署，把活动开展的情况列入各单位目标考核之中，以确保红色读书活动顺利进行。

## 二、加强宣传力度，组织各县（市、区）少年儿童积极参加读书活动

为庆祝中国人民解放军建军 90 周年，喜迎党的十九大，益阳市图书馆组织全市少年儿童利用公共图书馆、学校、家庭以及互联网平台开展阅读、交流、其他活动等形式讴歌人民军队艰苦卓绝的奋斗历程，学习英雄事迹，增强少年儿童爱国拥军意识，弘扬革命传统和优秀文化，培养健康向上的人生观与价值观，倡导报效祖国、服务人民的高尚情操。2017 年 6 月以来，活动小组充分利用图书馆网站、微信、QQ、展板、电子屏、讲座等多种渠道大力宣传活动意义，多次走进学校、社区、幼儿园，发动全市少年儿童积极参加本次活动，吸引他们充分利用图书馆资源，知道活动的真正意义。

（1）图书馆为充分利用馆藏资源，发挥图书馆第二课堂的阵地作用，在少儿室内设立了"学雷锋 树新风"及"红色经典书籍"专题推荐书柜，通过张贴醒目标志，方便青少年查找、借阅图书。活动期间，经典书籍的借阅册次达 4000 余册，借阅人次 2000 余人；积极开展红色经典图书的宣传推荐活动，借助网站、馆内宣传栏进行书目推荐。

（2）开展"红星闪闪耀童心——庆祝中国人民解放军建军 90 周年"军史连环画大型图片展。为讴歌中国人民解放军光辉历史，弘扬不怕牺牲、前赴后继、舍生忘我、英勇无畏的伟大爱国主义精神，益阳市图书馆于 2017 年 7～9 月底在馆内二楼走道布展"红星闪闪耀童心——庆祝中国人民解放军建军 90 周年"军史连环画大型图片展。本次展览以中国人民解放军的光辉历程为主题，以时间为经，以中国人民军队大事件为纬，通过连环画讲述了人民军队南昌起

义后的土地革命、"七七事变"后的全面抗战、重庆谈判后的解放战争等各时期的重大历史事件，以及介绍人民军队的开国领袖、开国元帅、开国大将等历史人物。展览的综合知识性、艺术性、趣味性，为青少年读者开展红色记忆主题阅读活动，以此铭记历史，缅怀先烈。本次展览共展出图片52幅，充分发挥了连环画的教育启蒙作用，对青少年弘扬革命精神、传承优秀传统文化、树立社会主义核心价值观起到了引领作用。展览吸引了近8000名青少年前来观看，收到了良好的社会效益。

（3）手绘明信片献给最可爱的人及红色经典书籍"阅读笔记小达人"等活动。2017年8月3日下午、8日上午、13日上午益阳市图书馆邀请专业绘画老师连续三次在三楼多媒体演示厅开展"手绘明信片——解放军叔叔，你好！"讲座，通过阅读书籍、参观展览、聆听讲座等方式学习和了解人民解放军创造的英雄业绩，以及他们在国家危难之时不怕牺牲、勇往直前的崇高精神，孩子们把手绘的明信片献给解放军叔叔，致敬最可爱的人。活动期间益阳市图书馆收到市区孩子们交来的手绘明信片作品100余张，其中优秀作品30余张。截至2017年9月25日，各县（市、区）共收到手绘明信片300多张，通过专家评审有127张递交湖南省少年儿童图书馆参赛。

（4）暑假阅读活动。今年暑假，益阳市图书馆充分利用微信、QQ及益阳市图书馆少儿读者积极发动、组织他们参加"书香益阳·红星闪闪耀童心"暑假阅读笔记达人比赛。益阳市图书馆为50个家庭发放"一城一书、万家共读"书包，让家长、小孩共读红色书籍；发动近200个家庭参加"阅读达人"比赛，收到符合要求的笔记本20本，优秀笔记5本。截至2017年9月25日，益阳市各县（市、区）图书馆交市活动小组笔记本88本，通过专家评审45份递交湖南省少年儿童图书馆参赛。

（5）开展"红色夏令营"活动。2017年8月2~6日，益阳市图书馆联手益阳市博物馆为少儿读者开展了为期5天的"红色夏令营"社会实践活动，2017年7月中旬，益阳市图书馆从"小小志愿者"中选拔出50多名小学员参加了"红色夏令营"活动。他们通过阅读、参观、交流、进军营等社会实践，了解到了人民军队艰苦卓绝的奋斗历程，培养了小学员们健康向上的人生观、价值观和社会实践的能力。

（6）开展党史、国史讲座和读书分享会及送书活动。2017年6月，益阳市图书馆开展了走进红色经典书籍PPT讲座，这些书中故事情节曲折、语言生动，里面英雄人物众多，魅力不凡，广大青少年读者通过阅读、了解红色经典书籍，进一步了解解放军光辉历史，学习他们不怕牺牲、前赴后继、舍生忘我、英勇无畏的伟大爱国主义精神，深化了爱国主义情感。2017年6月25日，益阳市图书馆邀请了"90后"党史研究新秀，著名青年讲解员赵艺娟老师在浅隐堂开展了一场"90后"党史分享会，为青少年读者揭秘了中国共产党金家堤支部的历史，讲述了金家堤支部波澜壮阔的政绩和其中可歌可泣的英雄人物。2017年7月18日，爱心人士张阳春老师为来自安化县贫困山区的"山里娃"们讲述党史、国史故事，并为他们送去红色经典书籍100册。2017年8月，益阳市图书馆联合博物馆文化志愿者共同走进资阳区杨树学校，关爱留守儿童，为他们送书200册。

益阳市图书馆结合自身特点，把爱党、爱国、爱军人渗透到青少年儿童喜欢的阅读活动中，用寓教于乐，生动活泼的方式进行党史国史教育，收到了很好的效果，较好地激发了少年儿童爱党、爱国、爱社会主义，励志报效祖国的热情。2017年共有10万中小学生接受了爱国教育，受到社会各界的好评和家长们的热情赞誉。

（7）第七届"三湘少年儿童阅读之星"评选活动。组织益阳市及各县（市、区）少年儿童参与全省"三湘少年儿童阅读之星"活动比赛。通过"三湘少年儿童阅读之星"的评选，树立榜样、确立标杆，提高少年儿童阅读兴趣，帮助他们养成良好的阅读习惯，奠定终身学习能力的基础。益阳市及各县（市、区）有18名少年儿童入围益阳市"三湘少年儿童阅读之星"比赛，经过专家活动小组评选，选出何仪（海棠学校136班）、刘咏多（安化县东坪完全小学253班）、陈舞越（南县城西中学）、钟梅（桃江县桃花江镇金柳桥小学——花桥中学）、龙涵映（沅江市莲花塘学校276班）、刘思婕（益阳市朝阳国际实验学校C60班）共6名同学。他们品学兼优、酷爱图书、热爱阅读、成绩显著，被评为益阳市"三湘少年儿童阅读之星"并作为全市少年儿童的优秀代表，参加全省"少年儿童阅读之星"的评比。

此次读书活动的举行，进一步提高了益阳市图书馆的公共文化服务能力。益阳市图书馆作为青少年教育的第二课堂把爱国教育、党史、国史宣传作为关心青少年儿童成长的重要阵地，利用丰富的馆藏资源，把党史和国史教育融入阅读活动中，以展览、导读、手绘明信片、征文、演讲比赛、讲座等寓教于乐的方式对青少年进行宣传教育，有效增强了广大青少年儿童立德爱国的信念，激发了他们好学上进、奋发有为的远大志向。

# 红星闪闪耀童心　线上线下齐奋进

湘西土家族苗族自治州图书馆

　　"书香湖南·红星闪闪耀童心" 2017 年全省少年儿童系列读书活动由中共湖南省委宣传部、湖南省精神文明建设指导委员会办公室、湖南省文化厅、湖南省教育厅、湖南省新闻出版局、共青团湖南省委、湖南省妇女联合会、湖南省关心下一代工作委员会主办，由湖南省少年儿童图书馆（湖南省少年儿童读书活动办公室），各市（州）文化广电新闻出版局、图书馆、少年儿童图书馆承办。

　　接到活动方案通知后，湘西土家族苗族自治州图书馆积极响应，通过召开全馆大会部署安排系列读书活动，并成立了由辅导部牵头的活动小组。

## 一、协调县市馆、积极部署

　　湘西土家族苗族自治州有湘西土家族苗族自治州图书馆、吉首市少年儿童图书馆、花垣县图书馆、泸溪县图书馆、凤凰县图书馆、古丈县图书馆、保靖县图书馆、永顺县图书馆、龙山县图书馆共 9 个公共图书馆。接到方案通知后，湘西土家族苗族自治州图书馆工作人员在第一时间通过电话、QQ、微信等方式通知各馆相关人员，要求其按照活动方案，认真组织本地区的相关系列活动。

## 二、多方联动，举办系列活动

　　（1）由外借部、阅览部精心选取一批优质图书，分别在馆内、流动点及扶贫村开展主题阅读活动。

　　（2）按湖南省少年儿童图书馆提供的统一素材，制作宣传展板，在超星歌德借阅机上制作专题，组织吉首市谷韵小学、吉首市第五小学等学生进行集中参观，并在暑假期间进行连续展示。

（3）组织湘西自治州建筑学校学生和吉首市第五小学学生参加"解放军叔叔！你好"手绘明信片献给最可爱的人活动。

（4）由流通部选取精品图书，通过图书推送及集中展示的方式开展暑期阅读活动，吸引大量中小学生到图书馆读书。

## 三、活动中的不足及展望

### 1. 活动中存在的不足

（1）2017年是各图书馆第六次评估定级之年，各公共图书馆整改内容及资料准备工作相当繁杂，难以抽出人手具体负责相关工作。

（2）2017年是湘西土家族苗族自治州60周年大庆之年，图书馆作为文化系统的一份子，好多骨干都被抽去搞相关庆典工作，而要联系的各中小学也在暑假期间参加节目排练，导致组织的相关活动开展不尽如人意。

### 2. 活动展望

2017年的相关活动已近尾声，结果不尽如人意。之后的活动一定精心组织，认真安排，有序开展，做好材料上报及申报工作。

# 开展"陶乐绘"活动　用小手阅读经典

湘潭市图书馆

为认真贯彻落实中共湖南省委宣传部、湖南省文化厅等八部委《关于组织开展"书香湖南·红星闪闪耀童心"——2017年全省少年儿童系列读书活动通知》的文件精神，庆祝中国人民解放军建军90周年，喜迎党的十九大，湘潭市图书馆结合实际，通过开展讲座、展览、主题阅读等各项读书活动，增强少年儿童爱国拥军意识，弘扬革命传统和优秀文化，培养健康向上的人生观与价值观。

## 一、制定方案，统一部署

湘潭市图书馆接到文件后多次召开了"红星闪闪耀童心"系列读书活动专题工作会议。按照读书活动的要求，制定了湘潭市少年儿童读书活动实施方案，并在会上进行了读书活动的整体安排与部署。随后，中共湘潭市委宣传部、湘潭市精神文明建设指导委员会办公室、湘潭市文化体育广电新闻出版局等七部门联合下发了《关于组织开展"书香湘潭·红星闪闪耀童心"——2017年全市少年儿童系列读书活动的通知》（潭文体广新字〔2017〕38号）。活动中，各级领导高度重视，多次去基层督查活动的开展情况；各相关单位尽职尽责，尽心筹划，积极与各学校联系沟通，加强协作，及时解决活动推进过程中出现的问题，为读书活动的开展提供了有力的组织保障，也为活动的顺利开展打下了良好的基础。

## 二、广泛发动，营造氛围

湘潭市图书馆充分利用中心馆的优势，积极发挥引领作用，以分馆、流动点为平台,利用街道、社区、中小学校、各培训机构等大力开展"书香湘潭·红星闪闪耀童心"系列读书活动,讴歌人民军队艰苦卓绝的奋斗历程,增强少年儿童爱国拥军意识,弘扬革命传统和优秀文化,培养报效祖国、服务人民的高尚情操。

# 三、精心组织、活动丰富

此次"红星闪闪耀童心"系列读书活动分为五大主体活动:一是主题阅读活动;二是光辉历程——中国人民解放军军史连环画展览;三是手绘明信片献给最可爱的人的活动;四是暑期阅读活动;五是第七届"三湘少年儿童阅读之星"评选活动。读书活动工作会议后,湘潭市图书馆统筹协调,各相关部门密切配合,协同作战,确保了各项读书活动的有序进行。

## 1. 主题阅读推广活动

为进一步激发少儿阅读兴趣,培养良好的阅读习惯,湘潭市图书馆采用读书会、讲座、展览、手工制作等多种形式组织开展了一系列主题鲜明、内容丰富的阅读推广活动,取得了良好的效果。其中如主题书籍推荐书展、童悦"陶乐绘——用小手阅读经典"、图书馆体验日、书签制作、足球基础知识讲座、绘本分享等活动内容丰富,生动活泼,深受广大少年儿童的欢迎。

(1)"书香湘潭·红星闪闪耀童心"主题书展。为了弘扬革命传统和优秀文化,学习英雄事迹,湘潭市图书馆在二楼布置了"书香湘潭·红星闪闪耀童心"主题书展,通过专题书架图书展示的形式开展主题读书及分享活动。主题书展活动从2017年8月15日开始持续到11月。本次主题书展活动从2017年8月15日至11月吸引了2000名左右的少年儿童参加。

(2)童悦"陶乐绘——用小手阅读经典"。2017年4月8日,湘潭市图书馆(少年儿童图书馆)在图书馆三楼的绘本馆开展"陶乐绘——用小手阅读经典"活动。近百名小朋友及其家长参加了本次活动。在活动中,小朋友们一边听着精彩的绘本故事,一边跟着老师一起,将手中的软陶捏成色彩鲜艳的毛毛虫。曾老师通过绘本阅读、软陶制作和作品展示三个环节,让小朋友们动手阅读,体验阅读的乐趣。

(3)"图书馆体验日"活动。2017年4月1日,雨湖区临丰小学150余名师生来湘潭市图书馆参加"图书馆体验日"活动。在图书馆工作人员的引领和讲解下,小学生们有序地参观了绿色网吧、少儿借阅部、绘本馆、智慧空间和民俗文化中心。在参观过程中，小学生们来到绿色网吧认真聆听专业技术老师介绍绿色网吧的构成情况和电子设备使用方法；坐在少儿借阅部津津有味地阅读着图书馆的图书；走进绘本馆体验"哪吒看书"互动式电子绘本故事阅读；在智慧空间体验"体感互动学英语""虚拟拍照""书法学习体验中心"和"3D涂鸦海洋馆"等科教创新成果；跟着湘潭市民俗文化学会的老师学习剪纸方法，进一步了解剪纸的起源、分类等相关知识，制作完成了各式各样的花、竹子等图案。湘潭市图书馆通过举办"图书馆体验日"活动，让更多爱看书的孩子走进图书馆体验阅读的乐趣。

（4）《足球基础知识》讲座活动。2017年7月22日上午，湘潭市图书馆在湘潭市少年儿童图书馆五楼多功能厅举办了一场少儿足球知识讲座。由湘潭达乐足球俱乐部的彭成宇教练为小读者们讲述足球知识。小读者们既了解了比赛场地、球、队员人数、越位、任意球等足球知识，也感受到了美国人民对体育运动的热爱，对体育赛事的热情。讲座最后读者们报以热烈的掌声。

（5）送书活动。为培养青少年阅读兴趣，满足青少年的阅读需求，推动全民阅读活动的广泛开展，湘潭市图书馆组织并开展送书活动。活动中，湘潭市图书馆精心挑选中外经典书籍、安全小故事、科学百科、手工绘画等符合少儿年龄特点的书籍，帮助青少年养成爱读书、多读书、读好书的良好习惯，让青少年和优秀书籍交朋友，在阅读中快乐地成长。2017年，湘潭市图书馆先后前往雨湖区护潭乡富强村流动图书点、湘潭县云湖桥镇楠竹山中学、小豆丁幼儿园、湘潭市"向日葵"流动点、雨湖区雨湖路街道和平桥社区流动点、湘潭市儿童福利院、湘潭市特殊学校等地送去书籍，共计5000余册。特别是湘潭市特殊学校和湘潭市儿童福利院，因学生的特殊性，湘潭市图书馆专程将图书送到他们面前，方便这些孩子，此举深受孩子们的欢迎。

## 2. 中国人民解放军军史连环画展览

为庆祝中国人民解放军建军90周年，铭记历史，缅怀先烈，传承优秀传统文化，湘潭市图书馆举办了"红星闪闪耀童心——中国人民解放军军史连环画"展览。本次展览以中国人民解放军的光辉历程为主题，以时间为经，以人民军队大事件为纬，通过连环画讲述了人民军队南昌起义后的土地革命，"七七事变"后的全面抗战，重庆谈判后的解放战争等各时期的重大历史事件，以及介绍人民军队的开国领袖、开国元帅、开国大将等历史人物。本次展览布置在湘潭市少年儿童图书馆四楼民俗文化展厅，共展出45块展板，同时还在湘潭市图书馆官网进行了线上展览。

### 3. "解放军叔叔，你好!"——手绘明信片献给最可爱的人

为纪念中国人民解放军建军 90 周年，了解人民解放军为民族独立和人民解放，为国家富强和人民幸福建立的卓著功勋，讴歌他们在国家危难之时不怕牺牲、勇往直前的崇高精神，湘潭市图书馆大力开展手绘明信片活动。活动中，湘潭市图书馆积极与各学校联系，广泛发动同学们参与，让同学们绘制明信片的同时了解解放军军史、兵种等相关知识。此外，为提高手绘水平，湘潭市图书馆于 2017 年 8 月 1 日和 19 日在湘潭市少年儿童图书馆五楼活动厅开展了两场"书香湘潭·红星闪闪耀童心——'解放军叔叔，你好!'"手绘明信片现场指导活动。两场活动分别邀请了弗弗西里图书馆的希希老师、风车坪学校的王娜丹老师，由两位老师组织小朋友们学习绘画及手工制作明信片。活动中，小朋友们充分发挥自己的想象力，以天安门、长城、中国人民解放军、五星红旗、各种动物等为主要绘画要素，用自己手中的画笔，绘制了一幅幅五彩斑斓的作品，在中国人民解放军建军 90 周年之际，手绘明信片为中国人民解放军建军 90 周年献礼。活动中，老师穿插讲解了"解放军"名称的来历，中国人民解放军的各个兵种、徽章等相关知识，取得了良好的效果。

此次活动，各县（市、区）共报送手绘明信片作品 85 套，经过评审湘潭市图书馆推选出优秀作品 50 套参加省级评选。

### 4. 暑期阅读活动

暑假期间，湘潭市图书馆举办了"多彩暑期"系列主题活动，如"创意剪纸"培训班、少儿计算机知识免费培训班和庆祝中国人民解放军建军 90 周年电影联展等，寓教于乐，丰富了广大少年儿童假期生活。

（1）创意剪纸。2017 年 7 月 24~28 日，"创意剪纸"培训班在湘潭市图书馆少年儿童图书馆五楼多功能厅举行。17 名学员在这里进行了为期 5 天的创意剪纸培训。湘潭市民间文艺家协会会员刘月玲、曾宪兰老师应邀为同学们授课。此次培训旨在丰富广大少年儿童的假期生活，提高少年儿童动手能力，一方面开发智力，另一方面激发少年儿童对传统艺术文化的兴趣，陶冶艺术情操。课堂上，老师耐心讲解剪纸的技巧，手把手地教导每一个学生，同学们也兴致勃勃地拿起剪刀，认认真真地剪出了喜气满满的红双喜、各式各样美丽花纹的蝴蝶等图案。2017 年 7 月 28 日上午，图书馆举办了"创意剪纸"培训班结业典礼，对优秀学员进行评奖，并以展板的形式展示出所有同学的优秀作品，供同学们相互品鉴和学习。郑伟兰获"金剪刀剪纸小能手"称号，王芷晴、周麟

芷、童文楷、任红钰、郑拥琳等同学获"创意剪纸小明星"称号。

（2）计算机培训。计算机知识培训班由湘潭市图书馆数字资源部段湘勇老师授课，2017年7月31日至8月4日，为期五天，每天上午9：30在湘潭市少年儿童图书馆的绿色网吧进行培训。本次培训针对12~16岁的青少年，主要讲授了计算机的硬件组成、操作系统、功能与使用、电脑与手机的优化配置等知识。现场的每一位同学按照老师的讲解熟悉和操作电脑。本次培训让青少年学会用电脑进行一些简单的操作，学会如何正确地使用电脑，懂得电脑的基本常识和一些有关电脑的基本操作。

（3）电影联展。2017年7月24日至8月11日，湘潭市图书馆推出电影展播活动。每天下午三点，在湘潭市图书馆活动部二楼放映室播放《建国大业》《百团大战》《大进军大战宁沪杭》等庆祝中国人民解放军建军90周年系列电影，吸引了大量的孩子及家长前来观看。孩子们认真观看电影，不时被影片的语言、情节和震撼的画面所感动。一部部爱国主义的电影让孩子们不仅看到了人民军队的光辉历程，还感受到今天的生活来之不易。

（4）优秀阅读笔记本征集活动。在"红星闪闪耀童心"主题下，湘潭市图书馆组织并开展除主题图书推送及展示、阅读推广活动、展览、讲座等多形式读书活动外，还开展了优秀阅读笔记本征集活动，积极引导少年儿童爱上阅读、享受阅读。活动中，湘潭市图书馆积极与各学校合作，广泛发动同学们参与。湘潭市图书馆累计收到阅读笔记本100余本，评选出32本优秀笔记本参加全省评选。

### 5. 第七届"三湘少年儿童阅读之星"评选活动

湘潭市图书馆组织县（市、区）图书馆开展"阅读之星"推选活动，各县（市、区）图书馆对学校报送的"阅读之星"、阅读优秀个人进行评比，各推选3~5人在湘潭市图书馆进行再次评比。此次活动各县（市、区）共报送"阅读之星"候选人15人，经过评审，9名候选人被评为湘潭市"阅读之星"，6名候选人被评为湘潭市"阅读优秀个人"。最终，湘潭市"阅读之星"报送至省里参加"三湘少年儿童阅读之星"评选活动。

## 四、深入基层、成效显著

此次读书活动在领导的重视与大家共同的努力下，取得了不错的效果。各县（市、区）图书馆都紧紧围绕"红星闪闪耀童心"读书活动这一主题，统一部署、周密安排并组织了丰富多彩、形式多样的特色读书活动，各学校老师积极号召和倡导，吸引全市少年儿童广泛参与，推动活动深入开展。

湘潭市各图书馆均举办了中国人民解放军军史连环画展览和"主题图书推荐"活动，得到了青少年读者喜爱。同时积极动员、广泛发动青少年参加手绘明信片和阅读笔记本活动。在阅读之星推选活动中，各县（市、区）共计推选候选人 15 名。在主题阅读活动中各县（市、区）充分利用公共图书馆、学校、家庭以及公共电子网络图书馆平台，组织并开展图书展示、读书会、阅读笔记等各项读书活动并取得了良好的效果。其中韶山市图书馆举办的"红色经典书籍阅读分享"，"读核心价值观图书，过快乐暑假"活动；岳塘区图书馆举办的"捐出一份爱·全民阅起来"岳塘区全民捐书活动，"阅读分享·全民读书"——网络抢书活动成为各项读书活动的热点。特别是岳塘区图书馆在 2017 年 6 月对少儿阅览室、电子阅览室以及书籍报刊阅览室进行了特色文化的装修，7 月初，焕然一新的少儿阅览室对岳塘区青少年儿童进行开放，深受青少年欢迎。

## 五、大力宣传、氛围浓厚

本次活动除采取传统媒体进行宣传外，还充分发挥新兴媒体的特色，多管齐下进行宣传报道。移动互联网（QQ、微信、微信公众号、朋友圈转发）、网站（红网、湘潭在线）、纸质媒体（《湘潭日报》《湘潭晚报》）、电视媒体（新闻频道、都市频道）多渠道、多方式的全面宣传推广工作，使得活动影响力进一步扩大，得到了上级领导和社会各界对活动的支持和参与，取得了较好的效果。

本次系列读书活动得到了全市社会各界人士的积极响应，获得了良好的社会反响。全市少年儿童积极参加此项读书活动，电视台、网站、报社、移动互联网等媒体都进行了报道宣传，从乡村到城市，从家庭到学校，形成了浓厚的活动氛围。活动的开展对未成年人思想道德建设、少年儿童树立正确的价值观起到了积极的作用，产生了良好的社会效益。

# 开展连环画展 爱国拥军意识深入童心

邵阳市少年儿童图书馆

为了庆祝中国人民解放军建军 90 周年，喜迎党的十九大召开，组织全市少年儿童通过阅读、活动、交流等形式，讴歌人民解放军艰苦卓绝的奋斗历程，增强少年儿童爱国拥军意识，弘扬革命传统和优秀文化，培养健康向上的人生观和价值观，倡导报效祖国、服务人民的高尚情操。结合邵阳市少年儿童图书馆 2017 年工作计划，围绕"书香湖南·红星闪闪耀童心"的活动主题，开展了丰富多彩的读书系列活动，取得了良好的社会效果。

2017 年 3~6 月在大祥区沙井头小学陆续举办了校园朗读大赛，成语故事会、"背书大王"比赛等一系列读书活动，参加的学生及其家长近 500 人，阅读热情十分高涨，这个活动得到邵阳市教育局的肯定并在全市各校进行推广，大禅区资江小学，向阳小学等 20 多所小学都开展各种不同形式的阅读活动比赛。

2017 年 3~6 月在隆回县的七江乡、洞口县的黄桥乡、邵东市的斫曹乡先后建立了三个留守儿童示范基地，送去了近万册的图书给留守儿童，并辅导孩子们阅读和讲解书中的内容，鼓励孩子们多读书、读好书。对此相关的媒体进行了专门报道。

2017 年 3 月，邵阳市少年儿童图书馆在大禅区沙井头小学建立了第一个图书角，让孩子动手自己管理图书，成为校园课间休息阅读阵地，社会反响极大。邵阳市少年儿童图书馆正按部就班地筹建新的图书角，争取让每个学校都有孩子们的图书角。

2017 年 3~6 月，邵阳市少年儿童图书馆举办了两期小读者阅读讲座，邀请儿童专家和学者到馆讲座，该讲座不仅帮助学生提高阅读水平，也扩大了阅读活动的宣传。

2017 年 3~6 月，邵阳市少年儿童图书馆开展 3 次有趣的手工制作活动，通过孩子的制作互动，大大提高了孩子们的阅读兴趣，让更多的孩子走进图书馆。

2017 年 8 月 1 日，为庆祝中国人民解放军建军 90 周年，喜迎党的十九大，增强少年儿童爱国拥军意识，弘扬革命传统和优秀文化。根据中共湖南省委宣传部等部门印发的《关于组织开展"书香湖南·红星闪闪耀童心"——2017 年全省少年儿童系列读书活动的通知》（湘文公共〔2017〕65 号）精神，邵阳市少年儿童图书馆在邵阳市美术馆成功举办了"书香湖南·红星闪闪耀童心"少儿书画手绘明信片展览和光辉历程——中国人民解放军军史连环画展览。这次展览共展出 200 多幅作品，吸引了近万名学生和市民驻足欣赏，各大媒体都做了相应的报道。同时，邵阳市少年儿童图书馆对邵阳市九县三区的图书馆也转发了省里通知（邵文体广新字〔2017〕35 号），各县（区）图书馆也同时举办了中国人民解放军军史连环画展览。

2017 年 9 月，为配合省里评比读书笔记达人比赛，邵阳市少年儿童图书馆举办了读书心得交流会，共有 100 名小读者参加交流，选出了 10 本读书笔记参加省里评选。

2017 年 9 月，邵阳市少年儿童图书馆组织优秀小读者参观邵阳市非物质文化遗产馆、邵阳市博物馆，让学生们了解邵阳市的历史和发展。

阅读活动是一项长期、有效、健康、文明工程，需要图书馆投入极大的工作热情和心血。邵阳市少年儿童图书馆通过一系列的阅读活动，扩大邵阳市少年儿童图书馆在全市的影响力，从而吸引小读者了解并走进图书馆，利用图书馆多读书、读好书，养成良好的读书习惯，从而形成读书明理、读书求知，读书成才的新风尚。

# 各方宣传　大力推动读书活动

怀化市图书馆

　　根据中共湖南省委宣传部等八部门联合下发的《关于组织开展"书香湖南·红星闪闪耀童心"——2017 年全市少年儿童系列读书活动的通知》（湘文公共〔2017〕65 号）文件要求，为庆祝中国人民解放军建军 90 周年，喜迎党的十九大，组织全市少年儿童通过阅读、活动、交流等形式，利用公共图书馆、学校、家庭以及互联网平台讴歌人民军队艰苦卓绝的奋斗历程，学习英雄事迹，增强少年儿童爱国拥军意识，弘扬革命传统和优秀文化，培养健康向上的人生观与价值观，倡导报效祖国、服务人民的高尚情操。怀化市图书馆按上级要求积极组织各县（市、区）图书馆开展"书香怀化·红星闪闪耀童心"系列读书活动。在中共怀化市委宣传部、怀化市人民政府的高度重视和各部门的积极配合下，读书活动得以圆满完成。

## 一、领导高度重视，科学策划与组织

　　为了确保读书活动有效推进，顺利开展，怀化市图书馆专门成立了"三湘读书月——全省少年儿童'书香怀化·红星闪闪耀童心'"活动领导小组和办公室。其工作内容包括：一是负责全市"三湘读书月——全省少年儿童'书香怀化·红星闪闪耀童心'"活动的策划，组织与协调工作。二是迅速向各县（市、区）馆转发"三湘读书月——全省少年儿童'书香怀化·红星闪闪耀童心'"系列读书活动文件和实施方案。三是积极组织各县（市、区）图书馆开展以"书香怀化·红星闪闪耀童心"为主题的系列读书活动。

## 二、各部门大力宣传，广泛合作

为最大地激发全市广大少年儿童参与到本次活动中来，怀化市图书馆以宣传为先导，将系列读书活动方案及时下发到全市各县（市、区）图书馆，积极督促各县（市、区）图书馆按文件要求开展各项读书活动。不仅利用"流动图书车"、电视台和学校宣传媒介进行宣传，还利用网络、板报、横幅、电子屏等多渠道、多途径大力宣传，营造出浓厚的读书风气和氛围。

## 三、精心组织，积极督促

活动实施后，各县（市、区）图书馆对这次活动的开展都十分重视，积极部署安排各项活动。

### 1. 专题书籍阅读活动

为了满足少年儿童的读书需求，怀化市图书馆购入大批与主题活动相关的图书 1000 余册，在少儿阅览室设立主题书架，同时督促各县（市、区）馆设立专题书架，着重向少年儿童读者推荐阅读"书香怀化·红星闪闪耀童心"相关书目。

### 2. 光辉历程——中国人民解放军军史连环画展览

怀化市图书馆在馆内大厅以大幅展板的形式，同时结合图书馆公众号在网上展出这两种形式进行展览，以时间为经、事件为纬、人物为纲，介绍中国人民解放军的光辉军史。展览吸引了大量读者观看，获得一致好评。

### 3. "书香怀化·红星闪闪耀童心"读后感撰写活动和手绘明信片评选活动

（1）围绕"书香怀化·红星闪闪耀童心"主题，组织全市各县（市、区）图书馆开展了读后感撰写，文章要求主题鲜明、内容健康。各馆纷纷积极响应，组织中小学生参加并上交了一批高质量的稿件。

（2）组织、指导各县（市、区）图书馆开展"书香怀化·红星闪闪耀童心"手绘明信片评选活动。怀化市图书馆组织专家评委对各县（市、区）报送上来的明信片进行统计评选，评出一等奖 3 名，二等奖 10 名，三等奖若干名。其中沅陵县图书馆选送的张彬宸绘制的《军魂》、邓佳颖绘制的《保卫祖国的英雄》、吕文盛绘制的《军梦》，芷江侗族自治县图书馆选送的肖墨轩绘制的《放哨》、吴雨洲绘制的《人民英雄》等作品色泽亮丽，构思巧妙，获得专家评委的一致好评。

### 4. "我听·我读——2017年怀化市少儿读者朗诵大赛"预赛、决赛、诵读展演活动

本次朗诵活动以主题鲜明，内容积极向上，展现少儿精神风貌为核心，在线上和线下进行比赛。少年儿童将历代诗词歌赋、散文小说、美文美句等以诵读或展演的形式演绎出来。通过预赛、决赛层层筛选，最后评选出优秀者给予颁奖。

### 5. "三湘少年儿童阅读之星"评选

活动期间，怀化市图书馆将少年儿童阅读之星的评选条件下达至各县（市、区）图书馆，通过各县（市、区）图书馆的层层筛选，最后推选出14名"三湘少年儿童阅读之星"候选人，上报怀化市读书活动办公室。怀化市图书馆从全市上报的14名候选人中评选出3名"怀化市少年儿童阅读之星"和11名"怀化市少年儿童阅读优秀个人"，并将这14名候选人报送省里参加全省的"三湘少年儿童阅读之星"的评选。

### 6. 先进典型评选

组织各县（市、区）图书馆严格按照文件的要求参加先进典型评选，对各县（市、区）报送上来的先进典型材料进行严格审查，在市级评选中，会同县图书馆、芷江侗族自治县图书馆等六个图书馆获得优秀组织奖，麻阳苗族自治县图书馆等获得优秀阅读活动奖，吴晨年、宋秀良、胡慧玲、江淑华等老师获得优秀指导奖。

## 四、成效显著，反响良好

自怀化市图书馆组织各县（市、区）图书馆开展"书香怀化·红星闪闪耀童心"活动以来，得到了社会各界人士的一致关心和好评，在全市引起了巨大的反响。此次活动不仅激发了青少年儿童的读书热情，提升了他们的思想道德，增强了少年儿童爱国拥军意识，弘扬革命传统和优秀文化，也为学生搭建了一个展示才华、素质的平台，有效地推进了怀化市的文化建设，提升了怀化市青少年的学习氛围。

# 开办特色活动　提高少儿阅读素养

衡阳市少年儿童图书馆

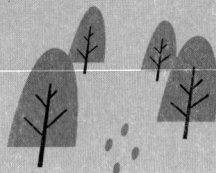

　　为讴歌人民军队艰苦卓绝的奋斗历程，学习英雄事迹，增强少年儿童爱国拥军意识，弘扬革命传统和优秀文化，培养健康向上的人生观与价值观，倡导报效祖国、服务人民的高尚情操。衡阳市根据中共湖南省委宣传部、湖南省文化厅等八部门联合下发的《关于组织开展"书香湖南·红星闪闪耀童心"——2017年全省少年儿童系列读书活动的通知》精神，制定了《"书香湖南·红星闪闪耀童心"——2017年衡阳市少年儿童系列读书活动实施方案》，认真组织、部署活动相关工作。

　　本次活动于2017年7月正式启动，历时4个月。全市七县五区，240所中小学校、70000多中小学生参与了本次活动。活动开展顺利、成绩喜人、社会反响热烈、取得预期效果。

## 一、领导重视，组织分明，部署得力

　　活动得到相关各级各部门领导重视、活动部署得到层层落实。为保证2017年衡阳市少年儿童系列读书活动顺利开展，接到省里文件后，衡阳市少年儿童图书馆立即制定好实施方案，上报市局，成立了由衡阳市文化体育广电新闻出版局局长蒋勋伟为组长，衡阳市文化体育广电新闻出版局副局长李新祥为副组长，公共服务科科长廖亚楼、公共服务科副科长王曼娟、衡阳市少年儿童图书馆馆长李赛虹、党支部书记谭运国，衡阳市图书馆馆长刘忠平，党支部书记申国亮为成员的活动领导小组，为本次活动奠定了良好的基础。由衡阳市少年儿童图书馆负责全市活动的具体实施，各地区也相继成立了活动领导小组，由各县（市、区）图书馆具体负责，保障活动在衡阳市七县五区有序开展。

## 二、内容丰富，成果显著，特色突出

衡阳市少年儿童图书馆及各县（市、区）图书馆紧紧围绕活动主题开展了内容丰富、各具特色的系列主题活动。活动内容由主题阅读活动、"光辉历程——中国人民解放军军史连环画"展览、"'解放军叔叔，你好！'——手绘明信片献给最可爱的人"、"阅读之星"评选活动和先进典型评选五个活动组成了独立又联系紧密，特色突出、成果显著的系列活动。各县（市、区）开展各项活动近600场次，各级媒体报道150多次，衡阳红网等媒体进行跟踪连续报道宣传。各项活动评比分别获得好成绩。

### 1. 开展主题阅读活动

活动从主题出发，开展与庆祝中国人民解放军建军90周年相关的系列阅读活动，如读书会、阅读推广讲座及送书上门等。衡阳市少年儿童图书馆利用暑期开展主题阅读系列活动，如《刘胡兰》故事分享会、《狼牙山五壮士》故事会等15场，通过活动收集了优质阅读笔记本，参与活动的少年儿童收获了阅读的快乐，加深了对中国人民解放军的了解与爱戴。何莉莹、肖亦君同学荣获市"阅读笔记达人"称号。

在主题阅读活动中，各县（市、区）都积极响应，根据各馆实际开展了相关系列活动，收集了上千本阅读笔记，通过层层推选与评选，共有87本优秀阅读笔记送省参评。如衡阳县图书馆开展了"学党史、中史、做新时代好少年"的青少年党史、国史主题教育系列活动，开展党史、国史专场知识竞赛5期；开展了"红星闪闪耀童心"主题推荐书籍读后感撰写活动；举办了"书香湖南·红星闪闪耀童心"少年儿童主题读书知识竞赛活动。

### 2. 开展"光辉历程——中国人民解放军军史连环画"展览

衡阳市少年儿童图书馆紧紧围绕主题，利用图书馆场地与周边公共服务区域进行展览，并利用网站、微信公众平台进行线上展览，为少年儿童们展示了中国人民解放军的光荣历程。展出时间近1个月，基本达到全市区域覆盖、时间持续，达到了良好的宣传效果。

衡阳市少年儿童图书馆制作56块军史题材展板，在图书馆内外进行为期1个月的展览。图书馆不仅利用馆藏资源，开放连环画室，将军事题材实体"小人书"进行阅览，让少年儿童了解中国人民解放军的光辉历史，还利用手机

APP、网站等新媒体做了相关新闻报道。

各县（市、区）的图书馆、学校、社区联动展出。12 个县（市、区）都开展了展览活动，从各馆场到学校、从县（市、区）到农村。如常宁市图书馆利用网站、微信公众平台向全市少年儿童进行了展示，并根据展览素材制作展板 52 块，不仅到城区中小学校和广场展出 6 场，少儿观众达 8000 余人，国庆节后，还深入农村中小学校展出 10 场以上。

### 3. "'解放军叔叔，你好！'——手绘明信片献给最可爱的人"活动

衡阳市少年儿童图书馆在 2017 年的暑假举办了 2 期主题阅读系列活动之"解放军叔叔，你好！"手绘明信片活动，馆内参加活动的小读者及其家长 100 余人。在活动过程中，馆员采取了 PPT 展示讲解及现场指导教学的方式进行活动，让小读者和馆员一起绘画，小读者和家长的参与性非常强，小读者纷纷交出了满意的作品。另外各县（市、区）的图书馆、学校和教育机构都积极开展活动。孩子们通过对主题阅读的了解与参与，激发了他们利用画笔表达对解放军叔叔的情感，画出一幅幅充满感情的作品。从收集的手绘明信片作品来看，活动的开展不仅受到少年儿童的欢迎，而且家长的参与度也很高，全市共收到优秀作品 106 份，送省参加评选。

### 4. 第七届衡阳市少年儿童"阅读之星"评选

各县（市、区）图书馆认真组织本地区少年儿童"阅读之星"的推选活动，历时 3 个多月，经全市各中小学校的推荐与图书馆的选拔，衡阳市少年儿童图书馆共收到 36 名"阅读之星"候选人材料。2017 年 10 月 11 日，衡阳市少年儿童图书馆组织并开展了评选工作，经衡阳市读书活动领导小组初评，资棋涵、彭域城、刘雨辰等 12 名候选人获得衡阳市"阅读之星"称号，胡翀、陈梓喏、凌志远等 12 名候选人获得衡阳市"阅读个人"称号，并在衡阳市"阅读之星"中推选出 8 名参与湖南省"阅读之星"的竞选。

### 5. 先进典型推荐及评选

2017 年 10 月 11 日，衡阳市少年儿童图书馆组织了此次系列读书活动的先进典型评选工作，衡阳市读书活动领导小组成员根据各县（市、区）上报的材料，认真组织评选。11 个单位获得"市组织奖"，分别为衡阳市少年儿童图书馆、衡阳县图书馆、祁东县图书馆、衡南县图书馆、珠晖区图书馆、南岳区图书馆、石鼓区图书馆、常宁市图书馆、石鼓区都司街小学，并上报推荐到省进

行评选。2个单位被评为衡阳市阅读活动奖，分别为衡东县荣恒图书馆、衡山县图书馆，并上报推荐到湖南省活动小组进行评选。

　　本次系列读书活动得到了少年儿童与社会各界人士的支持和积极参与，取得了预期效果，社会反响热烈，让少年儿童树立社会主义核心价值观，活动不仅激发了少年儿童的历史责任感，还体现出他们对人民军队的热爱，提高了他们的阅读素养并让更多的少年儿童喜爱上阅读。

# 送书下乡　传递阅读魅力

郴州市图书馆

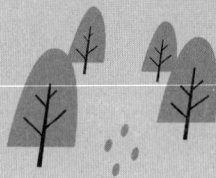

为庆祝中国人民解放军建军 90 周年，喜迎党的十九大，郴州市图书馆积极响应中共湖南省委宣传部等八部门及中共郴州市委宣传部、郴州市精神文明建设指导委员会办公室、郴州市文化体育广电新闻出版局、郴州市教育局、共青团郴州市委、郴州市妇女联合会的号召，安排部署，组织并开展了"书香郴州·红星闪闪耀童心"——2017 年郴州市少年儿童系列读书活动。活动通过以阅读、展览、活动、交流等形式组织郴州市少年儿童深入了解人民军队艰苦卓绝的奋斗历程，学习人民解放军的英雄事迹，增强爱国拥军意识，弘扬革命传统和优秀文化，培养健康向上的人生观与价值观，倡导报效祖国、服务人民的高尚情操，使全市掀起了"红色"经典阅读新风尚。

## 一、高度重视，积极筹备，精心组织

按照省委宣传部、省文明办、省文化厅等部门印发的文件精神，郴州市对此项活动予以高度重视，立即与相关部门协调，在 2017 年 6 月 16 日正式出台由中共郴州市委宣传部等六部门联合签发的郴文体广新〔2017〕48 号文件，将活动内容及要求传达下去。为更进一步明确具体实施办法，郴州市制定了详细的"书香郴州·红星闪闪耀童心"——2017 年郴州市少年儿童系列读书活动实施方案，一并下发给各县（市、区）图书馆。各图书馆及时向相关部门汇报，成立读书活动工作小组，制定具体活动方案，并派专人负责，有计划且有步骤地全面开展读书活动。

## 二、主题鲜明，内容丰富，形式多样

### 1. 形式多样的主题阅读活动

（1）举办第四届"儿童阅读节"。2017 年 4 月 23 日上午，第 22 个世界读书日暨郴州市第四届"儿童阅读节"在五岭广场和郴州市图书馆盛大开幕。从 2014 年至 2017 年，郴州市已连续举办了四次儿童阅读节。"儿童阅读节"的开展，有力地推进了少儿阅读推广工作，涌现了一大批热爱读书的"书香家庭"、"书香少年"，为福城郴州营造了浓郁的阅读氛围。"儿童阅读节"通过经典诵读展演、"奇奇怪怪"书展、听写大赛、主题故事屋、创意阅读体验馆和"为爱阅读"21 天亲子共读等系列读书活动精彩诠释了"阅读点亮中国梦"的活动主题，活动现场布局宏大，创意新颖，趣味性、互动性强，为郴州的少年儿童奉现一场阅读盛宴。活动的举办为少年儿童学习交流构建了一个很好的平台，更好地营造了全民阅读的良好风气，助推全社会阅读新风尚，掀起新一轮读书热潮，提升福城郴州的人文素养。郴州市政府副市长贺建湘出席并宣布活动开幕、郴州市文化体育广电新闻出版局党组书记、局长李书坤致辞，郴州市文化体育广电新闻出版局副局长何燕平、郴州市图书馆馆长李鹏举、郴州市福城志愿者协会会长朱建新对评选出来的"书香家庭""书香少年""优秀阅读推广志愿者"进行颁奖。

（2）力促北湖区少年儿童图书馆于 2017 年 5 月 27 日开馆。为了大力倡导少儿阅读推广，营造全民阅读的良好风气，提升福城郴州的人文素养，打造书香北湖，2017 年 5 月 27 日，北湖区少年儿童图书馆开馆。北湖区少年儿童图书馆是由北湖区政府投资建设，郴州市图书馆"春苗书屋"项目组管理运营，面积 600 平方米，藏书 30000 余册，阅读座位 200 个。馆内设有绘本区、科普区、文学区、国学区、创艺区、亲子互动区、阅读体验区、休闲生活区等服务区域。该图书馆除提供常规的借阅服务外，还定期举办国学公益课、亲子读书会、书画展、创意阅读、书友会、儿童剧场、亲子教育培训等活动。另外，郴州市图书馆为少年儿童图书馆捐赠了价值 15 万元的图书。

（3）为革命老区桂东县孩子捐书活动。为丰富革命老区孩子们的课外阅读，拓宽他们的知识面，2017 年 3 月 16 日，郴州市图书馆"春苗书屋"文化志愿者们精心挑选了一批知识性强、生动有趣的精美图书，分别捐往桂东县沙田第一完全小学及东洛乡中心小学。在捐书活动的过程中，志愿者们和在校的一二年级学生积极互动，教孩子们做韵律操，讲故事。活动受到了老师和同学们的热烈欢迎。在沙田镇、东洛乡两个学校的捐书活动结束后，志愿者们又马不停蹄地来到了革命家邓力群同志的母校——桂东县流源乡中心完全小学，由具有丰富阅读推广经验的志愿者老师分别为一、二、三年级的同学们上了一节生动的阅读示范课，课后还别出心裁地教师生们做立体书，让大家感受到了阅读的无穷魅力。

（4）开展关注留守儿童，文化志愿者送书下乡活动。2017年6月19日，郴州市图书馆携手苏仙区图书馆将经济、文学、历史、自然科学、医学、农业、工业等方面的800册新书捐赠给荷叶坪大河村小学图书馆，供学校的青少年借阅。

### 2. "光辉历程——中国人民解放军军史"连环画展览

2017年8月1日，在郴州市图书馆一楼大厅醒目展出的52张充分展示"光辉历程——中国人民解放军军史"的连环画，气氛庄严肃穆，不仅吸引了过往读者驻足观看还吸引了暑期络绎不绝的少儿读者驻足观看。展期一个月，每天的观展人数达100人次。各馆同时还在微信公众号中同步展示，让郴州市广大少年儿童通过观展，铭记人民军队90年砥砺奋进、艰苦卓绝的奋斗历程，学习英雄事迹，传承红色基因，在新的起点上把革命前辈开创的伟大事业不断向前推进，努力为实现中华民族伟大复兴的中国梦多读书，读好书。

### 3. "解放军叔叔，你好！"——手绘明信片献给最可爱的人公益课堂活动

2017年8月20日，郴州市图书馆与美育基地联合开展了"解放军叔叔，您好！"——手绘明信片献给最可爱的人公益课堂活动。活动中，小朋友们充分发挥自己的想象力，用自己手中的画笔，绘制了一幅幅五彩斑斓的作品，通过明信片的形式将自己最想向解放军叔叔说的话表述出来，充分表达少年儿童对解放军叔叔的真情祝福和真挚情感。

### 4. 暑期亲子阅读活动

为了让阅读陪伴孩子快乐成长，2017年暑期，由郴州市图书馆"春苗书屋"项目组组织的亲子系列读书活动，在东风路公益儿童图书馆、高山背巷苏仙区图书馆、香花路乐学堂公益儿童图书馆、五岭广场市文化中心同时开展。读书会围绕军史系列、节日系列、亲情系列、感恩系列、生活习惯系列、生活

认知系列、安全系列、友情师生情系列等主题开展亲子读书会活动，共举办128场次，参与人数达7680人次。特别是军史故事深受家长和小朋友的喜爱。

### 5. 海选第七届"三湘少年儿童阅读之星"候选人活动

各县（市、区）图书馆与学校协同宣传"三湘少年儿童阅读之星"标杆引领作用，全市范围开展第七届"三湘少年儿童阅读之星"候选人海选活动，引领郴州市少年儿童形成爱读书、读好书、会读书的良好氛围。郴州市共推选出89名优秀候选人。

## 三、多元推进，成效显著，影响深远

文化志愿者的参与，让此次读书活动更富活力，确保活动更加顺利有序开展。活动集聚全市公共图书馆以及社会各界的力量，使系列读书活动的影响深远，不仅利于少年儿童的身心发展，还为全社会营造了浓厚的读书氛围。另外，郴州市图书馆搭建了专业化平台，例如郴州市"书香郴州"栏目，进一步促进了活动的有序开展。

# 结合"少儿悦读书" 搭建学习新平台

常德市图书馆

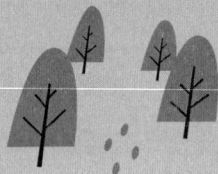

为庆祝中国人民解放军建军 90 周年，喜迎党的十九大召开，增强常德市广大青少年的国防观念和爱国拥军意识，弘扬拥军优属、拥政爱民的高尚品质，根据中共湖南省委宣传部等部门印发的《关于组织开展"书香湖南·红星闪闪耀童心"——2017 年全省少年儿童系列读书活动的通知》文件精神，常德市图书馆紧紧围绕"书香湖南·红星闪闪耀童心"主题，在全市范围内开展了丰富多彩的系列读书活动，本次活动得到了各中小学校及家长们的大力支持，使阅读推广活动形式多样、内容丰富、精彩纷呈。

## 一、高度重视，统筹策划与组织

为确保"书香湖南·红星闪闪耀童心"活动开展的有效推进，常德市图书馆以红头文件的形式，向各县（市、区）图书馆下发了"书香湖南·红星闪闪耀童心"——2017 年全省少年儿童系列读书活动常德地区相关工作通知及实施方案。由常德市图书馆分馆副馆长郑芹领导，组织公共服务部与少儿部分工合作，联合常德市部分中小学校，以常德市图书馆为主阵地，让"书香湖南·红星闪闪耀童心"活动有序展开。

## 二、深入宣传，营造活动氛围

为使"书香湖南·红星闪闪耀童心"系列活动有效、规范、深入有序地开展，常德市图书馆制定了详细的系列读书活动方案，同时充分利用图书馆门户网站、微信公众号等宣传媒介，通过电子显示屏、展牌、专柜等开展了形式多样，内容丰富的宣传活动，全面营造爱国拥军的良好氛围。通过免费开放工作的形式鼓励更多的父母带孩子共同参与阅读。

## 三、内容丰富，读书活动形式多样

2017 年 6~9 月，常德市图书馆开展了各式各样的少儿读书活动，搭建了让少年儿童学习知识与快乐成长的公益平台，既丰富了少年儿童的课外生活，也培养他们的爱国主义情怀。

（1）设置红色阅读图书专柜。为大力弘扬中国人民解放军光荣历史、优良作风，缅怀党和老一辈革命家亲手缔造的人民军队的光辉业绩，讴歌中国人民解放军的不朽功勋。常德市图书馆在四楼未成年人借阅处设置了"庆祝中国人民解放军建军 90 周年"专题书架，新购 500 余册关于各个时期的红色革命优秀图书向广大青少年进行宣传推荐，让读者重温这些红色经典书籍，以阅读致敬人民军队，致敬经典。引领全市少年儿童在读书中理解"书香湖南·红星闪闪耀童心"内涵，为实现伟大的中国梦积蓄力量。

（2）暑假期间，在少儿多功能活动室举办影视展播。不仅播放了《建党伟业》《开国大典》《闪闪的红星》《大决战》《南泥湾》《百团大战》等多部红色影片，还播放了孩子们喜爱的影片，共接待少年儿童 3000 多人次，大大激发孩子们使用数字资源的兴趣。

（3）组织并开展了"爱我中华，扬我国威"——纪念中国人民解放军建军 90 周年图片展活动。此次展览自 2017 年 8 月 1 日至 9 月 30 日，历时两个月，吸引了大批市民和中小学生前来观看。

（4）开展"阅读笔记达人"评选活动。在全市范围内发起招募题为"成长有路，阅读为径"阅读达人招募活动。此次活动得到了广大中小学生读者的积极响应，先后收到阅读笔记 200 余本，评选主要依据暑假期间参加图书馆举办的各类活动数量、撰写参加心得体会、心得感悟、活动评论、活动建议等诸多内容。

（5）组织开展了"解放军叔叔，你好！"——手绘明信片献给最可爱的人手绘创作活动。本次公益授课集知识性、趣味性、艺术性为一体，旨在培养全市少年儿童的爱国拥军意识，使他们从小树立正确的人生观、价值观、荣辱观。用自己手中的画笔，画出自己心中的梦想，画出对祖国的热爱之情，传递感召力、传递正能量、传递拥军情、传递中国梦。此次活动不仅让孩子们体验了一场别开生面的公益课，也让他们感受到了一次深刻的爱国主义教育，给他们带来了一场心灵震撼。

## 四、多方结合，促读书活动向纵深发展

常德市图书馆将"书香湖南"与"少儿悦读节"读书活动有机结合起来，从 2017 年 6 月活动启动至 9 月结束，多样化的少儿读书活动不仅丰富了少年儿童的课外生活，拓展兴趣爱好，激发阅读兴趣，还提高阅读能力，培养孩子们热爱阅读、快乐阅读的良好习惯。

（1）"书香童年，悦读成长"——常德市图书馆"少儿悦读节"启幕。在"六一"国际儿童节到来之际，常德市图书馆联合常德市武陵区小银星艺术培训学校隆重举办"书香童年，悦读成长"文艺汇演活动，拉开常德市图书馆"少儿悦读节"序幕。常德市图书馆馆长王智慧致辞并郑重宣布：常德市图书馆"少儿悦读节"开幕！

（2）"常悦课堂"吸引孩子走进图书馆。常德市图书馆"常悦课堂"坚持每月举办一次绘本欣赏及手工制作活动，深受孩子和爸爸妈妈们的欢迎。2017 年先后举办了"妈妈我爱你""揭秘汽车""彩虹色的花""树懒的丛林""我妈妈"等亲子绘画和手工制作活动，让孩子们在快乐阅读中喜欢上绘本故事，在快乐创意手工制作中得到成长进步。常德市图书馆还不定期组织开展少儿经典诵读活动，与经典相伴、与朗读相约，让孩子们在展示自我，收获自信，学会感恩。

（3）"书友讲堂"开办各类关于阅读与家庭智慧系列讲座。2017 年，常德市图书馆举办的"书友讲堂""阅读与家庭教育智慧"系列讲座深受追捧。李静老师的专题讲座"做长大孩子翅膀的父母""父母温柔而坚持的三大要点"，高飞博士的主题讲座"与孩子一道成长"，胡波专家的实战讲座"契约式家庭教育，成就孩子也成就父母"都非常精彩实用，现场气氛热烈。家庭教育是一个人一生中品格成长的基础，常德市图书馆希望通过举办的各种公益讲座，让广大听众朋友受益受用。

（4）书香伴成长——幼儿园小朋友走进图书馆。为了进一步培养幼儿的阅读兴趣，激发幼儿的求知欲，更好地促进幼儿园实践活动的开展，金摇篮幼儿园的小朋友、常德市图书馆幼儿园大班的孩子、常德市水文水资源勘测局职工未成年子女相继走进图书馆，通过参观图书馆，让孩子们了解图书馆的环境，感受图书馆的文化氛围，了解借书还书的基本要求，体验阅读的氛围，培养幼儿的阅读兴趣。

（5）组织暑期主题教育实践活动。暑假期间，常德市图书馆开展了市直机

关青少年社会主义核心价值观暑期主题教育实践活动，共 12 名干部职工子女参加了活动。活动组织职工子女参观市图书馆举办的"红星闪闪耀童心"——中国人民解放军军史连环画展，培养孩子们健康向上的人生观与价值观。随后到图书馆"未成年人借阅处"体验了一小时"文化志愿者"活动。

（6）送书下乡，关爱留守儿童。常德市图书馆关注留守儿童心灵成长，为桃源县余家坪乡中心幼儿园的乡村孩子们送去了精心挑选的 500 多本幼儿绘本、画刊、手工绘画、教辅等书籍，老师和孩子们拿到这些色彩鲜明、内容丰富的图书后非常高兴。

（7）"书香浸润校园"阅读推广活动——走进乾明路小学。常德市图书馆阅读推广人走进常德市德山乾明路小学，开展"书香浸润校园"阅读推广活动，与经开区乾明路小学师生一同就小学阅读推广相关工作展开交流，并受邀参加了经开区乾明路小学第二届读书论坛。开展活动是阅读推广的最好体现形式，学校教育与图书馆活动相结合，整合各方资源，扩大活动的参与面，积极有效地为学生们打造一个"书香浸润校园"的良好阅读氛围。

"书香湖南·红星闪闪耀童心"系列读书活动得到了相关单位、团体及热心人士的支持。通过活动的开展，较好地展现少年儿童健康向上的精神面貌，深刻解读了中国人民解放军的历史底蕴和时代内涵，提高了广大少年儿童的思想道德素质和科学文化素养，增强了少年儿童为中华崛起而读书的热情。

# 关爱特殊儿童　提升阅读感悟

张家界市永定区图书馆

根据中共湖南省委宣传部、湖南省精神文明建设指导委员会办公室、湖南省文化厅、湖南省教育厅、湖南省新闻出版局、共青团湖南省委、湖南省妇女联合会、湖南省关心下一代工作委员会、湖南省少年儿童图书馆（湖南省少年儿童读书活动办公室）联合下达的"书香湖南·红星闪闪耀童心"——2017年全省少年儿童系列读书活动实施方案文件精神，为推进2017年全省少年儿童系列读书活动的顺利开展，张家界市永定区图书馆紧密结合"阅读，从图书馆出发"这一主题，开展了形式多样、内容丰富的少年儿童阅读系列活动，取得了良好的社会反响并得到广大市民的一致好评。

## 一、广泛宣传，开展顺利

张家界市永定区图书馆依据活动要求制定活动方案，积极开展宣传活动，线上通过微博、网页、微信公众号，线下通过悬挂横幅标语开展大力宣传，吸引更多的少年儿童参与此次系列读书活动。此外，张家界市永定区图书馆多次召开主题会议，明确活动的指导思想、内容以及活动原则，确保活动顺利开展。

## 二、加强领导，安排部署

各级领导部门给予重视，多次召开专门会议，紧密部署。为确保读书系列活动规范、深入地开展，张家界市文化体育广电新闻出版局分管领导亲自"抓"，各图书馆领导具体"抓"，张家界永定区图书馆全体职工明确分工，强化责任，齐心合力搞好此次活动，并取得圆满成功。

## 三、内容丰富，效果显著

### 1. 主题阅读活动

（1）"青少年阅读阅世界分享会"活动

2017 年 8 月 5 日，张家界市永定区图书馆成功举办了青少年读书会活动，来自张家界市民族中学、张家界市第一中学和吉首大学的 30 多名青少年及其家长共同参与了这一快乐时光。活动中，张家界市民族中学初三学生汤子皓向大家分享了自己的读书体会，声情并茂地演唱了《最初的梦想》，并说出了他当军事家的梦想，在场的家长、老师、同学纷纷给予他鼓励和肯定。大一学生璇璇弹奏了古筝《高山流水》片段，栩栩如生的演奏让现场的读者们仿佛身临其境。此外，刘丽君老师针对家长如何帮助孩子们挑选合适的书这一问题给出了自己的建议，她说："如今，亲子阅读成为越来越多家庭的选择，课外读物也遍地开花。很多家长们面对林林总总的读物有些无从选择或是随便选择的处境，也有碰到买的书孩子不喜欢的尴尬。面对这种情况，家长在尊重孩子喜好的同时，一定要把我们认为有价值的东西推荐给孩子。"

（2）"书香永定·关注特殊儿童公益阅读计划——爱上星星的孩子"活动

2017 年 8 月 23 日下午，张家界市永定区图书馆"天门读书社第 75 期'爱上星星的孩子'"活动在张家界市永定区图书馆一楼学术报告厅举行。当我们看到"星星的孩子"的心愿卡，在场所有的观众都忍不住感动流泪……感动于"星星的孩子"（自闭症儿童）是那么的单纯而善良！我们第一次感受到 40 组"星星的孩子"的家庭与我们是那么的不同！而我们是多么的幸运！看到一墙的小小心愿时，在场的很多人才知道，自闭症到底是什么？自闭症带给孩子们的到底是什么？大多数"星星的孩子"都有基本的心智，只是因为他们与这个世界的交流方式与众不同，就要承受那么多异样的目光，无法被大众接纳，甚至无法融入社会正常的生活！自闭症并不是疾病，自闭症是一种障碍，是交流和社会互动障碍。高质量的陪伴和给予很多的爱就可以改善这种障碍，亲子阅读正是高质量陪伴的一种形式。本次活动不仅得到永定区文化广电新闻出版局，永定区妇女联合会等各级领导的大力支持，还得到社会各界人士的帮助。郭文校长创办的"爱心林"启智学校让张家界的"星星孩子"有一个可以学习成长的地方；新华书店为"星星的孩子"送去他们最需要的书籍；"七彩桥"中英文绘本馆彭校长及优秀的阅读推广志愿者们为孩子们讲述精彩的绘本故事。这次的活动举办让越来越多的人了解"星星的孩子",爱上"星星的孩子"。

## 2. 光辉历程——中国人民解放军军史连环画展览

为了引导少年儿童多读书、读好书,弘扬传统革命精神,丰富"少年儿童读书月"活动内容,充分发挥图书馆的社会教育功能。2017年7~9月,图书馆开展了光辉历程——中国人民解放军军史连环画展览活动。活动期间,张家界市永定区图书馆精心组织和策划了活动方案,并培养专题讲解员为前来学习的小朋友讲解人民解放军光辉历程。

小朋友们都收获很多,有的小朋友说:"现在生活条件好了,我们在宽敞明亮的教室里学习、读书,生活在和平的祖国里,多么幸福!"有的小朋友说"美好的生活来之不易,是由革命志士用鲜血和生命换来的,我们又有什么理由不好好学习呢?"还有的小朋友说"我也要学习解放军叔叔的勇敢与果断,遇到困难,不气馁、不退缩!"此次活动,不仅让少年儿童学习了革命英雄事迹,也让大家接受了一次生动的革命传统和爱国主义教育。

## 3. "解放军叔叔,你好!"——手绘明信片献给最可爱的人

2017年7月21日晚7~9点,为庆祝中国人民解放军建军90周年,张家界市永定区图书馆主办,张家界市知行全民阅读推广中心、旭日画室联合举办的"解放军叔叔,你好!"手绘明信片"八一"特别活动暨天门读书社授牌仪式在张家界市永定区图书馆成功举办。来自张家界市广大市民、学校等70组家庭参加了活动,张家界永定区最后的两位抗战老兵,陈树德爷爷和郑扬钊爷爷走进图书馆,参加手绘明信片"八一"特别活动,讲述他们的故事。92岁的抗战老兵郑扬钊爷爷说:"只有读书能改变一个人的命运。我的父母非常重视我们兄弟姐妹的教育,借钱供我们读书。我在四川泸州读高三的时候,抗日战争爆发,我参加了抗日,没能读完高中,但我一直都爱读书,现在每天都在看书。"94岁的抗战老兵陈树德爷爷说:"我只读了四年小学,两年高中,但我爱读书,我靠自学,成为了大学老师,创办了张家界市侨辉高级中学,创办了中国第一所少年航空学校。"中共张家界市永定区委宣传部周岐锋副部长说:"军人,是这个世界上最可爱的人,是他们为我们创造了今天幸福的生活。"旭日画室创办人,从事美术教学工作30年的张东红老师,全程认真负责指导本次亲子手绘明信片活动,并精心挑选出优秀作品,一等奖5名,二等奖10名,送湖南省少年儿童绘画活动办公室参评。国难并不久远,英雄就在身边。孩子们听过抗战老兵爷爷讲抗战故事,展开想象的翅膀,创作出一幅幅他们心中的英雄画卷。

### 4. 暑假阅读活动

（1）我是小小阅读推广人

为了深入开展全民阅读活动，进一步激发少年儿童读书热情，引导少年儿童多读书、读好书，形成良好的读书习惯，积极引导少年儿童深度阅读。2017年7~9月，张家界市永定区图书馆在永定区枫香岗小学开展了为期3个月的"我是小小阅读推广人"活动。参加此活动的"小小阅读推广人"，大多年龄都在8~12岁，都是三年级至六年级的阅读爱好者，"小小阅读推广人"的公益课堂开设四门课程：创意绘本、情绪管理、深度阅读、语言表演，分别由不同专业的阅读推广老师每周四下午3~5点现场授课。"小小阅读推广人"在老师的指导下学习深度阅读，书写阅读笔记，如何选书；在亲子阅览室，当起了"小小老师"，学讲故事，看绘本；在多媒体活动室学习语言表演等。虽然年纪小，但是他们每个人都像大人一样有责任心、有耐力、有韧劲，没有一位中途退缩。课后，很多小朋友高兴地分享自己的感受"每次上课都不像上课，太好玩了。""这样的阅读让我的假期生活更加充实、更加有意义，更重要的是，这样的课，既锻炼了自己，又提高了我的人际交往能力，让我好快乐！"

（2）阅读推广进学校

少年儿童阅读是全民阅读工作的重中之重，要让我们的下一代做有文化的人，必须把阅读从孩子抓起。张家界市永定区图书馆阅读推广人暑假期间走进永定区金色摇篮幼儿园、粮食局幼儿园、金鹰卡通幼儿园、张家界市第一幼儿园等为孩子们读绘本、讲故事。老师以讲述引人入胜的绘本小故事的形式为他们传输新知识，并通过故事做阅读拓展延伸活动，不仅激发了小读者们对新事物的热爱，更激起了少年儿童对知识的渴望及读书的热情。

# 有序开展阅读活动　形式多样效果感悟

涟源市图书馆

为庆祝中国人民解放军建军 90 周年，加强少年儿童思想道德教育，加快推进全民阅读、建设书香社会，根据中共湖南省委宣传部、湖南省精神文明建设指导委员会办公室、湖南省文化厅等八部委《关于组织开展"书香湖南·红星闪闪耀童心"——2017 年全省少年儿童系列读书活动的通知》（湘文公共〔2017〕65 号）精神，涟源市图书馆精心组织开展了"书香涟源·红星闪闪耀童心"——2017 年全市少年儿童系列读书活动。围绕主题系列读书活动，涟源市图书馆高度重视，精心策划，认真组织实施，使各项活动的开展有声有色，取得了预期的效果。

## 一、加强领导，落实责任，确保活动有序开展

（1）为落实上级读书活动文件精神，涟源市图书馆及时召开了馆领导班子专题研究会议，成立主题活动工作小组，层层落实责任。

（2）向上级主管部门文化广电新闻出版局作了专题汇报，并争取政府相关部门的支持，由中共涟源市委宣传部、涟源市精神文明建设指导委员会办公室、涟源市文化广电新闻出版局、涟源市教育局、共青团涟源市委、涟源市妇女联合会六部门联合发文并组织开展活动。确保了读书活动的有序实施。

## 二、广泛宣传，确保活动广泛有效开展

为了使活动有效地开展，涟源市图书馆通过媒体、标语、横幅、传单等多种方式进行了广泛宣传，发动并鼓励学校、社会培训机构积极参与。涟源市实验学校、涟源市第一小学、蓝田中学、涟源市第二课堂、多彩画室等数十所学

校与培训机构积极参与了相关活动。活动的开展既激发广大少年儿童及其家长参与少年儿童"亲子阅读活动"热情，以"小手拉大手"带动推进全民读书热潮，也使读书活动贴近广大群众，融入市民生活，形成全民阅读的"书香社会"氛围。

## 三、活动内容丰富，形式多样，效果显著

系列读书活动开展着眼于陶冶少年儿童爱国情操、培养学习能力、养成阅读习惯。涟源市图书馆开展的丰富多彩、灵活多样的系列读书活动，收到了良好的效果。

（1）"红星闪闪耀童心——庆祝中国人民解放军建军90周年"主题文献展览与阅读分享活动。涟源市图书馆不仅在馆内挑选了800余种现有馆藏文献资源和新书进行展示、开展主题图书借阅及分享活动，还通过阅读推荐书目，开展阅读推广活动。

（2）运用流动图书服务车在社区、流通点开展送书上门服务；开展关爱农村儿童、贫困儿童及特殊儿童服务活动。

（3）2017年8月1日至9月15日，在涟源市图书馆二楼展览厅举办了"光辉历程——中国人民解放军军史连环画展览"，同时，通过网站、微信公众平台等方式进行了线上展览。参观展览人数达近万人次。

（4）发动学校、社会培训机构组织开展了"解放军叔叔，你好!"——手绘明信片献给最可爱的人手绘创作活动，收集作品200多套，评选出一等奖作品2名，二等奖作品6名，三等奖作品10名，推选6名优秀候选人参与省级竞赛活动评选。

（5）通过与学校、社会培训机构合作，开展主题文献展示、展览参观、阅读推广讲座、阅读笔记、作品赏析等形式的导读活动。收集阅读笔记本，组织评委进行评选，评选出15名创作者授予"阅读笔记达人"荣誉称号并推选参与省级竞赛活动评选。

（6）发动学校、社会培训机构参与第七届"三湘少年儿童阅读之星"推选活动，收到推选人选材料9份，从中评选出了涟源市第一小学的学生梁嘉为涟源市第七届"三湘少年儿童阅读之星"，并推荐参与第七届"三湘少年儿童阅读之星"推选活动评选。

涟源市图书馆组织"书香湖南·红星闪闪耀童心"主题少年儿童系列读书活动的开展，得到了涟源市相关部门、学校、社会培训机构以及广大少年儿童

家长和社会的广泛关注，吸引了广大少年儿童、家长的积极参与。活动为提高少年儿童的整体素质、促进少年儿童的全面发展，在全社会营造爱读书、读好书的浓厚氛围，活动起到了积极的推动作用。相关活动在涟源电视台等媒体进行了宣传报道，取得了良好的社会效益，充分发挥了图书馆的社会职能作用。

# 后　记

开展少年儿童主题读书活动是推动湖南省公共文化服务体系建设的重要举措，更是响应国家推行全民阅读政策的号召。湖湘优秀的传统文化与催人奋进的红色基因，都是湖南省文化服务事业的重要依托，也是湖南省公共文化产品的根基。

本书致力于研究湖南省少年儿童主题读书活动的组织机制，从而更好地归纳湖湘文化资源，将湖湘文化资源转化为公共产品进行广泛宣传，大力推广至全社会，通过不断改革与创新的新形式，探索新路径，建立更加完善、科学、有益的湖南地域特色的公共产品的生产与推广机制。

通过政府主导，湖南省少年儿童图书馆的承办以及其他主办单位的精心组织与安排，广泛发动全省 14 个地（市、州）、123 个县（区）共同参与，发掘地方特色文化资源，创新活动形式，激发少儿阅读兴趣，培养阅读能力，丰富少儿的精神世界，不仅促进具有湖南地域特色的文化继承与弘扬，还促进湖南省文化事业的进步与文化队伍的建设，激发人民群众的文化创造活力，进一步推动湖南省公共文化服务体系的建设，提高湖南省核心竞争力与文化软实力，为全国其他地区提供具有借鉴意义的理论成果与实践经验。

湖南省少年儿童主题读书活动起源于湖南地区开展的全国红领巾读书读报奖章活动，1982 年湖南省首次举办少年儿童主题读书活动，距 2021 年已有 40 年的历史。2008 年开始由中共湖南省委宣传部、湖南省精神文明建设指导委员会办公室、湖南省文化和旅游厅、湖南省新闻出版局、湖南省教育厅、共青团湖南省委、湖南省妇女联合会、湖南省关心下一代工作委员会八家单位联合主办，由湖南省少年儿童图书馆承办。作为纯公益性事业单位，湖南省少年儿童图书馆为丰富全省少年儿童的阅读生活、培养孩子们的阅读兴趣与阅读能力、文化素养做出了积极的贡献，不仅承办每年的主题读书活动，还提供免费借阅服务，开展一系列文化公益活动。40 年的主题读书活动的举办，总结每一年活动经验与出现的问题，不断加以完善，使主题读书活动日渐成熟，已经形成了完备的活动体系与机制。

湖南省少年儿童主题读书活动具有三大主要特色：一是活动的开展与国家推行全民阅读的号召相契合，儿童即是民族的未来，少儿阅读活动的开展有利于从根本上提升中华民族的文化自信。二是活动有着"政府主导，全民参与"的特色。顶层设计与群众的创造力相结合，打造出更加深入人心的阅读活动，总结出一批可推广、可复制的经验，让少年儿童不单是参与者，也成为了传授者，全面放大活动的影响效果。三是每年的主题读书活动都是依据时代特色与时政新闻主办，具有与时俱进的特点，融合湖南省的地域特色文化，少年儿童不仅可以学习到中国的优秀传统文化与历史，还能对自己所成长的这片土地有更深入的了解，充分体现读书活动并不是一个脱离社会的、孤立的事，而是新时代文化体系建设的左膀右臂，是文化事业不可缺少的一个重要枢纽，有力地推动了各市（州、县、区）的公共文化服务体系的建设。

中共湖南省委宣传部、湖南省精神文明建设指导委员会办公室、湖南省文化和旅游厅、湖南省新闻出版局、湖南省教育厅、共青团湖南省委、湖南省妇女联合会、湖南省关心下一代工作委员会等单位，以及全省各地（市、州、县、区）公共图书馆、少年儿童图书馆，对本书的编写给予了大力支持与热心帮助。湖南省少年儿童图书馆具体承担了本书的编写工作。

在此，对为本书提供研究成果的各地（市、州、县、区）公共图书馆、少年儿童图书馆，湖南省现代公共文化服务体系建设专家库的专家，经济管理出版社等单位和个人付出的辛勤劳动致谢。

郭 坚

**2021 年 5 月**